翁方綱著作五種校理

[清] 翁方綱　撰

趙寶靖　整理

ZHEJIANG UNIVERSITY PRESS
浙江大學出版社
·杭州·

圖書在版編目（CIP）數據

翁方綱著作五種校理／（清）翁方綱撰；趙寶靖整理. — 杭州：浙江大學出版社，2024.8. — ISBN 978-7-308-25313-0

Ⅰ. Z429

中國國家版本館 CIP 數據核字第 2024GJ1542 號

翁方綱著作五種校理

趙寶靖 整理

責任編輯	宋旭華
文字編輯	姜澤彬
責任校對	蔡　帆
封面設計	周　靈
出版發行	浙江大學出版社
	（杭州市天目山路 148 號　郵政編碼 310007）
	（網址：http://www.zjupress.com）
排　　版	杭州朝曦圖文設計有限公司
印　　刷	杭州宏雅印刷有限公司
開　　本	880mm×1230mm　1/32
印　　張	10.875
字　　數	253 千
版 印 次	2024 年 8 月第 1 版　2024 年 8 月第 1 次印刷
書　　號	ISBN 978-7-308-25313-0
定　　價	98.00 元

整理説明

　　翁方綱（1733—1818），字正三，號覃溪、蘇齋，順天大興（今屬北京）人。乾隆十七年（1752），翁方綱年甫弱冠，便已經通過皇太后六旬萬壽加試的恩科而考中進士，從此步入仕途。同年中關係密切者有錢載、博明、盧文弨等，而一時名流如紀昀、姚鼐、桂馥、錢大昕、黄易、法式善、程晉芳、阮元、陸費墀、伊秉綬、蔣士銓、孫星衍等皆與之遊，又與朱筠爲兒女親家。

　　翁方綱曾提督廣東、江西、山東等地的學政，并且多次擔任鄉試、會試的考官，還做過《四庫全書》纂修官、文淵閣校理、國子監司業等職務，官至内閣學士兼禮部侍郎。翁方綱生平經歷與仕履，多與文教事業相關，可以説是造士衆多，門生遍佈。①

　　但是翁方綱家門多有不幸，嘉慶二十三年（1818）翁方綱去世的時候，他的七個兒子皆已先他亡故，家中唯有翁方綱的姜王氏、翁方綱的兒媳以及翁方綱五歲的孫子翁引達數人。有賴翁方綱的門生葉志詵、蔣攸銛等人熱心操持，撫育孤兒，盡心盡力。孰料翁引達成人以後，并不成器，墮落游蕩，賤售其祖父之手稿，導致翁方綱尚未刊刻的

---

① 　關於翁方綱的生平仕履及其學問著作，可參拙文《以古人爲師，以質厚爲本——翁方綱的生平和學問》，《古典文學知識》2021年第1期。

大批手稿流散而出，至今散落海内外各地，實屬可惜可嘆。①

目前已有多位學者對翁方綱著作進行了整理和研究。如翁方綱擔任《四庫全書》纂修官時所撰寫的千餘種提要手稿，現藏於澳門何東圖書館，復旦大學的吳格先生對其進行了點校整理，即《翁方綱纂四庫提要稿》（上海科學技術文獻出版社 2005 年版）。

翁方綱所撰文稿，現藏於臺北，《儒藏》精華編收錄翁方綱的《復初齋文集》（北京大學出版社 2010 年版），整理者吳振清在《校點説明》中提到曾使用這部分文稿。

翁方綱精熟杜詩，所批點杜詩之手稿，現藏於臺灣師範大學圖書館，賴貴三先生對此手稿進行了整理校釋，是爲《翁方綱〈翁批杜詩〉稿本校釋》（臺灣里仁書局 2011 年版）。

而翁方綱的經學附記手稿五種，現藏於美國加州大學伯克利分校東亞圖書館，賴貴三先生對其進行了整理校釋，相信不久即可出版。

此外，翁方綱的大批詩稿，現藏於臺北，筆者以清刻本《復初齋詩集》《復初齋集外詩》爲底本，以此詩稿爲校本，詳加比勘，并輯錄詩稿中的未刻詩作附錄於後，成《翁方綱詩集輯校》五册（上海古籍出版社 2023 年版）。

以上提到的這幾種翁方綱的著作，卷帙多，體量大。除此之外，翁方綱還有一些著作，卷帙少，體量小，但又非

---

① 　關於翁方綱著作的版本及其散佚、遞藏、回流、整理，筆者曾撰寫過相關文章，可作參考：一是《國圖藏三十二種稀見翁方綱著作述略》，《天一閣文叢》第 19 輯；二是《翁方綱詩集的版本源流與成書過程舉隅》，《北京大學中國古文獻研究中心集刊》第 27 輯。

常具有整理和研究的價值。

　　首先是《翁氏家事略記》（下簡稱《略記》）。此《略記》
乃是翁方綱自撰，追述其祖上明代以來的家事，并略述祖、
父的生平，於自身讀書、仕宦之大事記載最爲詳細。後來
不管是陳純適所撰《清儒翁方綱年譜》，還是沈津所撰《翁
方綱年譜》，都把《翁氏家事略記》作爲重要的參考文獻，可
見其對於研究翁方綱生平具有重要價值。

　　此《略記》在翁氏生前未曾刊刻，後來由其友人之子英
和校訂并付梓，是爲刻本，今人陳祖武編選的《乾嘉名儒年
譜》（北京圖書館出版社 2006 年版）影印收録之，校理即以
此爲底本。民國五年（1916），上海同文圖書館石印出版
《復初齋文集》，卷首附録《翁氏家事略記》，是爲石印本，校
理即以其爲校本。

　　第二是《通志堂經解目録考訂》。翁方綱曾擔任《四庫
全書》纂修官，并撰寫千餘種著作提要，可以説精通目録之
學。《通志堂經解》是清人徐乾學、納蘭性德所編輯的一部
大型經解叢書，《通志堂經解目録》也就是該叢書所收著作
之目録，翁方綱爲作考訂，校正了其中的許多訛誤，仍名
《通志堂經解目録》，鋟板以行。筆者在校理時將其名爲
《通志堂經解目録考訂》以示區别。

　　咸豐年間刊刻的《粵雅堂叢書》，收録《通志堂經解目
録》一種，校理時以之爲底本。民國十三年（1924），上海博
古齋影印的《蘇齋叢書》，收録《通志堂經解目録》一種，校
理時以之爲校本。又民國年間出版的《叢書集成初編》，據
《粵雅堂叢書》本《通志堂經解目録》排印，校理時亦作
參考。

　　第三是《蘇詩補注》。翁方綱終生服膺東坡，曾在京師

主導了持續多年的壽蘇活動，并且收藏有蘇書《天際烏雲帖》以及宋槧本《施顧注蘇詩》，視爲珍寶，在詩文中一再題詠。鑒於"方綱幸得詳考施顧二家蘇詩注本，始知海寧查氏所補者，猶或有所未盡"（《蘇詩補注序》），故而在查慎行注蘇詩的基礎上，翁方綱又爲蘇詩作補注。翁方綱的補注對於今人理解和研究蘇詩具有重要的史料和學術價值。

咸豐年間刊刻的《粵雅堂叢書》，收録《蘇詩補注》一種，校理時以之爲底本。民國十三年（1924），上海博古齋影印的《蘇齋叢書》，收録《蘇詩補注》一種，校理時以之爲校本。又民國年間出版的《叢書集成初編》，據《粵雅堂叢書》本《蘇詩補注》排印，校理時亦作參考。

第四是《天際烏雲帖考》。乾隆三十三年（1768）十月八日，翁方綱在廣東學政任上購得蘇書《天際烏雲帖》，欣喜無比，不僅在詩集中一再題詠，還編著《天際烏雲帖考》傳世。傳世《天際烏雲帖考》爲抄本，内容主要是翁方綱對於《天際烏雲帖》的録文和考證、翁方綱及其友朋對於《天際烏雲帖》的題詠、翁方綱對於《天際烏雲帖》摹本的考定。此抄本現藏於哈佛燕京圖書館，校理即以此爲底本。

20世紀初，國學家鄧實創辦上海神州國光社，并刊行《美術叢書》，其中初集第十輯收録《天際烏雲帖考》，鉛印排印本，校理時亦作參考。

第五是《瘞鶴銘考補》。《瘞鶴銘》自被發現之日起，便因其刻石和書法而逐漸成爲金石學和書學的重要關注對象，翁方綱作爲當時著名的金石學家和書法家，自然也有所關注。按《瘞鶴銘考補》卷末的端方跋可知，翁方綱《瘞鶴銘考補》乃是爲補汪士鋐《瘞鶴銘考》而作，如《銘書出陶貞白辨二首》《瘞鶴銘非出晚唐辨》《銘序下三行非重刻辨二首》《銘石移置寺壁辨》《滄洲移石後搨本辨》等篇，翁方綱在其中討論了許多懸而未決的問題，并且提出了自己的看法，可以算作翁方綱對於《瘞鶴銘》研究領域的獨特學術貢獻。

《瘞鶴銘考補》的刊刻者是當時著名刻工陶子麟，因陶子麟精於摹刻仿宋字體，故全書以仿宋字體刻成，筆劃精美，行間疏朗，大有宋槧之風。此本現藏於國圖，校理時以之爲底本。民國十三年（1924），上海博古齋影印的《蘇齋叢書》，收錄有關《瘞鶴銘》的一些內容，僅《著録》《摹傳》《瘞鶴銘見存字》等部分，而其詳略、次序又與《瘞鶴銘考補》中的相應部分略有不同，校理時以之爲校本。

以上所述，《天際烏雲帖考》手抄本現藏美國，具有很高的文獻版本價值，對於考察漢籍在海外的傳播也具有重要意義。其他四種著作對於瞭解翁方綱的學術興趣、家事生平、治學門徑亦具有重要的學術價值和史料價值。但是這些著作都未見整理出版，對於翁方綱這位在清代文學史、學術史、書法史、文化史等領域都難以繞開的學者來説，未免是一種缺失和遺憾。職是之故，筆者不揣譾陋，將以上五種著作校理一過，匯成一編，其中或有不妥之處，敬請方家批評指正。

二〇二三年五月
山左趙寶靖識於處州藥山堂

總　目

翁氏家事略记

解　題

　　《翁氏家事略記》，翁方綱自撰，追溯其父祖平生大略，記録自己人生讀書、仕宦之大事，對瞭解翁方綱的生平和仕履大有裨益。

　　是書在翁氏生前未曾刊刻，書稿交給其門人蔣攸銛。又翁氏生前與英和的父輩相友善，英和"以年家子爲詞館後進，樂聞先生文章緒論"，因此從蔣攸銛之子那裏求得書稿，校訂並付梓，以爲刻本。今人陳祖武編選的《乾嘉名儒年譜》第八册即影印收録此刻本，此處校理即以此爲底本。

　　民國五年（1916），上海同文圖書館石印出版《復初齋文集》，卷首附録《翁氏家事略記》，是爲石印本。根據内容可知，此石印本所據底本當即刻本。四川大學古籍整理研究所編《儒藏》史部第九十一册即影印收録此石印本，此處校理即以其爲校本。

　　翁氏由莆田入籍順天以來家事，按年粗記大略，用年譜之式，分年提行，但不名年譜耳。

明武宗正德二年丁卯

　　是年，謙謙公諱洪，北京武學生，中式順天鄉試舉人。

　　謙謙公爲尚書襄敏公第五子，襄敏公諱世資，《明史》有傳，翰林檢討暎公次子也，以前世次皆詳見家譜。諱洪，字守洪，歷官工部都水司主事。

　　吾家自襄敏公官北京，遂居順天，入錦衣衛官籍。襄敏公娶於大興苗氏，子孫因家焉。其入籍錦衣衛①，不知始於何年，而是年謙謙公舉京兆試，謹於是年記吾家入籍大興之始。

六年辛未

　　謙謙公成進士。國子監題名碑，是科楊慎榜下，賜進士出身第二甲第一百六名翁洪，錦衣衛官籍。

　　吾家在明朝，數世皆世襲錦衣百户。謙謙公生五子，長梀，字朝巽，次械，字朝謹，皆世襲錦衣百户。朝謹公子熏，熏公子延禄，延禄公子使妹，此二字蓋是小字，而諱與字皆不可考矣，是爲我高祖，生九子。吾曾祖是其弟九子也。此數世年次事迹皆不可考。

　　吾家自檢討公，以二十字爲子孫世次，云"世守朝廷禄，惟存孝與忠。誠心長繼述，福慶永豐隆"，家譜此末五字一作"萬代慶昌隆"。皆取以系字。尚書公諱二字，元是字也，其

---

　　①　"其入籍錦衣衛"，石印本脱"籍"字，刻本爲是。

後以字行。其取名皆以五行相生爲次，以五行之次考之，似延祿公亦是其字，或當以土部字爲名，此下一世應以金部字爲名，則此下正接吾曾祖名水旁，恰符合矣。謹記於此。

曾祖諱澍，字禹門，由吏員官陝西某縣閘官。聞先公云，曾祖卒於陝西，是爲陝西閘官無疑，而或又相傳爲福建沙縣典史，未知所據。

崇禎十七年，是爲我大清世祖章皇帝順治元年甲申

是年，曾祖妣王氏與曾祖姑陳室同入井死。

時先曾祖大約年在二十幾歲間，而先曾祖與曾祖妣之生年，暨繼配曾祖母趙氏歸來之年，皆不可考。

聞諸先人云，趙太君幼失父母，育於外祖党氏家。党太君者，趙太君之外祖母也，稱爲党老老。明末京城陷，時趙太君甫數歲，党老老匿諸一尼庵，尼又老病委頓，狀不可近，因居趙太君於樓上，党老老日爲下樓取飲食給之。據此，則趙太君歸我曾祖，當在順治十年內外也。

十三年丙申

先祖是年二月二十九日卯時生。

先曾祖卒於陝西，曾祖妣趙太君卒於江南崑山。先祖諱麐標，字孝定，由國子監生初任江南蘇州府崑山縣丞，及再任山東濟南府齊東縣丞，則母憂服闋後也。不聞崑山任內丁父憂，是曾祖之卒在先祖未任崑山前也。記先人說，大伯生於丞廨，故小名曰崑，大伯以康熙三十二年二月生。先曾祖卒之年，以畫像度之，當是六十許歲，曾祖妣趙太君亦約將六十許。四叔祖生於康熙六年，諱鳳標，字孝章，候推

衛守備。六叔祖生於康熙十六年，諱鸞標，字孝和，國子監生。二叔祖諱麒標。而先大夫生於康熙三十五年丙子，是年先祖四十一歲，先祖母高太君二十七歲。高太君陝西人，先曾祖官陝，爲先祖聘太君，則是先祖繼娶高太君，成禮於陝，丁先曾祖憂亦於陝，先曾祖之卒，當在康熙二十餘年間。先祖三年服除，之官崑山，崑山丁母憂，又三年服除，之官齊東。先大夫生於丙子二月，大伯生於癸酉二月，蓋曾祖妣趙太君之卒，在康熙三十一年壬申之八月四日，而癸酉春家眷尚在崑山，所以大伯生於崑山也。先祖補齊東縣丞，當在三十四年乙亥，其月則不可考。而癸酉至乙亥中間三年，家眷還都與否，亦不可考也。

聖祖仁皇帝三十二年癸酉

先祖三十八歲，官江南蘇州府崑山縣縣丞。

二月十一日丑時，大伯生，諱大生，號玉峰。四叔祖孝章公出也。叔祖是年二十七歲，叔祖母王氏，浙江紹興人。

聞諸先人云，先祖每以差務進京，則館於鐵庵尚書所。鐵庵，一桂公二十一世孫，於先祖爲叔父輩。按，鐵庵康熙三十一年十月入都，補刑部尚書，則先祖之因差務入京，當在崑山丞任內，或壬申冬，或癸酉春夏也。

三十五年丙子

先祖四十一歲，官山東濟南府齊東縣縣丞。二月五日辰時，先大夫生，時先祖母高太君二十七歲。祖母生於康熙九年庚戌五月二十五日。先大夫諱大德①，字希舜，號純庵，小名蓋取先祖官縣丞之縣名上一字也。

先祖到齊東任，蓋在上年乙亥，鐵庵先生撰家譜，於一桂房二十二②世書先祖名，下注云"現任齊東縣縣丞"。此譜作於丙子三月，則到任在此前一年無疑。

三十六年丁丑

聖祖仁皇帝親征噶爾丹，先祖奉委隨駕運糧至十三臺，軍功加二級。謹案，是年閏三月十三日，噶爾丹仰藥死，漠北蕩平，六師旋蹕。出師在是年春，則隨行運糧之員，當是上年即奉委也。祖母説，是時署中僕役皆不願隨行，惟一陳三者隨去。

聞諸先人云，是年回任大吏，以隨行官員著有微勞奏聞，以軍營所剩帳房器物等分行賞賚，先祖以所得物變價，買都城左安門外北十八里店，張又伯名下民地六畝四分一區，價銀九十六兩，奉先曾祖、曾祖母柩辛山乙向安葬，墓前設祭，演戲三日，榮上賜也。村中有孟氏者，與党氏有連，先祖擇孟氏謹愿者爲娶婦，俾居墓旁，即今看墳人孟八之祖也。聞諸先人確是如此，然檢張又伯自書賣地券，是康熙三十五年正月十九日立券，則豈買地之事在前乎？謹按，平定漠北恩詔在三十六年七月十九日，則隨駕官員蒙恩賞賚亦必在三十六年，而三十五年正月，先祖實在齊東任所，何以有都城買地事？今詳度之，蓋必是四叔祖先於都中辦理買地之事，而葬事則三十六年受賞後，以事入都時所親辦也。其所以云買地用賜物變價者，或買地之

---

① "大德"二字，刻本與石印本皆闕如，乃是翁方綱避父諱不書。翁方綱《復初齋文集》卷五《先祖翁公祀齊東名宦祠記》一文提及其父名大德，此處據以補入。

② "二十二"，刻本與石印本皆作"六十二"，皆誤，根據前文"鐵庵，一桂公二十一世孫，於先祖爲叔父輩"，又參諸翁方綱的族譜資料，"二十二"爲是。

貲轉假他處,而至是乃償足之耳。

三十九年庚辰

六月吉旦,與邑中同官公立本邑顯應城隍尊神之廟,扁額上有先祖書名,至乾隆壬子,方綱視學濟南,得拜觀焉。

聞先人云,先祖卒時,相傳爲本邑城隍之神,今方綱訪諸齊東邑人,皆云至今尚傳説本邑城隍之神是先祖也。

海寧查氏《石刻褚臨蘭亭跋》云,此帖爲東藩劉孟倬所得,在康熙四十年辛巳,孟倬名瞱,先祖初不見知於劉公,其後劉以事鐫職,先祖往慰之,相得甚洽,則劉公辛巳官東藩,正先祖官齊東時也。

先祖官齊東,自丙子至戊子,凡十三年,中間署知縣事,則於同郡之淄川凡再署、泰安府之萊蕪,又嘗護理武定州事,惟兩署淄川,其一次有接高五雲之年可查,其又一次署淄川及署他處之年,皆不可考。

四十二年癸未

是年大饑,先祖竭所有,捐粟煮粥賑民,并衣物釵釧皆變賣,以爲煮粥之費,所活無算。

四十四年乙酉

是年先祖署淄川縣知縣,接上任高五雲交代,籌措備至。

按縣志,高五雲,正藍旗人,歲貢生,康熙四十二年知淄川縣,四十四年丁憂。韓遇春,清水人,庚辰進士,康熙四十五年知淄川縣。先祖接高之後，則是於四十四年署理，至四十五年也，月日則無可考。

四十六年丁亥

七月初一日，四叔祖卒。四叔祖爲人有才幹，署中事皆能代理。自叔祖之卒，先祖常忽忽不樂矣。

先祖生女二，長爲二姑母，大姑母段氏，二叔祖所出。適武城張諱懿佑。次爲三姑母，適順天襲授拜他拉布勒哈番昭武將軍雲南昭通鎮副將張士英之第三子諱我烈。士英之父全家殉節，予世職，國史有傳。先祖於三姑母之嫁，籌措奩物，百計焦心。先祖工於草札，嘗一夕數函，謀諸知好，以是積瘁成疾，事在四十六年也。

二姑母嫁於武城張氏，武城去齊東不遠。先大夫幼時，與諸兄姊坐小轎往來德州恩縣間，又嘗遊憩恩縣之四女祠。二姑母生於康熙二十七年戊辰，長先大夫八歲，此往來遊憩事蓋在丙戌、丁亥間。

四十七年戊子

二月初十日戌時，先祖卒於齊東丞署，享年五十三，時已陞單縣知縣，未及赴任。先祖母高太夫人時年三十九，先大夫時年十三。

先祖雖爲丞，而齊東之民最所愛戴，卒後，紳士公請入祀名宦祠。初，大吏以丞官卑，不允，士民請益力，因援前明有某公以丞入祠，遂得如士民所請。乾隆五十八年，方綱按試濟南，訪諸邑宰，知此邑名宦祠神位至今尚在，大書曰"清廉明翁公之神位"，方綱謹書其事於石，勒諸祠壁。是時闔邑紳士公捐銀八百兩，爲先祖母、先大夫薪水之費，并請留居應試於茲邑，先大夫體先祖清節，辭不受。

先祖平生交契，有手記之牘，并所藏書，皆在樓上，不知何時被人遺失，以故先祖卒後，不知交契何人。如新臺令吳公穆、直隸制府何公世璂，皆後來始知之。

先大夫既辭齊東人之留贈矣，此戊子後十餘年中，於鄭家口、於高郵州，往返奔走，并與六叔祖、大伯暨外曾祖高公，分合去住聚散之迹，不能疏其歲月矣。

中間依故城蘇氏者數年，吳幼日先生撰《蘇公墓誌》云，齊東令翁君卒於官，宦囊蕭然，孀孼弱孤，無所歸。新臺令吳君穆，致書於君，道其孤苦無依狀，乾隆己卯秋，方綱典試江西，道出河間，河間郡守杜甲，吳新臺之姻也，言吳公之子某正在其署中，欲相晤也，時已昏夜，因約歸途必過此，再當晤之。及是年十月，方綱由江西歸以復命，期近趨行，未及晤。杜又言，所識秦某曾令齊東，識先祖云。君慨然收邮之，撫其孤若己子，延名師與諸子同讀十餘年，卒成名士。先祖丞齊東，而此云令，又云浙人，皆誤也。

蘇公諱亮禮，字謙齋，本姓薛，丙子舉人。卒於康熙五十八年己亥二月，其病癱在乙未春，憶先人曾言，依蘇公家正其病癱時也。乙未是康熙五十四年，時先君年十九歲，其始依蘇氏，尚在此前數年，未知起於何年也。憶先君言，十八歲夏間訪舊於江寧，是康熙五十三年甲午，在蘇公未病癱之前一年。訪舊者，因先祖昔所與捐監之張某其父名全望。官江寧典史，不得已而獨往訪之。先是，大伯已訪之一次，至是始知之，則是大伯與先祖母、先君不同居者，又在此年之前，未知何年離齊東而分處也。先君之往高郵與往江寧，自是兩次事。然吳幼日先生諱世燾，康熙二十七年戊辰選庶吉士，墓志撰於官中允時，其曰壬辰春出國門，則先君之晤先生於高郵，當在壬辰以後。先君適江寧，有《弔梁武帝》七律，是先父十八歲已能詩，而幼日先生初授先君以八股法，則先君之爲時文又當在前。先君所受業之孫先生，亦高郵人，與幼日先生善，是因幼日先生極稱先君文，因爲孫先生器賞。先君八股之工，得力於孫先生。孫先生自蘇氏家辭歸高郵時，惟與先君留別，有手書論時文一紙。先君每記憶述之，謂時文不在多讀，惟在精熟云云也。孫先生自蘇氏辭歸高郵，蓋當蘇公疾篤時，而先君之於孫先生，則由在高郵已先拜之，又於故城蘇氏家受業焉。先君又言，蘇公每晨候孫先生未起時，向其齋四拜而去，則蘇公未病時事也。然則先君之往高郵，乃又在甲午往江寧之前，當在壬辰、癸巳間也。蘇公第三子方念、第四子方寧皆故城縣學生，方寧復姓薛。

先君於癸卯之前一年，應順天童子試，時初還都未久，都中人無相識者，因所識同族洞庭派應庚左白先生，庚子舉人，正在都中，曰何不改名作洞庭派之入籍順天者。先君因改名應辛，應順天童試。至明年乃仍以原名應童試也。左白先生在洞庭派，未詳其第幾世。當在康熙六十年辛丑或六十一年壬寅之春，應學使歲試也。辛丑已在京師奉母授徒，蓋蘇公卒後，先君即奉祖母還都，還都之年，與大伯還都之年，孰先孰後，則皆不能考矣。

和按：先生之父始定居京師，先生家舊有介壽堂，未知始於何時，載此俟考。

世宗憲皇帝雍正元年癸卯

是年，先大夫二十歲，補順天府學附學生，督學爲吳文

簡公七雲先生襄,試題"式負版者有盛饌""學者亦必志於
彀"。先君名在第六,本置第一,以題"至"字誤寫,移此。

　　先是,前一次歲試,因洞庭派左白先生亦一桂房之裔,
遂暫以宛平縣籍應試順天府試,居第一。大、宛二縣人皆
不知爲都門舊家也,以爲冒籍,攻訐之,不得與院試而罷。
是時,大興知縣高純嘏,求其收入試,不許。何端簡公諱世
璂,字澹庵,山東新城人,康熙己丑庶吉士,漁洋先生門人也。官檢
討,居京師,聞先君不能入試,曰此吾故人子也,亟以新刻
《漁洋詩集》及所藏舊人《煙巒疊嶂圖卷》付先君,俾贄於
高,又託高之戚友武進劉文蕭公諱於義,時官翰林。往説,因
使先君受業於文蕭。又曰必得君之鄉黨有望者爲之師,乃
引而受業於吾邑黃崑圃先生,既而終不獲入試,先君意遂
不願出應試矣。至是,縣、府試皆已過,暇日偶往見崑圃先
生,先生力勸應試。是時京師人皆知是舊家土著矣,於是
補應縣、府試,俗呼曰飛過海者也,乃以大興本籍入順天府
學。是年保結之廩生,則同邑張方九先生,諱嗣琮,號靜芳。
即吾外祖也。

　　和按:先生《重預恩榮宴》詩自注云,先大夫受業於崑
圃先生,崑圃受業於漁洋先生。

　　先君入學後,益肆力於文,受業於邵虞廷先生,諱琮,丙
子舉人。先生以《春秋》決科,一時承指授者共相劘切。先
生三子大生、大業、大文,皆以能文稱。大生辛丑進士,大
業壬子解元、癸丑會魁。大業子即今總憲自昌也,虞廷先生孫
自本、曾孫延曾,皆方綱癸卯鄉試所得士。同時受業者如何子
山先生兄弟三人,其尤著者也。何子山先生見後條,其仲榜名
周瑛,不記某科中式矣,官湖南知府。其季琇,字君琢,號勵庵,雍
正癸丑進士,宗人府主事。

四年丙午

是年，先君三十一歲，補廩膳生，科試題"敏則有功，公則説"。先君名在一等前列，仍受知吳文簡公。

七年己酉

先君三十四歲，應順天鄉試，《春秋》二房江公皋閲薦已入中額。數日，因額溢抽出，江公深爲惋惜。題"參乎，吾道一以貫之""天地位焉"二句、"如七十子之服孔子也"至"無思不服"。房評：理解精實，詞旨豐腴。江皋字鳴九，號鶴亭，江西貴溪人，雍正丁未進士，吏部驗封司主事，後官至御史。是年薦卷偶以呈保師張方九先生，先生器賞之，因以吾母歸焉。

八年庚戌

先母來歸。先母生於康熙五十二年癸巳正月初三日丑時，至是年十八歲。先君是年三十五歲。

九年辛亥

先君三十六歲，與同學攻訐冒籍童生。是時順天童子試，江浙人冒考者日以滋甚，光禄寺卿兼理順天府丞事王澍祖護之。先君念桑梓人士應試之艱，與同學十人何玠、楊轔、魯澤遠、許廷英、劉育升、楊灝、杜振先、張灝、賈國璠具覈是年江浙冒考人高棠、李敏等數十名，呈府丞衙門，王府丞怒其異己，列十人名於奏牘，指爲嚇詐，言已咨學臣褫革。是時督學爲武陵楊公超曾，知其枉，駁還府丞，移文具言十人所言皆公，并以上聞，而王公由是罷府丞之任。順天人士皆感武陵楊公之公正，且感十人之功在桑梓也。何玠字子山，乾隆丙辰進士，官江西知縣，陞同知。劉育升，乾隆甲子舉人，子玨，庠生，爲方綱二子師，孫琪，廣西知縣，爲方綱第四子師。楊灝字汪度，乾隆丙辰恩科舉人，於先君爲友壻，子廷柱，癸未進士，官知州，廷樺，丁丑進士，官布政使。王府丞溽之孫啟緒官知府，燕緒官贊善，皆方綱丁卯同年舉人。

十年壬子

先君三十七歲，應鄉試。先君凡八應鄉試，始雍正甲辰，歷丙午、己酉、壬子、乙卯，乾隆丙辰、戊午、辛酉，中間應歲試，時有學使暫移昌平州考試者，先君與同學數人，步出德勝門，日已將暮，聞道旁草棘間有二小兒呱泣聲，先君止步尋之，同行者勸以恐悮試期，先君毅然不顧，取橐中錢雇人夫抱送至育嬰堂收養焉。

十一年癸丑

先君三十八歲，八月十六日戌時，長男方綱生於正陽門外所居羅家井向北井間僦屋。是日薄晚大雷雨，雨霽始生。時有李濟庵先生者，忘其名，某科進士，來看八字，有手書賀詩綾幅，方綱幼時尚及見黏於屋壁也。先君命拜李公，俗呼爲乾爹。李公以其子名朝綱，命名曰方綱。先君自命小名魁，後以二弟生，祖母呼方綱曰大魁，呼弟曰二魁。李公又命小名曰桂麟，"麟"字即先祖諱上一字之今體，而"大"字亦與先君諱上一字相同，是以皆不連呼此二字也。其後又拜父執賈公爲乾爹，蓋因四歲出痘，賈公醫之也。賈公命小名曰天保，賈即前十人中同攻冒籍者。又拜宏善寺僧爲師，僧命小名曰增壽。然幼時，父母惟以魁呼之。

和按：先生壻王尚書壽先生詩，自注云太岳父有手書小名湯餅册。

十三年乙卯

先君四十歲，應鄉試，是年應試人多，號舍不足，以席棚爲號舍。

高宗純皇帝乾隆元年丙辰

先君四十一歲，應恩科鄉試，卷備薦。房評：筆力頗健。

八月，先祖母高太君奉旨旌表貞節。至三年戊午，始克製匾，懸於門，"貞節"二字，何子山先生書。

三年戊午

先君四十三歲。二月二十七日丑時，次男元綱生。

五年庚申

是年夏，羅家井屋不可居，始還於正陽門西大馬神廟。是冬，又遷小馬神廟内之小巷，居室益窄矣。時外祖張公管理城東育嬰堂事，公是年六十八，爲順天府鄉飲介賓。公攜眷居育嬰堂，有書室一間，書二厨，法帖一架。方綱每隨先母歸寧，輒入此室翻閱書帖，記有永樂《四書大全》一部，紅筆小行書，評註殆遍，外祖業師孫莪山名勤，山東人。手迹也。此書後來外祖以賜方綱，後爲何人易去矣。外祖家入籍順天纔三世，其先紹興山陰人，所稱白魚潭張氏也。外祖平生力踐儒先之學，非聖之書不觀，而愛蓄法書名帖。方綱每入書室，外祖指架上法帖，曰汝愛之乎？對曰甚喜之。外祖曰俟汝母歸時吾檢以與汝。是年冬,一日先母自外家歸,開篋見外祖所畁颜柳帖一册,即買油紙就窗下影摹之,時方綱年八歲。外祖張公主管城東育嬰堂,自雍正八年六月至乾隆十四年夏,凡二十年。

六年辛酉

先君四十六歲,先君應鄉試止此。時祖母病勢日甚,遷居般若寺胡同。

七年壬戌

先祖母病益甚,先君又失館地,遷居給孤寺西夾道。是冬,方綱十歲,出應童子試。先祖母病中猶喜動顏色,扶病爲治考具。是年冬極寒。

和按:先生《奎堂閱卷圖記》自注云,乾隆甲子,以前順天學政於貢院聚奎堂編坐號試生童。蓋所謂"矮几構思"者,即指是年也。

八年癸亥

先君四十八歲,遷玉皇廟西夾道,與大伯同居,蓋就其屋稍寬,爲祖母養病也。三月二十一日丑時,先祖母卒。祖母葬事畢,仍與大伯異居。是夏,遷於香爐營下二條胡同。是年夏極熱,牆壁皆蒸炙不可近,時方綱十一歲,甫得料理舉業文,并誦習諸經。

九年甲子

先君四十九歲。六月十一日卯時,大伯卒。子振綱,女端,後皆卒。六月,方綱補順天府附學生,督學爲副都御史仁和趙學齋先生,諱大鯨,是年學政任滿,先生即告養歸杭,掌教於杭城紫陽書院,如吳鴻、趙佑、朱棻元皆其弟子。先生子升,庚辰庶吉士。試題"穆穆文王""得天下英才"。方綱每題皆作其二,至午,四藝皆完,先生於卷面大書"四篇"二字。覆試題"而教育之",先生叩以"涵育薰陶"四字之旨,大加器賞,批其卷有"前途未可量"之語。七月九日,新進諸生簪花於京兆府堂,先君始與外舅韓公得相識於此。後數日,韓公介其家塾師焦先生來拜先君,説韓公以次女欲許嫁事。焦諱煒,欒城縣庠生。是年冬,行聘定禮,婦韓氏,是年十五,雍正八年庚戌十一月初六日寅時生。

十年乙丑

冬十二月,先君率方綱應歲試,督學爲臨桂呂公,諱熾,後以會試知貢舉,稱老師也。方綱試列三等。

十一年丙寅

先君五十一歲,始得敬製先祖母木主,送入順天府學節婦祠,春秋奉祀,請武進劉文定公綸,時爲大理卿。爲文碣於墓前。

十二年丁卯

夏,先君率方綱赴通州應科試,方綱試列一等,先君甚喜。秋闈,方綱中式第四十七名。是科主考兩大司寇,滿洲阿文勤公克敦、諸城劉文正公統勳。本房《春秋》二房房師,侍御元和沈榕溪先生,諱景瀾,雍正癸丑進士,庶吉士。對房房師,侍御武進錢希裴先生諱度。試題"言未及之而言謂之躁"三句、"如此者不見而章"一節、"禹稷顏子易地則皆然今有同室之人鬭者救之"。

先君年五十二歲,補歲貢生。

十三年戊辰

三月初,先君猶料理方綱會試事,是日忽發疝氣,舊症變爲傷寒,醫者曰春瘟也。至初七日,遂不起。是日清明節,午間猶自起拜先祖,至酉時見背,臨終惟呼方綱曰"好好讀書",享年五十三。方綱時年十六,弟元綱年十一。

先君葬事畢,方綱奉母無所藉,即隨母寄食於外家育嬰堂所居官房,時外祖張公年七十六。

外祖管理育嬰堂事始於雍正六年戊申,至是二十年矣,以衰老欲辭去,時順天府尹蔣曉滄先生,諱炳,陽湖人,後官倉場侍郎,子麟昌官翰林,龍昌與方綱友。外祖舊交也,篤切挽留之,外祖亦以此席料理諸事,不易得其人,是以遲久未去。是歲有外祖表姪胡公名世繹,丙午舉人。偶來晤,外祖云此可付也,因以告蔣公。胡與蔣同年,因留胡公居此,而外祖是年尚未定居也。是夏方綱病起,與胡公相見,稱表母舅。胡善詩,勸以學詩。是秋始得讀杜詩、李義山詩,與胡公相講論,而未敢學作也。同邑庠生陸兄廷樞訪予於城東,又涿州林表兄鳳起館於此,又其族弟林兄泰交,皆時相劘切。陸字象星,號鎮堂,乾隆甲辰進士,山西絳縣知縣。林字天衢,庠生。泰交字贊元,號蘊齋,一名際春,山陰人,廣東增城縣主簿。

十四年己巳

隨外祖張公遷居於崇文門外關王廟街之東口內。

十五年庚午

夏，先外祖卒，年七十八。外祖卒後，方綱奉母自僦巷西小屋二間以居，益困乏矣。

關王廟街東口居時，外祖家尚有書室二間、書二架、法帖一架，大母舅諱爾諶，順天庠生。同讀書其中，陸象兄、天兄、贊兄及二楊表弟廷柱、廷樺俱時時過從。

是年夏，有族人雲南騰越州知州名甲者，來京相晤，留此夜話，則是先君昔年所識，曾聯爲族兄弟者。蓋越中諫議公諱承贊，唐詩人。之裔，因同姓來晤，初不知是先君之子也。方綱忽省記曰，公非鶴皋居士乎？記先君説某年蓋在都中與族人名甲者結交相唱酬，有"鶴皋居士""忍辱頭陀"之句，"忍辱頭陀"者，先君自謂也。是夜話及此，遂稱爲大伯，夜半大雨，霽後始行，留銀二兩爲贈。

方綱自丙寅至壬申春，凡七年，在首善書院肄業，地在崇文門外金魚池上，即今之金臺書院也，其初曰首善義學，屋舍前後止三層，本非首善書院也。首善書院，前明鄒南皋、馮少墟二先生講學之處，在大時雍坊，今宣武門內天主堂，其故址也。城南首善義學始，而順天府延師肄課於此，未稱書院。乾隆初年，何子山先生掌教，始以書院名。何公去後，包輯五先生繼之。方綱初爲諸生時，先君使從包公肄課，是以隨輯五先生入院。包公壬戌進士，出新安汪文端之門，其後乃改名金臺書院，汪公爲書扁。至包公去後，劉秩齊先生繼之，方綱亦從遊焉。方綱成進士後，則劉公又去，常熟顧備九鎮掌教。顧君雅志稽古，乃以語京兆尹，於後堂設南皋、少墟二木主於此，志首善書院所由始也。今之學者入院，見二木主,皆懵然不省其由矣。院中所習與交益者,陸鎮堂、夏星南永,壬申會試同年、余景岩思賢、高湛如深其最著也。

十六年辛未

春闈方綱報罷,卷未取出,不知在某房。是夏,遷居正陽門外李紗帽胡同,饔飧不給。七月,遷於苕帚胡同,僦屋二間,始以其外一間招蒙童授讀。冬十月,有二童子來受業。

十七年壬申

是年春夏,來學之童漸多,至有十人,粗給朝夕之費。

是年,以皇太后六旬萬壽,加鄉、會試恩科。三月鄉試,八月會試,方綱中式第一百十七名,座師海寧陳文勤公世倌、少宗伯滿洲嵩公壽、內閣學士無錫鄒公一桂,本房《春秋》二房,侍御高密李公,師中,字中甫,號蝶園,丙辰庶吉士,卒於貴州學使任。子繼曾,舉人,官知縣。對房《春秋》一房,中允桐城張公,若需,字樹彤,號中畯,丁巳庶吉士。子曾敞、曾敔、曾敷,曾敞辛未庶吉士,官至少詹事。榜首太倉邵嗣宗。九月二十六日,應殿試。十月一日,上御太和殿傳臚,第一甲一名江寧秦大士,方綱列第二甲二十三名。保和殿朝考未入選,王大臣驗看列二等。十月十二日,引見於乾清宮,欽點翰林院庶吉士。是科合一甲三人,入翰林者四十一人。方綱分肄國書,教習庶吉士少宗伯滿洲介公福、大司寇諸城劉公統勳,小教習大司成滿洲武公極理,分肄繙譯者八人。

和按:先生是年始編詩集。

十八年癸酉

十月二十日，婦韓氏來歸，時遷居宣武門外包頭張兒胡同。

和按：先生《重預恩榮宴》詩自注云，癸酉、甲戌間，每借書於黃氏萬卷樓。

十九年甲戌

閏四月初八日，散館，繙譯陶潛《桃花源詩》。是日方綱坐在西苑正大光明殿之東楹，午刻駕出，上步自西階，向東行，至方綱跪所，問已作完否，取卷閱之，問姓名至再，諭曰"牙拉賽音"，漢語"甚好"也。次日，御定第一等一名。十一日，引見於勤政殿，授職編修。

和按：先生《重預恩榮宴》詩注云，繙譯陶淵明《桃花源詩》，以"俎豆"一聯蒙聖恩拔置第一。

是年春會試，有福建莆田縣族人霈霖來拜，庚午舉人也，得所送鄉試硃卷，前有族姓履歷，內開曾叔祖有先祖名，方綱因持會試硃卷往送之，內履歷有先祖也。次日霈霖來，稱姪輩，因與詳敘家世，始知吾家出自莆田一桂房，霈霖曰此天賜之緣也。尤可異者，在莆田將儌裝北上時，檢取書籍等入行篋，及至京啟視，乃以家譜一冊置其中，豈非祖宗默祐①耶？於是始借其譜抄之，自一桂公以下世次皆明白矣。知吾順天派是明大司農襄敏之裔，因敬書聯句，俾其歸鐫挂於尚書公祠堂。又知檢討公方綱之十一世祖，諱瑛，翰林檢討，即襄敏公父也。所留二十字爲子孫世次

———————————

① "祐"，石印本作"佑"，可并存。

者：世守朝廷禄，惟存孝與忠。誠心長繼述，福慶永豐隆。此内如"世守朝廷"諸字，既皆以命字矣。"世資"二字，是襄敏公字，以字行也，本名錢。吾先祖字孝定，則仍依前式也。然則吾曾祖必別有字，以"存"爲上一字者，今莫可考矣。時與霈霖語及此，知吾家南北後人相沿日久，有忽略未嘗以此爲字者，不特吾順天派年久失考，即以莆田霈霖上一代，亦未嘗以此爲字，所當追復舊式也，方綱因此號忠敘，方綱字正三，先君所命也。父執孟穎仙先生命其字曰敘彝。辛未冬讀《漢書》，愛揚子雲覃思之語，自號覃溪，又號彝齋。而爲霈霖取字誠濟，實因此年莆田雨三霈霖字。之來京，得詳知吾家世次，大慶幸也。敬思此十字由醉庵公檢討公號。作以垂後，雖醉庵公傳子"世"字，即是以字行，然古人所謂以字行者，即是名，而非字矣。至再傳謙謙公，何以不用"守"字於名，而用於字？想爾日謂"世"字，原是字，而非名，故用以爲字。又因家傳以五行爲序，取名既按五行之序，則此"守"字用於字更爲便矣，一時或未經詳悉熟籌，亦不意後遂沿爲定式，專以此排序代，傳十字用於字而不用於名矣。若以敬承先訓之義，自當仍以命名，方合當日排此十字之本意。若盡以之爲字，則如居家有譜系，入仕有名籍，其字誰則稽之，其名則舉目共見，知爲某代子姓也。方綱既與霈霖詳言之，然而其後吾家兒子輩，上學時欲命以名，又復忽略，不依此字，則凡事因循不細講之爲害大也。今日筆至此段，如夢初覺，即取四兒號誠鑑，以補前闕。然而將來吾子孫仍必用此爲名，并用五行相生之序，事不難而理得合，竟當若此爲家訓也。依五行相生之序，則樹崐下一代，如上一字用"心"字，則下一字用水部字，如上一字用水部字，則下一字用"心"字，將來永以此爲式。

二十年乙亥

四月一日，翰詹諸臣蒙皇上召見於乾清宮丹陛，諭令公同審訊逆犯胡中藻一案。是日，隨駕至圓明園，自初一日至初八日，每日或一次，或二次，蒙召見於勤政殿。初八日午後，於西苑朝房，奉旨恭和聖製《浴佛日雨五言六韻》律詩一首。是年六月，平定準噶爾，方綱恭進頌十二章冊，入選，奉恩詔加一級。

二十一年丙子

御試開列試差諸臣，方綱列三等。

七月十二日丑時，先母張太夫人卒，享年四十四。

七月十六日，婦韓氏生第一男芸。

十二月，攜家就館於保定府蠡縣劉村彭氏家，住居在其對門一院。每日入彭氏家知三堂課徒，受業者彭克智、彭景宣、徐友賢、友生、友庚，其後又有附從講肄數人。每夕課誦之暇，偕諸生步村塍間，與老農話耕稼事。

二十三年戊寅

十月，攜家自蠡縣還都，蠡縣諸生依依不忍別，各分日邀至其家飲食賦詩。十一月，補編修，僦居橫街東邊路南屋數間。

二十四年己卯

三月，御試開列試差諸臣，題"富而可求也""館人求之弗得""賦得披沙揀金"，方綱列一等第五名。四月，編檢十員值班引見，上顧謂掌院學士蔣溥曰："聞翁方綱會作文章，然乎？"溥奏曰："此人學問甚好。"上頷之。閏六月，奉命充江西鄉試副考官，少司空武進錢維城爲正考官。錢以內廷侍郎奉差，例得具摺入謝，召見，上問："汝副考官學問何如？"對曰："臣實不知，據今歲考列一等前列，想其學問當好。"上曰："汝亦久爲翰林，何以不知？"對曰："此人日日閉戶讀書，不與人酬接，是以不知。"上頷之。時錢公直南書房，於翰林中聞望夙著，方綱同年紀曉嵐，其甲戌會試門生也，語方綱曰："錢公不易共事，子其加意待之。"及同奉使，道中唱酬甚歡。入闈閱卷，予夙知江右五家骨氣之深厚，久爲時墨所掩。是役也，竊思有以振厲之，然途中却未先與錢言及此。及閱卷，每得一佳文，彼此互質，相與欣賞，則錢公深識此意，所取不約而合。是科初用五言試帖，命題之日，兩人各於掌握暗寫一紙，出以相示，則兩人所寫題皆"秋水長天一色"。江西鄉試初用此體，内外簾自監臨以下至應試諸生，無不爭相得句以爲切合，而錢與予之心眼相協更深矣。闈中與房考官能詩者聯句刻之。榜發，父執何子山先生，以吳城同知充外簾官，相晤話舊。次日登滕王閣。錢茶山維城字稼軒，別號茶山。以請假回原籍武進，須遲數日還京，是以先行。予俶裝後二日行。

十月十七日復命，召見於養心殿西暖閣，垂詢祖、父爲官否，臣方綱奏，祖仕縣丞，父未仕。上曰："汝家自汝纔如此讀書。"臣方綱叩首謝。是榜得士周蕭文等九十四人，副榜□□等十八人。是年於磨勘試卷案内罰俸三年。

和按：先生《滕王閣圖記》云，同官皆作詩，錄成一集，洵足稱《滕王閣詩話》也。

是年閏六月□日，婦韓氏生第二男穎，而江西歸，知第一男芸已卒。

十一月，平定回部，恭撰樂府十二章進呈，恩詔加一級。

二十五年庚辰

三月，充會試同考官，總裁大學士常熟蔣公溥，刑部尚書無錫秦公蕙田，禮部侍郎滿洲介公福，都察院副都御史無錫張公泰開，方綱分校《詩》四房，得謝啟昆等十一人，謝即前一年江西所得士。出闈，知四月三日弟元綱病卒。是年於磨勘試卷案內降一級，將前加一級抵銷，又罰俸一年。第二男穎卒。

是年，本房十一人，除謝啟昆、莫元龍皆停一科未與殿試外，李松齡用庶吉士，熊啟謨用部曹，倪廷模、潘經馭皆即用知縣。

八月，署日講起居注官。十二月，充日講起居注官，充修《續文獻通考》纂修官，充磨勘鄉試試卷官，旋即總辦起居注事。起居注每年分十二月，每講官一人分修半月之書，每年四月以後陸續交稿至署，有總辦者通加校勘，至冬繕完。其二十四分每半月一分。講官不足者，以編檢協修，此向例也。日講官二十缺，滿八缺，漢十二缺，因漢講官職修起居注書也，滿講官則俟稿定後專司繙譯正本。又除兩掌院學士以經筵日講隨帶起居注銜，是以滿講官實止七缺，漢講官實止十一缺，分修五个月又半月之書，餘月之書皆編檢中派出協修，協修人數多於實缺之數，是以有協修數年不得充署者。方綱是秋甫充協修，八月即署此職，誠異數也。爾時講官缺出，皆列名具本請旨，有協修者注於名下，至其後始改爲俸深十員引□見之例也。時同總辦者，武進劉公星煒、漢軍積公善、桐城張公曾敞，與方綱四人每日辰入申出，出則至《續文獻通考》館，時總裁爲錢塘梁文莊公詩正,通政使陳公兆崙,字星齋,號勾山。是時晨夕相與討論,相得極歡。分修《市糴考》。又以出入之暇,兼到皇史宬,恭閱列祖列宗實録,帶供事一人,挾筆硯摘條抄寫,以備編載。又以内閣所送絲綸簿查核所修起居注,時到内閣票籤處,自兹爲始,凡四五年無寒暑間。冬十一月,遷居宣武門西轎子胡同。

二十六年辛巳

　　正月十日子時,第三男樹端生。因小名大姐,是以家人皆稱大相公,其後遂自此排敍,大、二、三、四以爲稱呼之次矣,其實是第三也。四月,充磨勘會試試卷官,紀録一次,又充殿試彌封官。

　　十一月,補授右春坊右中允,將前加一級改爲紀録一次。皇太后七旬萬壽,獻頌,恩詔加一級,恩詔誥贈先祖、先父皆奉直大夫、日講起居注官、左春坊左中允兼翰林院編修加一級,先祖妣田氏、高氏,先妣張氏,皆宜人。

二十七年壬午

　　是年春,聖駕南巡江浙,恭進頌册。五月,恭迎聖駕於涿州城南。御試開列試差諸臣,題"先之勞之請益""至於日至之時""賦得竹箭有筠,得如字",方綱列一等一名,引見於勤政殿,上曰"翁方綱學問甚好"。是年京察列一等。六月,奉命充湖北鄉試正考官,夏邑彭編修冠爲副考官。二十六日出都,十月二日復命於香山致遠齋,蒙召見。是科得蔣方熙等四十七人,副榜□□等九人。八月二十四日,長女樹訓生。是冬,恭領先祖、先父二代誥軸,行焚黃禮。

和按：先生《黃鶴樓圖記》云，榜發後，重九日開讌於黃
鶴樓，樓前設插屏，臨江插菊花數千萬枝以侑酒，酒罷，題
一聯於樓柱曰"千古題詩到崔李，國朝制義在熊劉"。明日
僝裝北歸，渡漢江至大別山，登晴川閣，迴望黃鶴樓，朗吟
崔司勳詩，竟未能成一字。

二十八年癸未

三月，充會試同考官。總裁刑部尚書無錫秦公蕙田，
吏部侍郎滿洲德公保，户部侍郎仁和王公際華。方綱分校
《禮記》二房，得侯官林振彩等十人，内吕元亮用庶吉士，陳
燮用部曹，陳良翼即用知縣。

五月，御試翰詹諸臣《江漢朝宗賦》，以"予乘四載隨山
刊木"爲韻，"賦得結網求魚得先字""畿輔水利疏"，方綱列
三等五名，引見於勤政殿，上曰："汝是會作的，何以考在
此？"方綱叩首對："臣是日實作得不好，寫得亦不好。"上
曰："何以不好？"臣又叩首謝，上又曰："汝是會作的。"奉旨
罰俸一年。是月轉左中允，充是科教習庶吉士，分課新編
修韋謙恒、庶吉士祥慶、吕元亮、李廷欽、李調元五人，辛巳
庶吉士謝啟昆亦與焉。

此數年中又有校繕官書事，始於十九年甲戌之夏，初
授編修時。時命翰林工楷書者，選梁國治、秦大士、梁同
書、莊培因等繕録《昭明文選》，命朱珪、戈濤、盧文弨、翁方
綱等校對於翰林院後堂東寶善亭内，發出宋板《文選》一
部，紙墨精好，古香襲人，每册有前賢手題墨迹。第一册前
有皇上御筆題云"此書在天禄琳琅中亦不可多得"。方綱
與同年盧文弨，謹記其中隨目所得校正之字，歸而識於所

讀《文選》內。是時盧館於吾邑黃氏家，與方綱二人晨夕商権《文選》諸本同異，至秋始竟。是冬，派繕寫宋袁樞《通鑑紀事本末》，方綱分寫周、秦、西漢數冊，賜庫緞一匹。至辛巳，復恭刊御製詩二集成，方綱派繕寫，并與修撰畢沅同司總校事，至甲申夏乃辦竣。

　　和按：先生詩集，自壬申至此年爲《課餘存稿》。

二十九年甲申

　　夏，補授翰林院侍讀，將前加一級改紀録，又帶前紀録，共紀録三次。四月九日，《通考》館恭進方綱所纂之《市糴考》五卷。先是，原纂諸人皆依馬氏舊考排纂，於今日實事頗難次敘，入館充修之始，眾皆以此門難修。方綱謂總裁陳句山曰："《洪範》八政，一曰食，二曰貨，貨即市也，食即糴也，某意當分上卷《市考》，下卷《糴考》，以此分條徵諸部籍，則次敘井然矣。"句山以爲然，遂定辦法，三載以來，查核條件，編次成書五卷，至是寫訖。是時《通考》每門進呈時，經皇上指駁疎失，皆以進書爲畏途。是日，提調圖學士轄布與方綱在西苑宮門外候旨。頃之，諸城劉公統勳自內出，面有喜色，語方綱曰："進書如此無一句指摘者，從來所未有也，子其戒滿持盈乎？"七月十二日，奉命提督廣東學政，十三日具摺謝恩，蒙召見，奏對良久，上諭不必另請訓。十七日，上幸避暑山莊，於大東門送駕。二十六日，攜家出都赴任。九月二十一日，到廣州。二十六日，出按科試。前任邊學士繼祖恰辦竣歲試。今從肇慶、羅定科試辦起，即往西四郡，在瓊州府度歲。十二月十三日卯時，第四男樹培生於廣州，其後相沿稱二，其實是第四也。

三十年乙酉

是春，自西郡回省城，即出按東郡科試，至夏科試畢回省，選拔諸生，得饒慶捷等百有□人。秋，在省送鄉試。十月，報滿，奉旨仍留廣東學政任。是年在廣州度歲，選拔諸生多留省數旬者，時來藥洲亭論詩，有《藥洲詩話》六卷。又刊在都中所撰《韻字辨同》五卷。辛巳與彭芸楣、謝蘊山同輯。

三十一年丙戌

二月，出按歲試，冬在潮州度歲。十二月，補授右春坊右庶子兼翰林院侍講。

和按：先生試潮州，造舟曰葦齋，賦七律四首，先文莊公有和作，見《樂賢堂詩鈔》。

三十二年丁亥

四月，轉補左春坊左庶子。十一月，補授翰林院侍讀學士。冬在韶州度歲。奉旨頒賜世宗憲皇帝硃批諭旨十八函。是年按肇慶歲試時，德慶州學訓導揭陽族人進取奉先像一冊來求題，因借留摹繪，俟明歲送鄉闈時還之。

三十三年戊子

秋，在省送鄉試。十月，報滿，奉旨仍留廣東學政任。時已遣家眷先北上，至嶺聞留任信，復回廣州。是冬，在省城度歲。時報滿候旨之暇，延一畫師至署，住旬日，摹繪先世諫議公、一桂公以下遺像成冊。畫者福建人鄭潤，字雨亭，上官竹莊名周，見查初白詩。弟子也，來寓於廳事後藥洲前之尚有西齋對面客堂。史文靖公手題"尚有西齋"四字,予有記勒石。每夕偶共論書畫,鄭云有湖南人吳君客游於此,以所藏坡公書《天際烏雲帖》墨迹欲出售。予因託鄭往取來,以六十金購之。又因在韶州道中經英德南山,見山厓後壁坡公手題,予重摹勒石二片,一嵌廣州使院壁,一留以自隨,因自號蘇齋自此始。

三十四年己丑

二月,出按諸郡歲試。四月□日,第二女生。冬在高州府度歲。

三十五年庚寅

秋,回省送恩科鄉試,恭進皇上六旬萬壽樂府一百章。冬在韶州府度歲。

三十六年辛卯

秋,在省送鄉試,恭進皇太后萬壽詩十二章。十月,報滿,以失察生員年貌册,因禮部奏應鄉試諸生廣東省有冒開年七十以上希冀邀恩者,人數太多,奉旨降三級調用。九月二十八日,金公士松來接交代,移寓於公館。十月三十日未時,第五男樹敏生。後稱呼第三。十一月二十日,自廣州起程,除夕在江南潛山縣度歲。

和按:先文莊公有送先生任滿還京詩,見《樂賢堂詩鈔》。

是年秋,在廣州撰《粵東金石記》十二卷錄板。

三十七年壬辰

正月二十九日到京。二月初二日，恭繳硃批奏摺於乾清門。初九日，在西苑大東門恭送聖駕。是年到京，暫寓孫公園前街。

和按：先生詩集，自甲申冬至此年二月爲《藥洲集》。

三十八年癸巳

移居於潘家河沿，始以粵東所摹勒蘇、米二石嵌於齋壁，扁曰"蘇米齋"。蘇迹即英德南山坡公題字也。米題藥洲一石，藥洲九石之一，今諸石在學院廨後堂之東藥洲舊址也。惟此米題一石，不知何時移植於布政使署二堂後東院竹叢中。予既重摹二石，欲以所摹一石易之，未果，遂以其一石自攜入都，而其一石至今猶在學使署後壁間。

三月，大學士劉等奏，原任學士降調候補之翁方綱，留心典籍，見聞頗廣，請充補《四庫全書》纂修官，奉旨依議。三月十八日，入院修書。九月二十五日，奉旨，翁方綱學問尚優，且曾任學士，著加恩授爲翰林院編修。十月初三日，到編修任。是年冬，移居爛麵胡同。

是年□月，第二女卒。九月初五日，第三女樹玉生。是年撰《焦山鼎銘考》一卷鋟板。

十二月，購得宋槧《蘇詩施顧注》三十一册，凡存目一卷，詩三十卷，即宋漫堂中丞所藏也，有毛氏汲古閣、宋商丘諸印，始以"寶蘇室"自題屋扁，因撰《蘇詩補注》八卷，門人曹儷笙振鏞鋟梓。

繪三代祖父考妣像，合所摹前十四幅，凡二册一函，於十二月二十一日，以先像繪成告祭。是日，族人慈谿玠英、常熟建臺來，同拜像。玠英即騰越知州甲之子，建臺，潮州鹽知事企祖之子，企祖，鐵庵尚書孫也。建臺揀發河南吏目，玠英揀發試用縣丞。

　　和按：先生集，自壬辰二月至此年八月，爲《青棠書屋稿》。

　　自癸巳春入院修書，時於翰林院署開《四庫全書》館，以內府所藏書發出到院，及各省所進民間藏書，又院中舊貯《永樂大典》內，日有摘抄成卷彙編成部之書，合三處書籍，分員校勘。每日清晨入院，院設大厨供給桌飯，午後歸寓，以是日所校閱某書應考某處，在寶善亭與同修程魚門晉芳、姚姬川鼐、任幼植大椿諸人對案，詳舉所知，各開應考證之書目。是午攜至瑠璃廠書肆訪查之。是時江浙書賈亦皆踴躍，遍徵善本足資考訂者，悉聚於五柳居、文粹堂諸坊舍，每日檢有應用者，輒載滿車以歸家中，請陸鎮堂司其事。凡有足資考訂者，價不甚昂即留買之，力不能留者，或急寫其需查數條，或暫借留數日，或又僱人抄寫，以是日有所得。校勘之次，考訂金石，架收拓本，亦日漸增，自朱竹君筠、錢辛楣大昕、張瘦同塤、陳竹厂以綱、孔撝約廣森後，又繼以桂未谷馥、黃秋盦易、趙晉齋魏、陳無軒焯、丁小疋杰、沈匏尊心醇輩，時相過從討論，如此者前後約將十年，自壬辰、癸巳以後，每月與錢籜石、程魚門、姚姬川、嚴冬友諸人作詩課。

四十一年丙申

　　平定兩金川，恭進頌册，恩詔加一級。

　　十月十二日，引見，以原銜充文淵閣校理，又充武英殿繕寫四庫書分校官。

　　和按：先生集，自癸巳九月至此年九月，爲《寶蘇室小草》。

四十二年丁酉

三月二十五日，御試開列試差諸臣，是年不發出等第名次。京察一等加一級。

時方綱承修《四庫全書》，又承修《明紀綱目》，又承修《音韻述微》，又承修《續通志》，又兼武英殿繕寫處覆校。

是冬，辭武英殿分校覆校事，仍在《四庫全書》館專辦金石、篆隸、音韻諸書。

是秋，黃秋盦得漢石經《尚書》《論語》三段，借摹於石，因用洪文惠摹刻石經於越州蓬萊閣事，自題扁曰"小蓬萊閣"。

四十三年戊戌

《四庫全書》五年期滿，分等議敘，方綱列上等，奉旨加一級。五月，充殿試彌封官。

是年春，莆田河邊朱紫坊第十五姪霆霖繪先像一冊來，敬裝於前函內，凡一函三冊。霈霖胞弟也，霈霖行七，霆霖行十五，兄弟皆成進士。霈霖，浙江孝豐知縣。霆霖，戊子福建解元，四川南溪知縣。

十一月十五日，側室劉氏來歸，天津人，年二十三。

四十四年己亥

三月二十五日，御試開列試差諸臣，題"根也慾焉得剛""晉平公之於亥唐也""賦得山夜聞鐘得張字"。方綱列一等第三十六名，惟此一次發出名次，以後皆不發出矣。

六月二十二日，奉命充江南鄉試副考官，少宗伯謝墉爲正考官。時謝隨駕在熱河，陛辭，上問："翁方綱是汝同年否？"墉對："是。"上曰："其學問在北方中所少。"墉對："即在南方亦所少。"七月六日，同出都。九月八日，榜發，得錢棨等一百四人，副榜潘疇克等十八人。十月九日，復命，召對於養心殿西暖閣。

九月九日，登棲霞最高峰，望大江金、焦諸山。是夕宿於山中幽居禪室，夜與金圃墉、蘊山啟昆，時以候補知府從行。唱酬。是役有《棲霞小草》一卷鋟梓。初十日，自棲霞歸已傍午，制軍薩公載，丁卯繙譯舉人，相稱同年。設席以待。謝金圃先往，予獨詣江寧府學尊經閣下，手摩《吳天璽碑》并秦篆摹本諸碑。是役有《金陵訪碑記》五卷。明日將倂裝，揚州汪容甫中來謁於秦淮旅舍，出所藏碑帖盈篋共賞。

十月，補三通館纂修官。

十二月二十八日，妾劉氏生第四女樹金。

四十五年庚子

四月，充會試試卷磨勘官。

五月，充殿試受卷官。京察列一等。六月十二日，於避暑山莊引見，奉旨准其一等加一級。

長男樹端之婦朱氏來歸，同邑竹君女。

四十六年辛丑

三月二十九日，奉旨補國子監司業。四月六日，到司業任。每晨入監，公事畢，到戟門下席地而坐，手量石鼓圓圍、高下尺寸，度其漶勢，精搨之，始得見辛鼓首尚有半字存者。以上海顧氏摹本對之，適相符合。是夏，撰《石鼓考》八卷。

充會試試卷磨勘官。四月廿五日，傳臚，錢棨一甲一名進士，爲國朝三元之瑞。五月一日，新進士釋褐於國子監，祭酒、司業皆坐彝倫堂，行拜謁簪花禮。故事，三鼎甲所簪金花外，有備用一枝，爲總理監事所攜歸。是時總理監事漳浦蔡公新曰："今科狀元是翁公上年鄉試所得士，此花應歸翁公。"因攜歸，銘於櫝藏之，并撰《三元考》《三元喜讌詩》四律，京師士大夫及四方詩人和者數百家，鋟梓爲《三元詩集》。

和按：先文莊公有和先生三元詩，見《樂賢堂詩鈔》。

三月十七日，妾劉氏生第五女樹齡。

閏五月二日，奉旨補司經局洗馬，初五日到詹事府任。

十一月十七日，奉旨充文淵閣校理。編修陞司業，例不兼校理，是以開缺，今復充此職。

是年冬，撰《七言律詩鈔》十八卷，曹儷笙爲鋟梓。

和按：先生詩，自丙申十月至是年三月，爲《秘閣集》，四月、五月爲《石蘭集》。

四十七年壬寅

三月初一日起，入直文淵閣。每日輪直校理二員、檢閱二員，官厨設饌同餐，午後乃散。方綱與同直諸君唱和之作積成册，名曰《秘閣唱和集》。

和按：先生集作《秘閣直廬集》，編詩自壬寅三月至癸卯八月。

九月一日至十日，每日卯刻入閣曝書。

是年秋，得宋拓《大觀帖》第六卷，始自題其屋曰晉觀堂。

十月四日，奉旨署日講起居注官。是月九日，於懋勤殿侍勾到班，班退時方綱叩首謝，上曰："汝原是講官，因何降調？"因蒙垂詢，奏對良久。

十二月一日，樹端生男曰松官，次年十一月痘殤。

和按：先生詩，自辛丑閏五月至是年三月，爲《枝軒集》。

四十八年癸卯

三月十日，御試開列試差諸臣，題"我對曰無違""若夫爲不善非才之罪也""賦得方圓隨規矩，得先字"。十二日①，引見，不發等第名次。京察一等加一級。

七月十五日，次男樹培婦沙氏卒。

九月，妾劉氏生第六女樹寬。

八月六日，奉命充順天鄉試副考官，時正考官爲諸城劉冢宰墉，其一副考官爲雲南尹閣學壯圖。方綱順天大興人，例不得開列順天鄉試考官。時皇上在熱河，命下，即入貢院，至九月十日榜發，取中舉人裴顯相等二百三十七人，副榜劉騰蛟等四十二人。出闈，偕劉、尹二公往奉天行在復命。三十日，於錦州府湯家屯道旁跪迎聖駕，巳刻於行宮遞奏摺，即蒙召見，命臣壯圖、臣方綱先行回京，即午起程。十月九日到京。九月二十三日，出山海關，於關內澄海樓望東海，推窗之外，一碧萬里，樓中懸御書"元氣混茫"四大字，誠壯觀也。

---

① "十二日"，刻本與石印本皆作"十二月"，誤。結合上下文，此處當作"十二日"，徑改。

和按：先生《奎堂閱卷圖記》云，洗馬五品，不列奏牘，且籍隸順天，蒙恩逾格充使，幼時矮几構思之地，今得閱卷於此，更爲曠古稀有、百倍尋常之遭際。

十二月十九日，部議磨勘順天鄉試試卷，銷去紀錄四次。

和按：先生詩，是年八月至十二月，爲《桑梓掄才集》。

四十九年甲辰

閏三月十三日，奉旨補授詹事府少詹事兼翰林院侍講學士，時皇上南巡江浙。四月二十日，於新城縣城南數里外道旁迎駕謝恩。六月三日，奉旨補授詹事府詹事兼翰林院侍讀學士。初十日，於熱河謝恩，蒙召見於"澹泊敬誠"之內一層，殿名"依清曠"，召對良久，命臣即回京。十四日回京。

九月二十三日，奉命充文淵閣直閣事。二十八日，入直文淵閣，與褚廷璋、彭冠二學士有《秘閣唱和續集》。又奉命充日講起居注官。十月十日，奉命充武殿試讀卷官。

是年，長女樹訓適梁氏，壻名鉞，順天庠生。

五十年乙巳

正月一日，恩詔加一級。

二月三日，御試翰詹諸臣。初八、初九兩日，詹事隨同兩掌院，捧綠頭名籤帶領引見。

三月十九日，召對於勤政殿後之左內間。

四月三日，奉命稽察右翼宗學。

十二月十日，吏部朝房考試京外吏攢，奉命閱卷。

六月一日，孫女大妞生，樹端出。

十二月十八日寅時，第六男樹崑生，今呼第四。姜劉氏出。廿二日，恭請誥軸，行焚黃禮，曾祖考府君、祖考府君、顯考府君皆贈通奉大夫、日講起居注官、文淵閣直閣事、詹事府詹事兼翰林院侍讀學士加一級。前曾祖妣王太君、曾祖妣趙太君、前祖妣田太君、祖妣高太君、顯妣張太君皆贈夫人。

五十一年丙午

九月四日，奉命提督江西學政。初十日，於熱河謝恩，召見於"澹泊敬誠"行殿，即回京。十月二日起程，十一月□日到南昌任。

九月，順天鄉試榜發，次男樹培中式第七十一名舉人。

和按：先生詩，自甲辰正月至是年八月，爲《晉觀稿》。

五十二年丁未

四月，會試榜發，樹培中式第三十六名，殿試三甲二十二名，欽點翰林庶吉士，分肄繙譯國書。

五月十九日申時，第七男樹寶生，姜劉氏出。

五十三年戊申

□月□日，長男樹端卒。

五十四年己酉

四月，庶吉士散館，樹培列二等三名，奉旨授翰林院檢討。繙譯陶潛《歸去來辭》。

在江西任内，奏報歲試情形，申嚴月課一摺、約束武生一摺、申嚴場規核實經古學一摺，皆蒙御批嘉獎，并敕諭各省學政照依辦理。

是年，考選江西通省選拔貢生，得許庭椿等一百五人，又考選優貢生曾祜、周熊、聶廷珠、魯邦瞻四人。

秋，在南昌鋟梓《兩漢金石記》二十二卷。

九月滿任，二十六日自南昌起程。十月一日，到京復命，召見於養心殿西暖閣。移居保安寺街。

十月十四日，奉旨補授内閣學士，兼禮部侍郎，又奉命稽察右翼覺羅學，又奉命稽察中書科事務。

和按：先生詩，自丙午九月至是年十二月，爲《谷園集》。

五十五年庚戌

二月，扈蹕謁東陵、西陵，謁泰岱、孔林。是役也，於途中奉命遣祭河間獻縣毛萇墓，又奉命充孔廟西廡分獻官，又奉命遣祭鄒縣子思子祠、孟子祠，又奉命遣祭南皮縣尹吉甫墓，禮成復命，蒙召見於行殿。四月八日，於天津譙次，奉命即回京觖裝，往盛京詳校文淵閣四庫書。十一日回京，十六日起程。五月一日，至奉天。七月十日，自奉天起程。八月二日，回京復命。是行於至奉天之次日，恭謁福陵、昭陵。是春扈從東陵時，於恭謁昭西陵、孝陵、景陵、孝賢皇后陵寢，皆騎馬隨往四處，一齊到班。聞向來扈從者，多以馬力不能趕行者，僅至一處、二處者。時方綱初學騎馬，林巒間皆迅行。董閣老誥馬上指曰："真巴圖魯也。"是歲得於列祖列宗陵無不叩首仰瞻，誠罕遇也。在盛京，自五月四日至六月三十日，詳校四庫書一千二十函。

皇上八十萬壽,敬上《八徵耄念頌》,奉旨選刻入《萬壽盛典》,賞大緞二匹,妻韓夫人亦賞緞二匹。

五十六年辛亥

三月,扈蹕盤山。十一日,召見於行殿,即給札,在宮門外朝房和御製詩七首。

六月十五日,以覃恩恭請誥軸,贈先三代考妣,考皆資政大夫、文淵閣直閣事、内閣學士兼禮部侍郎加一級,妣皆夫人,行焚黄禮。

九月十七日,奉命提督山東學政,二十一日謝恩,蒙召見於勤政殿内左裹間。十月一日自京起程,十三日到濟南任。十月九日行至景州,第五男樹寶殤。

十二月二十八日,具摺奏請,懇令臣子樹培,代臣往盛京,覆加詳校文淵閣四庫書,於五十七年壬子正月七日遞摺,奉硃批"當然,欽此",當即具印文行知翰林院,樹培於二月往盛京覆校四庫書,□月回京。

是年,考選山東通省優生,舉報送監金洙、公震、宋緝、李堯詢四人。九月,報滿,奉命仍留山東學政任。

和按:先生詩,自庚戌正月至此年正月,爲《石墨書樓集》。

五十八年癸丑

四月三日巳時,韓夫人卒於京師。

六月廿三日,奉旨來京供職。七月初七日,部文行知。初八日,自濟南起程。二十一日,於熱河復命,蒙召見,命即回京。二十四日,回京。二十五日,到内閣辦事。

十月二十三日酉時，妾劉孺人卒。

十一月二十四日，妾王氏來歸，年二十七歲，雲南昆明人。

十二月二十日，以齊東名宦祠新勒碑記致告祖墓，并於祖墓前石碣內鑴記之。

在濟南鋟梓《經義考補正》十二卷、《小石帆亭著錄》六卷。

和按：先生詩，自壬子正月至此年七月，爲《小石帆亭稿》。

五十九年甲寅

三月十三日，扈蹕天津。十六日，於紫泉行宮召見。廿五日，奉命選定迎駕諸生所獻詩賦冊。廿七日，奉命閱卷。是午，擬取諸卷進御覽，欽定一等一名姚文田浙江歸安舉人授官內閣中書。四月七日，回京。

五月廿五日，扈蹕熱河。六月二日，至熱河，寓居南營子溫家溝。初九日，蒙召見於"澹泊敬誠"之後殿。自七月二十四日爲始，賜觀劇茶宴於清音閣，至八月十五日，凡二十。每日卯刻入班，至未正散出，每日賜茶果克什三次。八月二十日，回鑾。廿六日，皇上回至圓明園。是午，還家。

六十年乙卯

二月初九日，京察。十五日，命下，降補內閣侍讀學士，仍降二級留任。閏二月十一日，補內閣侍讀學士。十四日，到內閣漢本堂任。八月廿九日，仍幫辦批本事。自己酉冬至己未春,凡在内閣政事堂批本前後十年。

是年三月,第三女樹玉,歸於青陽王宗誠,庚戌探花,今官詹事。

是年秋,知山西忻州汪君本直爲鋟梓所撰《元遺山先生年譜》。

今上嘉慶元年丙辰

正月四日,恭預皇極殿千叟讌,御賜詩章、墨硯、箋紙、紬緞、朝珠、齋戒牌、金合等件。

元日,恩詔加一級,并開復前降二級,給一子廩生。第四子樹崐充補廩生,部給執照。樹培所應得封典貤贈兄嫂,長子樹端得受,勅贈翰林院檢討加二級,妻朱氏安人。

二年丁巳

二月,第四女樹金,歸於涿州馮立鈞,文敏五世孫,今官湖北縣丞。

三年戊午

□月,御試翰詹諸臣,樹培列三等,改授刑部督補司主事。

十二月八日,第五女樹齡,歸於獻縣戈寶樹,太僕少卿源子。

四年己未

二月九日,奉旨補授鴻臚寺卿。初十日,謝恩。十一日,召見於中正殿倚廬。是日,奉命稽察右翼宗學。

和按：先生詩，自癸丑八月至是年二月，爲《蘇齋小草》。

五年庚申

正月爲始，九卿各衙門輪班奏事，自正月至十月，蒙召對三次。

四月初九日，内閣傳旨，禮部侍郎曹城等二十一員，於初十日卯時入内應御試，在南書房給札，"茂正其德而厚其性論""賦得友風子雨得興字"。十一日，召見於養心殿西暖閣，上面諭云："汝文詩皆好，字畫亦佳。"

六年辛酉

二月二十七日，京察引見，奉旨，翁方綱年已衰老，著以原品前往裕陵守護。二十八日，具摺謝恩。三月十二日，自京起程，十五日到馬蘭峪，暫借福員外海，丁卯同年，德宮詹昌之姪。寓齋住宿。四月四日，移居於德尚書福原賃之屋，在東關外東檔子巷。

四月六日，妾王氏攜四兒樹崑來。

是年三月，次兒樹培充會試同考試官。

十二月二十四日，爲四兒樹崑娶婦李氏。李，遵化州人。

和按：先生詩，自己未二月至是年二月，爲《嵩緣草》。

七年壬戌

三月，樹培充會試同考試官。

四月，移居於蔣太常賜棨原住之屋，在塔子山對面，自題曰塔下山房。

八年癸亥

五月,樹培充豐益倉監督。

九年甲子

二月十七日,奉命以原品休致回籍。三月初一日,於隆福寺行宮具摺謝恩。初二日,恭送聖駕。四月初八日,馬蘭峪挈眷起程。初十日,回京。六月,重入府庠,瞻拜新修文廟。方綱於乾隆甲子補府庠生,至是六十年也。是日,知宛平縣門人胡遜陪同行禮,因飯於宛平縣齋,有府庠唱和詩册。時順天府尹莫瞻菉,爲予庚辰本房門生,元龍子,順天府丞張端城,又予癸卯鄉試所得士,皆同和焉。

在馬蘭峪三年,惟每月朔望,暨恭逢忌辰、節候,上陵行禮外,其餘月日無酬應,併無唱酬題詠之件,專心將數十年來溫肆諸經所記條件,分卷寫稿,共得《易附記》十六卷、《書附記》十四卷、《詩附記》十卷、《春秋附記》十五卷、《禮記附記》十卷、《大戴禮附記》一卷、《儀禮附記》一卷、《周官禮附記》一卷、《論語附記》二卷、《孟子附記》二卷、《孝經附記》一卷、《爾雅附記》一卷。

和按:先生詩,自辛酉十二月至是年七月,爲《有鄰研齋稿》。

十年乙丑

九月,謝編修學崇爲鋟梓《詠物七言律詩偶記》一卷。

十一年丙寅

五月十二日午時，樹崐生男成官，次年殤。

七月，樹培補授刑部山西司員外郎。

十月，樹培補授刑部貴州司郎中。

十二年丁卯

秋，重預鹿鳴宴，奉旨賜加三品銜。是日宴次得詩四律，和者數百家，裝爲四册。

是年夏，撰《廟堂碑考》一卷。秋九月，王壻宗誠赴山東學使任，刻於濟南。

十三年戊辰

三月，孫女大妞歸於安邑葛廷蘭。

十四年己巳

皇上五十萬壽，恩詔樹培以所應得封典貤贈其外祖考韓公榮爲朝議大夫、刑部貴州司郎中加一級，妣李氏恭人。

八月，長子婦朱氏卒。

九月二十八日，遵旨於西直門内道旁恭迎聖駕，即隨至景運門，恭進萬壽頌册。是日有旨，准生監等一體迎駕。四男樹崐亦得在高梁橋南道旁恭迎聖駕，并隨至景運門，附名遞奏。

十五年庚午

杭州接刻《復初齋詩集》至第六十二卷。

十六年辛未

九月八日，次男樹培卒。

十二月，孫女大妞，隨其夫家眷屬同還山西。孫壻葛廷蘭先卒。

十七年壬申

二月，表弟楊立山廷柱自涿州來，作《二老話舊圖》。

四月，訪舊居於城東羅家井，因重遊育嬰堂、萬柳堂。

和按：是年八月，先生作十二圖，自記云嘉慶壬申八月，爲予八十初度之辰，屬友寫十二圖：一《滕王閣》、二《黃鶴樓》、三《閱江樓》、四《藥洲》、五《棲霞》、六《澄海樓》、七《五老峰》、八《蠡勺亭》、九《曝書》、十《閱文》、十一《校經》、十二《考金石》。客曰："子寫此以自娛耶？抑又自爲詩曰'畫圖十二勞丹粉，幅幅能追省過不'，是十二圖者，適皆以省過耳，豈自娛之謂歟？"予笑曰："此十二圖中，其最熟最久者，無若粵之三任、西江之再使矣。憶自壬辰春，由粵北歸，至丙午秋復使江西，途中詩曰'憶昨拜命初，竟夕自攻疚。讀書十五年，所學仍未進。所以漆雕云，斯之未能信'，及己酉九月，北歸詩云'昨非雖屢悟，昔遁何從收。韋絃戒已佩，褊急仍未瘳。日對匡君語，尚未除驕浮。此去讀何書，始克寡悔尤'。夫以自知自懲之言，往復申切若此，而依然有待於省改也，則所謂借畫圖以自省者，裨益幾何？而謂必賴此以省過乎？則質言之，不如仍曰寫此以自娛而已。"中秋日書。

又按：先生八十壽，朝鮮進士金秋史寫佛經寄祝。秋史名其室曰寶覃齋，於是日作祝嘏詩課，見王尚書祝壽詩注。

十八年癸酉

《蘭亭考》八卷鋟板成。

十九年甲戌

二月十八日,禮部奏,奉旨,翁方綱賜二品銜,重預恩榮宴。二十日,具摺謝恩,恭紀四律。其前二日,户部尚書潘世恩召對,上問:"今科會試有重赴瓊林宴者乎?"世恩對:"有壬申進士翁方綱,壬申今無正科,現在禮部奏請,於甲戌補重宴,尚未奏上。"上曰:"其精神尚好否?"世恩對:"尚能作小楷。"上曰:"其學問本好。"

和按:先生每於一粒胡麻上作"一片冰心在玉壺"七字,見王尚書壽詩注。

十一月十四日亥時亥正二刻,樹崐妾劉氏生男引達。

二十年乙亥

八月二十八日未時,四男樹崐卒。

九月十二日,葬於十八里店祖塋之南。子山午向,兼壬丙三分。

二十日,集親友公議,妾王氏扶正,并樹崐生母劉氏一併正名,俱稱夫人。

和按:先生詩,自甲子八月至丁丑六月,爲《石畫軒草》。

二十三年戊寅

正月十二日，爲小孫引達定聘過帖。

和按：先生詩，自丁丑六月至戊寅正月，補編爲《墨緣集》。

右先生自記，以詒其門人襄平蔣相國，蓋以文孫尚幼故也。先生最工蠅頭細書，嘗用文待詔故事，四旬後，元旦用瓜仁一粒，書坡公"金殿當頭紫閣重"絶句一首。六旬後，又以胡麻十粒，黏於紅紙帖，每粒作"天下太平"四字。至戊寅歲元旦，書至第七粒，目倦不能成書，先生歎曰吾其衰矣，果以是年正月二十七日丑時歸道山。先生博極群書，等身著述，而於古今體詩尤所用力，今《復初齋集》已膾炙人口，意後之學者，必有如洪興祖、施元之之爲韓、蘇年譜者，第掇拾畸零，縱能成一家言，究不若及身自訂，較爲得實。先生與先文莊公相友善，每有唱和之作，又與先叔巽齋先生同年。予以年家子爲詞館後進，樂聞先生文章緒論，故從相國之子丐得，付之梓，俾好事者附《復初齋集》以行，亦論世知人之一助云爾。後學吉林英和識。

通志堂經解目録考訂

目　次

解　題

　　《通志堂經解》是清人徐乾學、納蘭性德等編輯的一部大型經解叢書，《通志堂經解目録》也就是該叢書所收著作之目録，翁方綱爲作考訂，仍名《通志堂經解目録》，鋟板以行。以示區别，筆者在校理時將翁方綱《通志堂經解目録》定名爲《通志堂經解目録考訂》。

　　咸豐年間，伍崇曜刊刻的《粤雅堂叢書》收録《通志堂經解目録》一種，是爲粤雅堂本。該本經過譚瑩覆校，書末又有伍崇曜的跋語，透露了諸多信息，校理時以之爲底本。

　　民國十三年（1924），上海博古齋影印的《蘇齋叢書》，收録《通志堂經解目録》一種，是爲蘇齋本，校理時以之爲校本。

　　又民國年間，由王雲五主編、商務印書館出版的《叢書集成初編》收録《通志堂經解目録》排印本一種，此排印本僅作句讀，尚未加以新式標點，而其所據就是《粤雅堂叢書》收録的《通志堂經解目録》，是爲叢書集成本，校理時亦作參考。

　　此外，此本在校理時還參考了同治重刊本《通志堂經解》。

易

子夏易傳十一卷
○或云唐張弧撰。

易數鈎隱圖三卷附遺論九事一卷
○宋劉牧撰，以九爲河圖，以十爲洛書。長洲何焯曰：
　此《道藏》本也。

横渠易説三卷　　宋張載

易學一卷
○宋王湜撰，亦是圖學。

紫巖易傳十卷
○宋張浚撰，其第十卷是《讀易雜記》。何焯曰：明書
　帕版恐不足憑。

漢上易傳十一卷附卦圖三卷叢説一卷
○宋朱震撰，震，荆門軍人。紹興四年書成，其書以程
　子《易傳》爲宗，兼采漢魏以下諸家，謂王弼注雜入
　莊老爲非，故於象數特詳。何焯曰：《卦圖》及《叢
　説》，西亭王孫鈔本尚未盡善，其十一卷影宋本

可據。

易璇璣三卷①

○宋崇仁布衣吳沆撰，紹興十六年自序。何焯曰：汲
　古閣後得舊本，尚有序文，寫樣付東海後人，竟未曾
　刻其全書，亦尚有訛處，不曾修版。

周易義海撮要十二卷

○宋熙寧間，蜀人房審權，集鄭康成以下至王介甫
　《易》説，凡百家，擇取專明人事者，編爲百卷，曰《周
　易義海》。至紹興三十年，江都李衡彥平删之，益以
　伊川、東坡、《漢上易傳》，爲《撮要》十卷。《義海》失
　傳，而是編存。何焯曰：汲古宋本每首葉有印，其文
　云“淳熙七年，明州恭奉聖旨敕賜魏王府書籍，謹藏
　于九經堂，不許借出”，其印精工絶倫，宛然《筠州學
　記》。

易小傳六卷

○宋左僕射吳興沈該撰，紹興二十八年表進之，其書
　專釋六爻，每卦後爲一論。何焯曰：原本未詳何自。

復齋易説六卷　　宋趙彥肅

○何焯曰：天乙閣鈔本。

---

① “三卷”，粵雅堂本作“二卷”，叢書集成本亦作“二卷”，蘇齋本作“三卷”，據《通
志堂經解》，《易璇璣》分爲上、中、下三卷，蘇齋本爲是，據改。

古周易一卷

○宋吕祖謙撰，此《周易》篇次考也，最有關係之書，後
有朱子跋。

童溪易傳三十卷

○宋寧德王宗傳撰，《説卦》以下皆有經無傳。何焯
曰：汲古宋本，俞石澗收藏，後闕二卷，非全書，屢考
其始末，寄來京師，跋中竟未及此。

周易禆傳二卷

○宋松江林至撰，至，淳熙間人，及朱子之門。其上卷
論揲蓍，其下卷外篇論卦變。

易圖説三卷

○宋吳仁傑撰，仁傑，淳熙進士，嘗講學朱子之門。此
所著圖，全以揲蓍所用言之。

易學啓蒙通釋二卷

○宋婺源胡方平撰，至元己丑自序。今所刻淳熙丙午
序，乃朱子《啓蒙》原序也。

周易玩辭十六卷

○宋項安世撰，安世字平甫，江陵人。書成於慶元四
年，重修於嘉泰二年。蓋嘗問學於朱子者。其書不
全録經文，摘取經中之辭説之。何焯曰：大江以南，
抄本有五部，俱不全。後於李中麓家得殘本，其文
獨全，遂成完書。歸安丁杰曰：項安世宜在林至前，

吳仁傑亦宜在前。

東谷易翼傳二卷

○宋處州鄭汝諧撰。通志堂原目誤作趙汝諧。其書止有上、下經，全以程傳爲主。何焯曰：汲古閣元本最精。

三易備遺十卷

○宋東嘉朱元昇撰，自序在咸淳庚午。其書第一卷言河圖、洛書，二卷至四卷言《連山》，五卷至七卷言《歸藏》，八卷至十卷言《周易》。

丙子學易編一卷

○宋李心傳撰，其書取王弼、張橫渠、郭子和、伊川、紫陽之説，附以己見。原書十五卷，俞石澗琬節鈔僅十之一耳。丙子，嘉定九年也。

易學啓蒙小傳一卷

○宋税與權撰，與權字巽甫，魏鶴山弟子。

水村易鏡一卷

○宋莆田林光世。

文公易説二十三卷　　宋朱鑒

○文公之孫，集語録爲之。何焯曰：汲古元本，惜有模糊處。

大易緝説十卷

○元臨邛王申子巽卿撰，申子，皇慶二年充武昌路南
　陽書院山長。朱氏《經義考》列於元人。通志堂原
　目作"宋王申子"，非。何焯曰：吳志伊有宋本，屢寄
　札東海，託其借校，竟未借來，僅從鈔本付刊。

周易傳義附録十四卷

○宋天台董楷正叔，依程傳、朱義爲之，割裂本義以附
　程傳，自此書始。楷，文天祥榜進士。自序在咸淳
　丙寅，前有《綱領》一卷、《圖説》一卷。

周易輯聞六卷附易雅一卷筮宗一卷

○宋汴水趙汝楳。

學易記九卷　　元李簡

○仿李鼎祚《集解》、房審權《義海》之例，採《子夏易
　傳》以下六十四家之説。自序在中統元年，前有
　《圖》《綱領》一卷。何焯曰：從李中麓家藏鈔本發
　刊，後健庵得一元刻，書賈僞作劉跂者，并假造劉跂
　序文。健翁云近得劉跂《學易》，余狂喜叫絶，急索
　觀之，開卷即李簡之書也。余云即宜校正，去僞序
　并傳，皆未從也。

讀易私言一卷　　元許衡

○何焯曰：記昔未曾刻。

大易集説十卷

○按,《經義考》作“四十卷”,今以通志堂此刻板心計
　之,則是十三卷。元俞琬號石澗,宋末遺老。其書
　成於元至大間,《敏求記》備載其序定篇次之説。何
　焯曰:此遵王元本,惜屬伊人所校,板心大謬。

周易本義附録纂注十五卷

○元新安雙湖胡一桂,取朱子文集語録之及於《易》
　者,附於本義下,謂之附録;取諸儒《易》説之發明本
　義者,謂之纂注。

周易啓蒙翼傳三篇外篇一篇　元胡一桂

○其中篇著古本及諸家本,又及歷代授受、傳注、敘
　録,雖云略舉所知,然頗足資考據。下篇著《左傳》
　及後人占筮。外篇則焦、京以下,《太玄》諸書,至
　《皇極經世》也。何焯曰:汲古元本。

周易本義通釋十二卷

○元新安胡炳文雲峰,自序在延祐丙辰。何焯曰:汲
　古元本。

易纂言十三卷　元吳澄

○書成于至治二年秋。

周易本義集成十二卷

○元南昌熊良輔季重,自序在至治二年五月。

周易會通十四卷

○元鄱陽董真卿季真，自序在天曆元年，前有《例目姓
氏因革》一卷、《圖》二卷，其姓氏因革頗足以資考
據。此書板心云"周易會通"，而其每卷題云"周易
經傳集程朱解附録纂注，後學鄱陽董真卿編集"，並
無"會通"二字之名，蓋宋朝刊書已有此失矣。

易圖通變五卷

○元臨川道士雷思齊。

易象圖説六卷

○元清江張理仲純，自序在至正二十四年。何焯曰：
《道藏》本。

大易象數鈎深圖三卷　　元張理

○何焯曰：《道藏》本。

周易參義十二卷

○元新喻梁寅孟敬，自序在後至元六年。

合訂删補大易集義粹言八十卷　　成德編

○何焯曰：《集義》《粹言》本係兩書，兩人所著，今合編
之，頗屬杜撰。方綱按：宋陳友文《大易集義》摭周、
邵、朱子及上蔡、和靖、南軒、藍田、五峰、屏山、漢
上、東萊十一家之説；曾穜《大易粹言》摭二程、張子
及龜山、定夫、兼山、白雲父子七家之説。此書彙輯

成八十卷，凡采十八家之説，而義門以爲杜撰，亦過
泥矣。又按，《大易粹言》今考定是宋方聞一撰，《宋
史·藝文志》作曾穜，誤也。

書

書古文訓十六卷

○宋永嘉薛季宣士龍撰，純以古字寫之。何焯曰：焦氏家藏宋本，今歸東海。

尚書全解四十卷

○宋三山拙齋林之奇少穎撰，原闕第三十四卷《多方篇》，今於《永樂大典》中得之，鈔補乃成完書。何焯曰：此書朱子所稱。

禹貢論四卷

○宋新安程大昌泰之，淳熙四年六月自序，上進。何焯曰：從天乙閣鈔本，惜乎無圖，應訪有圖者補之。方綱按：今於《永樂大典》鈔補。

增修東萊書説三十五卷

○宋東萊吕成公輯，《書説》自《秦誓》溯《洛誥》，未畢而卒。門人清江時瀾，以平昔所聞纂成之。何焯曰：影鈔宋本。

尚書説七卷

○宋新昌黄度文叔。何焯曰：明書帕本。

書疑九卷

○宋金華王柏魯齋撰，多更易經文，蓋并今文而疑之矣。

書集傳或問二卷　　宋陳大猷

○既集《書傳》，復自爲《或問》。同時東陽、都昌有兩陳大猷。都昌陳大猷，號東齋，饒雙峰弟子，著《書傳會通》，仕爲黃州判官，即陳澔之父也。東陽陳大猷，紹興二年進士，官六部架閣。今《集傳》不可見，而《或問》猶存。張雲章以《集解或問》是東陽之書，朱氏《經義考》則謂《菉竹堂書目》《萬卷堂目》皆載《尚書集傳》一十四册，未知是誰之書。而鄱陽董氏《書纂注》，列引用姓氏，於陳氏《書集傳》注云東齋，則未可定爲東陽而非都昌也。陳氏《蔡傳旁通》亦引東齋《集傳》。何焯曰：汲古元本。

禹貢集解二卷

○宋義烏杏溪傅寅撰，此書凡闕四十餘板。何焯曰：宋本。

初學尚書詳解十三卷

○宋廬陵胡士行。何焯曰：從天乙閣鈔本。通志堂原目無“初學”二字。杭世駿《道古堂文集》有跋，謂“初學”二字不當删。

尚書表注二卷

○元蘭谿金履祥撰，王柏弟子也。書之上下四旁皆有識語。何焯曰：金仁山《表注》名重，而書僅中等，且元刻有殘闕處，補全者未可盡信，是顧湄伊人妄爲補全耳。

尚書纂傳四十六卷

○元梅浦王天與立大撰。何焯曰：李氏元刻最精。

書蔡氏傳輯録纂注六卷

○元鄱陽董鼎季亨撰，真卿之父。

今文尚書纂言四卷　元吳澄

○其卷前序目，即草廬之《古今文考》也。

書蔡氏傳旁通六卷

○元彭蠡陳師凱，不録經文，但摘《蔡傳》語，猶如《蔡傳》之疏耳，然頗足資考據。何焯曰：汲古元板。

尚書句解十三卷

○元廬陵朱祖義子由撰。何焯曰：六經皆有句解，不過節略舊注，非另出手眼者。

書集傳纂疏六卷

○元新安陳櫟定宇。何焯曰：汲古元板。

尚書通考十卷

○元昭武黃鎮成存齋。何焯曰：汲古元刻，惜有闕葉，應爲標出。

讀書管見二卷

○元吉水王充耘耕野，摘取經語説之。

定正洪範集説一卷

○元諸暨胡一中允大，於九疇皆分大禹之經、箕子之
　傳，以"斂時五福"至"民用僭忒"爲九五福、六極之
　傳，以"王省惟歲"至"則以風雨"爲三八政、四五紀
　之傳。何焯曰：汲古元刻，李中麓藏本中闕一葉，從
　黃梨洲處補全。

詩

毛詩指説一卷

○唐成伯瑜撰，凡四篇，其《傳受》一篇，足資考核。唐世説《詩》，《正義》而外，傳者惟此書耳。其中尚有闕字。"瑜"，《新唐志》作"璵"。何焯曰：李中麓鈔本。

毛詩本義十五卷附補鄭氏詩譜一卷　　宋歐陽修

○前十二卷摭篇爲論爲本義，多規毛鄭之説，其偶從毛鄭者，則於第十三卷"取舍義"一條中著之，蓋後三卷是總論也。此書《召南篇》内闕失二十餘行。又此《詩譜》一卷，當云"補鄭氏詩譜"，板心云"詩本義譜"，專系之本義者，非也。目云"鄭氏詩譜"，又專以歸鄭者，亦非也。何焯云：遵王宋本，伊人校勘未當，深爲可惜。

毛詩集解四十二卷

○宋李樗、黃櫄，此書閩縣李迂仲、龍谿黃實夫二家，卷前各有詳説總論。其卷内黃氏又引李迂仲説，蓋黃在李後，或是本相續而作，互爲補苴，并爲一書，故無合編姓氏也。

毛詩名物解二十卷　　宋蔡卞

〇多用王氏《字說》。

詩説一卷　　宋張耒

〇僅十二條，從《宛邱集》鈔出。

詩疑二卷

〇宋金華王柏撰，一名《詩辨説》，竟欲删去《野有死麕》等三十一篇，而退《何彼穠矣》《甘棠》於《王風》。

文公詩傳遺説六卷　　宋朱鑒

〇文公孫，集語類爲之，自跋在端平二年。

詩補傳三十卷

〇題曰逸齋，不著姓名。朱氏《經義考》據《宋藝文志》作金華范處義，紹興中進士也。第三十卷《廣詁》，足備查檢。南宋之初，最攻序者鄭樵，最尊序者范處義也。

詩集傳名物鈔八卷

〇元東陽許謙，《敏求記》云：朱子之學，一傳爲何基、王柏，再傳爲金履祥、許謙。白雲一代大儒，其於《詩》專宗朱子，汎掃毛鄭之説，然此書頗有資考據處。何焯曰：汲古舊鈔本。

詩經疑問七卷

〇元盱黎朱倬孟章撰，此書内間有有問而無答者，云

以俟後人深思也。後附南昌趙惪《疑問附編》。何
焯曰:汲古元板。

毛詩解頤四卷
○明朱善撰,善字一齋,豐城人,明洪武初文淵閣大學
士。何焯曰:葉九來藏本。

春　秋

春秋尊王發微十二卷

○宋孫復撰，明復嘉祐二年卒，年六十六，作此書時，
　蓋在天聖間。唐以前說《春秋》者，多本三傳，至陸
　淳始別出新義。此書本淳意，多與先儒異。
　此參合三傳本也。

春秋皇綱論五卷

○宋太原王晳，至和間，官太常博士，據三傳注疏及
　啖、趙之說，其缺者以己意釋之，凡二十三篇。

春秋傳十五卷

○宋劉敞撰，卷前有《春秋傳名氏》，自周至宋，凡八十
　七家，二劉亦在內。

春秋權衡十七卷　　宋劉敞

○何焯曰：孫北海藏宋本，惜未遵行款。

春秋意林二卷　　宋劉敞

春秋名號歸一圖二卷

○蜀馮繼元，此書通志堂原目作"宋馮繼先"，閻百詩

與戴唐器書云："繼先""先"當作"元"，僞蜀朝人，宜
居宋孫復之首，乃置劉敞之後，何也？ 何焯曰：海虞
某氏家藏宋本。

春秋臣傳三十卷
○宋眉山王當，元祐間人。

春秋本例二十卷
○宋涪陵崔子方彦直，嘗與蘇、黄諸君子遊，此書凡十
六門，大約以日月時爲例。何焯曰：汲古舊鈔本。

春秋經筌十六卷
○宋左綿趙鵬飛，《經義考》列之南宋末。何焯曰：全
書從天乙閣鈔來，汲古得李中麓殘本三册，用以校
勘，有整句脱落者，其新鈔皆未愜意。
此參合三傳本。

石林春秋傳二十卷　　宋葉夢得
○末有開禧乙丑孫筠及真德秀跋，蓋是《讞》《考》《傳》
三書合刻之跋也。
此參合三傳本。

春秋後傳十二卷　　宋陳傅良
○從勤德堂刊本鈔寫者也。此書大指，詳樓攻媿序，
止齋尚有《左氏章指》一書，應訪求之。
此專用《左傳》本也。

春秋集解三十卷　宋呂祖謙

○納蘭容若序，疑是呂居仁作，云須得善本有陳邕序者，方可證定之。然其卷內則題曰"呂祖謙伯恭"，而朱氏《經義考》，則呂本中、呂祖謙二先生名下，皆載《春秋集解》三十卷，蓋即一書，而前後誤複耳。今入《四庫全書》，作"呂本中"。

此專用《左傳》本。

春秋左氏傳説二十卷　宋呂祖謙

春秋左氏傳事類始末五卷　宋章冲

○淳熙十四年，守台州，作目錄，後附錄災異及事物等，亦有資於查考。何焯曰：汲古鈔本，原爲姚舜咨所藏。

春秋提綱十卷　宋陳則通

○《國史·經籍志》作元人，《經義考》亦列於元人內，其書分侵伐、朝聘、盟會、雜例四門。

春秋王霸列國世紀編三卷　宋李琪

○嘉定辛未七月自序。

春秋通説十三卷

○宋溫州布衣黃仲炎若晦，紹定三年五月自序。何焯曰：東海先有鈔本，從黃俞邰處來，仍僞書也。後汲古得李中麓所藏影鈔宋本，用以付刊。

參合三傳本。

春秋集注十一卷綱領一卷

○宋朝奉郎直祕閣清江張洽元德，端平元年九月狀進。元德，朱子門人也，謚文憲。何焯曰：汲古宋板。

參合三傳本。

春秋或問二十卷

○宋温陵吕大圭圭叔，人稱樸鄉先生，受業於陳北溪之門人。

春秋五論一卷　　宋吕大圭

春秋集傳詳説三十卷綱領一卷

○宋家鉉翁則堂，先生入元北遷，不屈，放還，此其北遷時作。何焯曰：從天乙閣鈔本。

專用《左傳》本。

春秋經傳類對賦一卷　　宋徐晉卿

○何焯曰：汲古李中麓鈔本。杭世駿曰：此書當入類家，不當列之經解。方綱按：《類對賦》，北宋皇祐中作，蓋亦以其近於類家，故附置宋末耳，然究不宜入經解也。

春秋諸國統紀六卷　　元齊履謙

○延祐四年六月自序。凡二十二篇，前有目録一卷，言所以敘諸國統紀之義。何焯曰：汲古元本，顏書最精。

春秋本義三十卷

○元四明程端學時叔，所採三傳以下之説，凡一百七十六家，自序在泰定四年四月。何焯曰：元刻最精，有句讀圈點抹，因中有闕葉，不敢擅增句讀圈點。鄙見有無皆照元本，而東海必欲一例，竟未刻句讀點抹，惜哉！ 方綱按：此書前有問答，通論綱領及點抹例一卷，中有所謂紅、黃、青、黑側截點抹之別，今尚刻於卷前，而其卷内乃不刻之，無怪義門之致惜矣。

參合三傳本。參合三傳之書，以此書爲最詳，足資查考。

春秋或問十卷　　元程端學

春秋集傳十五卷　　元趙汸

○專用《左傳》本。

春秋屬辭十五卷　　元趙汸

○凡八篇，自序謂筆削之大凡，蓋制作之原也。

春秋師説三卷　　元趙汸

○至正戊子，述其師黃楚望之説，爲十一篇，又附録二卷。

春秋左氏傳補注十卷　　元趙汸

○何焯曰：東山《春秋》諸書名重。

春秋諸傳會通二十四卷

○元廬陵李廉，至正九年七月自序。所編諸傳，據左公、穀及胡、陳、張，而以胡氏爲主。然所引張洽語，仍即今所見張氏集注，而非張氏之傳，則知張洽《集傳》其書之佚久矣。

參合三傳本。

春秋集傳釋義大成十二卷

○元新安俞皋撰，其書備載三傳及胡氏傳。

參合三傳本。

讀春秋編十二卷　　元陳深

○清全入元不仕，當入宋人，列家鉉翁之後。何焯曰：元人鈔本。

參合三傳本。

春王正月考二卷

○明古田張以寧志道撰，《考》一卷、《辨疑》一卷。

三　禮

三禮圖集注二十卷

○宋洛陽聶崇義，自周顯德三年，奉命參定郊廟器玉，因采鄭康成、阮諶等六家圖刊定，至宋建隆二年奏之，竇儼爲之序。今通志此刻序，無姓名者，即竇序也，而無崇義自序，朱氏《經義考》尚節録聶序，蓋舊本有之也。何焯曰：汲古宋本，序文稍有訛處，已經改正。書中訛錯亦多，蓋通志堂刻本不依原書款式也。

周禮訂義八十卷

○宋樂清王與之次點東巖撰，東巖嘗撰《周官補遺》，摘取五官之屬，以補冬官，其説始自臨川俞壽翁廷椿《復古編》，而東巖與清源邱葵繼之。然東巖所著《訂義》，則以諸屬仍列五官，而爲之説也。此書採舊説五十一家，宋儒之説又四十五家，蓋言義理者略備於此。何焯曰：李中麓宋本。

鬳齋考工記解二卷　宋林希逸

○每段有圖，雖未極詳博，而文頗明顯。何焯曰：汲古宋本，中有闕葉，應訪求補全。

儀禮圖十七卷

○宋楊復信齋，朱子門人，嘗爲朱子續編《儀禮經傳通解》。此圖凡二百有五，又《旁通圖》一卷，分宮廟、弁冕、牲鼎、禮器諸類，爲圖二十有五。陳鱣曰：吴槎客嘗以鮑以文所贈元刻，校通志堂刊本，則通志刻本之圖甚謬也。

禮記集説一百六十卷

○宋直祕閣崑山衛湜正叔櫟齋，採集漢至宋説《禮》之言，凡一百四十四家，寶慶二年表進。何焯曰：名重而書平平。又曰：《集説》從兩鈔本付刻，皆未盡善，伊人分校成部，大有乖誤。後數年有項氏宋本，爲骨董家所得，中闕十餘卷，其板最精，且多魏鶴山序一首。屢勸東海借校，并補刻魏序，未之從也。其書今在金陵，應物色得之，真至寶也。伊人擅亂補遺卷數，另疏別紙。

毛扆《汲古閣書目》云：《禮記集説》四十二本，綿紙舊鈔，世無其書，止有此影鈔宋本一部，徐①崑山所刻，借此去寫樣，而新刻後半部，爲顧伊人紊亂次第，幸存此本爲正。衛正叔自跋云：紹定辛卯，某備員江東漕笲，大資政趙公善湘見予《集説》，欣然捐貲鋟木。次年秋，予秩滿而歸，迨嘉熙己亥，越九年矣。里居需次，搜訪新聞，遇有可採，隨筆補入，增十之三，暍來嚴瀬，別刊此本，庚子六月跋也。所以有卷第幾之後添入幾條者，乃趙公刻後所增也。崑

---

① "徐"，叢書集成本亦作"徐"，蘇齋本作"今"，可兩存。

山刻書時，下半部乃顧伊人所校對，將後添者移入前去，失之矣。賴此本猶存衛公之舊。

方綱按：衛氏此書刻于嘉熙四年庚子，慈溪黃氏《日鈔》云，吳郡衛氏《集禮記解》，自鄭康成而下得一百四十六家，惟方氏、馬氏、陸氏有全書，其餘僅解篇章。凡講義論説嘗及之者，皆取之。其書浩瀚，惟嚴陵郡有官本，此所謂嚴陵郡官本者，即此跋所云庚子六月刊于嚴瀨者是已。

禮經會元四卷
○宋錢唐葉時，官龍圖閣學士，謚文康，與朱子友善，稱竹埜先生，其書凡百篇。

太平經國之書十一卷
○宋永嘉鄭伯謙撰，其目二十。

夏小正戴氏傳四卷
○宋山陰傅崧卿，世所傳《夏小正》，與《大戴》傳文合，傅氏始爲釐定，以正文居前，以傳列于後。何焯曰：汲古宋人鈔本。

儀禮集説十七卷
○元福州敖繼公君善，家於吳興，趙孟頫之師也。何焯曰：每卷後有一紙最善，惜尚闕幾卷，失記其詳，應訪求補足。

方綱按：此謂其每卷後正誤也，所無者，第一卷《士冠》，第十一卷《喪服》，第十五卷《特牲饋食》，此三卷之末無此正誤耳。此須覓元朝刻本考之矣。

儀禮逸經傳一卷　　元吳澄
○經八篇，傳十篇。朱竹垞謂應列於學官。

經禮補逸九卷
○元新安汪克寬環谷，鈔合三禮、三傳諸經之文，以五
　禮統之，與草廬之書不侔矣。

禮記陳氏集説補正三十八卷　　成德撰
○何焯曰：不足據。方苞曰：張樸村以爲陸翼王所述，
　按《望溪志》樸村之墓云，君始以校勘宋元經解，客
　徐司寇家。何焯曰：衛正叔《禮記集説》内補遺在卷
　數後者：七十三卷《玉藻》、七十六卷《玉藻》、七十七
　卷《玉藻》、九十三卷《樂記》、九十四卷《樂記》、九十
　六卷《樂記》、九十七卷《樂記》、九十九卷《樂記》。

孝　經

孝經注解一卷　唐玄宗　宋司馬光、范祖禹

○此合明皇注、司馬氏《指解》、范氏《説》爲一書也。
丁杰云：明皇所注者今文，司馬氏、范氏所解説者古
文，如何合爲一書？何焯曰：李中麓本。

孝經大義一卷

○元鄱陽董鼎。

孝經定本一卷　元吳澄

○即《孝經章句》。

孝經句解一卷　元朱申

論　語

南軒論語解十卷　　宋張栻

○乾道九年五月自序。何焯曰：東海從天乙閣鈔來，
　未可盡信。

論語集説十卷

○宋永嘉蔡節，淳祐五年表進。

孟　子

南軒孟子説七卷　宋張栻

○乾道九年十月自序。何焯曰：東海從天乙閣鈔來，即以付刊，後得最精宋本，余勸其校正修板，未從也。

孟子集疏十四卷

○宋蔡模覺軒，九峰先生沈之子。此書後序在淳祐六年。何焯曰：汲古宋本最精，尚有《論語集疏》，應訪求刻之。

孟子音義二卷

○宋龍圖閣學士博平孫奭撰，采張鎰、丁公著、陸善經三家音義，可補陸德明《經典釋文》之闕，非《孟子正義》之影附者比。閻若璩曰：奭，謚宣公，真宗朝名儒，乃置南宋蔡模之後，何也？

四　書

四書纂疏二十六卷

○宋格庵趙順孫撰，其書一以朱注爲歸。何焯曰：汲
　古宋本。

四書集編二十六卷　　宋真德秀

○何焯曰：李中麓鈔本，惜未盡善。

四書通三十四卷　　元胡炳文

四書通證六卷

○元新安張存中。何焯曰：汲古元本。

四書纂箋二十六卷

○元詹道傳撰，用王魯齋所定句讀。何焯曰：李中麓
　元本。

四書通旨六卷

○元鄱陽朱公遷克升撰，編類之目凡九十有八。

四書辨疑十五卷　　元人失名

○吳中范檢討必英家藏元本也，朱氏《經義考》云范本

是元時舊刻，不著撰人名氏，是偃師陳氏天祥所撰。

學庸集説啓蒙二卷
○元餘姚景星訥庵。

諸經總類

○通志堂原目題曰"總經解"，閻若璩曰"總經解"三字
不可通，今改題此。

經典釋文三十卷
○唐陸德明撰，釋《易》《書》《詩》《三禮》《三傳》《孝經》
《論語》《爾雅》《老》《莊》，前有序録一卷。序言癸卯
追陳，至德初年也。何焯曰：從遵王鈔本付刊，伊人
所校，滿紙皆訛謬。武林顧氏豹文有宋本，屢勸東
海借校，未從也。

七經小傳三卷
○宋劉敞撰，前世經學，多守注疏，至原甫始以己意説
經，雜釋《詩》《書》《春秋》《周禮》《儀禮》《禮記》《論
語》，異於諸儒之説。王荆公修經義，蓋本於此。

六經奧論六卷　　宋鄭樵
○黎温序云是鄭樵，唐荆川《稗編》從之，朱氏《經義
考》列入無名氏，云其書議論與《通志》略不合，且漁
仲上書自敍所撰經説，無此書名。

六經正誤六卷

〇宋毛居正撰，訂《易》《書》《詩》《禮記》《周禮》《春秋》三傳字體之誤。居正，衢州人，毛晃之子。何焯曰：焦氏宋本。

經説七卷

〇宋南昌熊朋來撰，《易》《詩》《書》《春秋》《儀禮》《周禮》《大小戴記》及雜説也。何焯曰：其人博雅。

十一經問對五卷

〇元何異孫撰，設爲疑問，如策對也。《書》《詩》《春秋》《三禮》《論語》《孝經》《學》《庸》《孟子》，無《周易》。《敏求記》云：《禮記》中《大學》《中庸》兩篇，河南始分爲二書，而此已與《禮記》列爲三經矣。何焯曰：汲古元刻付刊，惜缺序文。後汲古復得一本，序文特全，寫刻樣付京，竟未曾刻。陳鱣曰：此所謂後一本者，亦元刊，今爲鮑以文所收，以校崑山刻本，補其缺矣。

五經蠡測六卷

〇明福寧蔣悌生仁叔，自序在洪武三年，闕《禮記》，實四經耳，《春秋》一卷亦甚少。

　　凡一百三十八種。丁杰曰：大約東海此書之刻，爲一時好名之計，非實好古也。陸清獻云：差强人意，亦爲虛譽。

　　此目義門先生手勘者，沈椒園先生嘗鋟板，昔與小疋
進士共相商確①，謂東海門客固多舛謬，而義門所勘，特隨
手校閲，亦有所未盡，宜取原書細核，而未暇也。至庚戌十
月，予卧痾，五旬不出户，始取原書審核，爲之迴憶與小疋
對論時，又十年矣。辛亥冬十二月，自沇州按試還濟南，擬
與學官弟子切究經訓諸書，因鋟板以當舉隅，不足以際博
洽之士也。北平翁方綱記。

---

①　"確"，叢書集成本亦作"確"，蘇齋本作"榷"，可并存。

　　右《通志堂經解目録》一卷，國朝翁方綱訂。案，先生
仕履已詳，是書原稿，桐川顧脩已編入《彙刻書目》，稱納喇
性德容若校刊，何焯義門評論附，先生稱沈椒園嘗鋟版，即
此。然容若鄉試出徐健菴之門，遂受業焉。《經解》其所
刻，而健菴延顧伊人湄校定者，伊人以詞學名家，校經不無
舛誤，故義門力詆之。經術懸於天壤，偶有差忒，原許他人
之糾正，然亦何至若儋父面目也？乃先生亦稱義門特隨手
校閲，有所未盡，曾與丁小雅商榷，故並紀其言於卷末，謂至
庚戌始取原書審核焉，蓋乾隆五十五年，先生年五十八矣。

　　《復初齋文集》有《經解目録序一》《經解目録序二》《經
解目録序三》共三篇，第二篇、第三篇均言不作總序之故，
第一篇稱徐氏所刻《通志堂經解》，近有以不全本別爲目録
以眩人者，故不得不就其原刻次第，略舉卷帙原委，録爲
目，以備檢查而已。殆作於庚戌以前歟？又稱，徐氏未入
梓時，仿宋槧楷書，悉用此版樣寫成，而後來却未果刻，予
前後見數種矣。且以諸經如《易》李鼎祚《集解》，《書》伏生
《大傳》，《詩》呂氏《記》、嚴氏《緝説》，《春秋》杜諤《會義①》、
程公説《分紀》，此内尚皆未有，宜廣勸有力者博取精校而
彙刻之。其議論博大，安得有力者搜求徐氏寫成本，及先
生所言各種，並舊刻漫漶者，而同刻之，與阮文達《皇清經
解》並稱我朝兩大書也。

　　又容若所著實名《通志堂集》，《提要》稱《經解》書成於
容若，没後，版藏徐氏，世稱《徐氏九經解》，並通志堂移之
徐氏，實相傳之誤云。並録於此。咸豐癸丑中秋前二日，
南海伍崇曜謹跋。

---

　　①　“義”，底本與叢書集成本皆作“議”，誤。杜諤所撰爲《春秋會義》，此處據改。

蘇詩補注

目　次

解　題

　　清人有多家整理注釋蘇詩者，翁方綱即是其一。翁方綱曾收藏宋槧蘇詩施顧注本，視爲至寶，以"寶蘇"名室，并在詩集中一再題詠。翁方綱詳考所藏宋槧蘇詩施顧注本，乃知查慎行所作補注有所未盡，因此頗爲留心，日積月纍，積成此書，由其門人曹振鏞雕版刊行。

　　咸豐年間，伍崇曜刊刻的《粵雅堂叢書》，收録《蘇詩補注》一種，是爲粵雅堂本。該本經過譚瑩覆校，書末又有伍崇曜的跋語，透露了諸多信息，校理時以之爲底本。

　　民國十三年（1924），上海博古齋影印《蘇齋叢書》，收録《蘇詩補注》一種，影印所據底本乃是乾隆四十七年（1782）蘇齋刊本，是爲蘇齋本，校理時以之爲校本。

　　又民國年間，王雲五主編、商務印書館出版的《叢書集成初編》，收録《蘇詩補注》排印本一種，此排印本僅作句讀，尚未加以新式標點，而其所據就是《粵雅堂叢書》收録的《蘇詩補注》，是爲叢書集成本，校理時亦作參考。

　　翁方綱所得《施顧注蘇詩》爲南宋嘉定間刊本，本已有殘缺，故而翁方綱在補原注時，於殘缺之處標明"闕幾字"等字樣，本次整理一仍其舊，不作補字。

蘇詩補注序

　　昔趙東山有《左傳補注》，近時惠松厓又有《左傳補注》，蓋補之爲辭，不嫌於複也。方綱幸得詳考施顧二家蘇詩注本，始知海寧查氏所補者，猶或有所未盡。聞前輩於山谷詩任注、半山詩李注，序葉殘字皆訪求珍録，蓋古人一字之遺，後來皆得援據以資考證。是以凡原注所有者，擷殘拾墜録存于篋久矣。歙縣曹吉士從方綱訂析蘇詩疑義，日鈔一二條，遂成此帙，而方綱之管見亦竊附一二於師友緒餘之末者，欲以益彰原注之美爾。乾隆四十七年春正月十有二日，大興翁方綱書。

　　辛丑夏，振鏞讀中祕書，日來蘇齋，從祕校師叩蘇詩疑義，先從事於施注及查氏補注，其有施顧二家原本爲查氏採輯所未備者，則師復舉曩所手録，條分件繫，以授振鏞，至是年冬積成八卷，爰付開雕，以公同好。辛丑十二月二十日，歙人曹振鏞識。

蘇詩補注卷第一

荆州十首

○方綱補注：按查氏以此十首皆爲嘉祐五年春作，愚謂第七首有“殘臘多風雪”之句，蓋四年冬盡時即到荆州，於此度歲，乘春乃北行耳。十首各自即事言之，蓋非一時所作，如望沙之樓、沙頭之市、遊客之攜龜、故人之贈雁，亦非一二日間事也。來時則風捲白沙，去時則風動綠芒，時序既更，景事非一，故總題曰“荆州十首”。

渚宫

渚宫寂寞依古郢

○方綱補注：李雁湖《王荆公詩注》，據《左傳》，楚成王使鬭宜申爲商公，“沿漢溯江，將入郢，王在渚宫，下見之”，則渚宫蓋在郢也。楚始都丹陽，在今枝江，文王遷郢，昭王遷郡，皆在今江陵境上。杜預注《左傳》云“楚國，今南郡江陵縣北紀南城也”，謝靈運《鄴中集》詩云“南登紀郢城”。今江陵北十二里有紀南城，即古之郢都也，又謂之南郢。

次韻答荆門張都官維見和惠泉詩

○方綱補注：歸安丁小山杰曰此詩作於嘉祐庚子。查他
山補注引《吳興志》，以爲疑即子野之父，今據孫莘老
《十詠圖序》曰"維以吟詠自娛不出，年九十一卒，後十
四年，子先亦致仕，蓋年八十二矣"，又案周草窗《齊東
野語》，張維卒於慶曆丙戌，在嘉祐庚子前十五年，則
荆門張都官當別是一人。

壬寅二月，有詔令郡吏分往屬縣減決囚禁，自十三日受命出府，至寶雞、虢、郿、盩厔四縣，既畢事，因朝謁太平宮，而宿於南谿谿堂，遂並南山而西，至樓觀、大秦寺、延生觀、仙遊潭，十九日乃歸，作詩五百言，以記凡所經歷者，寄子由

蒼茫瞰奔流

○方綱補注：元李仁卿冶《敬齋古今黈》，"《莊子》'適莽
蒼者，三湌而反，腹猶果然'，'莽蒼'並側聲，前人詩亦
多用此二字者，東坡用'蒼茫'，蓋本'莽蒼'，但以'茫'
易'莽'而倒之耳，此亦何足致疑"。《石鼻城》詩"愁渡
奔河蒼茫間"同此。又此條詳見後卷附錄盧抱經與金
天來書內。

太白山下早行至橫渠鎮書崇壽院壁

○方綱補注：吳縣張石公塤曰，橫渠鎮隸郿縣，至太白山
麓四十五里，橫渠先生所居即此地。

馬上續殘夢

○方綱補注：李雁湖《王荆公詩注》引坡詩"馬上兀殘夢"。

壬寅重九，不預會，獨遊普門寺僧閣，有懷子由

○方綱補注："盡不歸"，石刻作"曷不醉"，海鹽張氏新刻
查初白評本云"不歸"當作"言歸"。愚按二説皆非也，
此句起勢實是"不"字，正未可以複字繩坡詩耳。"盡"
當作"曷"，亦不必泥。

扶風天和寺

○方綱補注：按查氏引《鳳翔志》此詩石刻，先生自題其
後云云，今據石刻，此題在詩前，又終南陳雄武仲題，
"武仲"查刻訛作"仲武"。

仙遊潭五首

○方綱補注：按查氏於第三卷《留題仙遊潭》詩後，引施
氏原注，章子厚爲商洛令云云，以爲可作末句"不將雙
脚踏飛梯"注脚，非也。章惇此事在治平元年甲辰，與
東坡《留題仙遊潭》詩在嘉祐七年壬寅者不同。方綱
嘗見章惇手題石迹，與《宋史》本傳參考得之，不必移
施氏原注而後知此事也。施氏原注一條，查所引"背"
字訛爲"肩"，然此自仍應補歸《章七出守湖州》詩題下
注也。方綱別爲補注一條於此，《宋史・姦臣傳》，章
惇調商洛令，與蘇軾遊南山，抵仙遊潭，潭下臨絶壁萬
仞，橫木其上，惇揖軾書壁，軾懼不敢書，惇平步過之，
乘索挽樹，攝衣而下，以漆墨濡筆大書石壁曰"蘇軾章
惇來"，既還，神采不動，軾拊其背曰"君他日必能殺
人"。鄠縣草堂寺石刻云，惇自長安率蘇君旦、安君師
孟至終南，謁蘇君軾，因與蘇遊樓觀、五郡、延生、大

秦、仙遊,旦、師孟二君留終南,回遂與二君過渼陂,漁
于蘇君旦之園池,晚宿草堂,明日宿紫閣,惇獨至白閣
廢寺,還復宿草堂,閒過高觀,題名潭東石上,且將宿
百塔,登南五口與大一湫,道華巖,趨長安,別二君而
惇獨東也,甲辰正月二十三日,京兆章惇題。

夜直祕閣呈王敏甫

只有閒心對此君

○方綱按:馮山公注"此君",引晉王子猷語指竹,恐未必
然,白香山《效陶詩》云"乃知陰與晴,安可無此君",
"此君"指酒也,蘇蓋用此。

送劉攽倅海陵

○方綱按:查氏補録施氏原注,"侔古循吏"句下脱"身兼
數器,守道不回"八字,"介甫得政,行新法","法"訛
"注","介甫怒,斥通判泰州","怒"上無"大"字,"泰
州"訛作"海陵"。

送錢藻出守婺州

○方綱補全施氏原注:錢藻字醇老,武肅王鏐五世孫,第
進士,又中賢良方正科。熙寧三年三月,以尚書司封
郎、祕閣校理出守婺州,三館祕閣同舍之士飲餞于觀
音院,會者凡二十人。醇老爲詩二十言以示,坐者各
取其一言爲韻賦詩以送之,曾子固鞏爲之序。嘗爲知
制誥,加樞密直學士,知開封府。醇老平□樂易無崖
岸,而居官獨立□繩墨,爲政簡静有條理,不□徇世取

顯。數求退,改翰林侍讀學士,□審官東院卒。

送文與可出守陵州

○查刻補原注,"爲人靖深","靖"訛"静","得湖州","得"訛"改","未到郡而卒"句下脱三十字,云"東坡相與唱酬題詠,銘贊書帖載於集中,及刻石成都者最多,可以想見其人"。

送劉道原歸覲南康

○補全原注:劉道原名恕,筠州人,父涣,爲潁上令,不能事上官,棄之去,家廬山,歐陽文忠公爲賦《廬山高》者也。道原少穎悟,書過目即誦,既第,篤好史學,上下□千載間,可坐而問,博學强闕二字。書不遠數百里身就之闕三字。殆忘寢食。司馬公編闕三字。英宗令自擇館閣英闕三字。館閣文士誠多,至於專精史學,臣得而知者,唯劉恕耳,即召爲局僚。書成,公推其功爲多,而道原亡矣。家至闕二字。養,而不以一毫取於人,□無寒具,司馬公遺衣襦亦封還之。與王介甫有舊,介甫執政,道原在館閣,欲引寘條例司,固辭,而謂曰天子方付公大政,宜恢張堯舜之道,不應以利爲先。是時介甫權震天下,人不敢忤,而道原憤憤欲與之校。又條陳所更法令不合衆心者,勸使復舊,至面刺其過,介甫怒,變色如鐵,道原不以爲意,或稠人廣坐,對其門生,誦言得失,無所避,遂與之絶,以親老求監南康軍酒,官至祕書丞卒,年四十七。此詩端爲介甫而發,其云"孔融不肯下曹操,汲黯本自輕張湯",蓋以孔融、

汲黯比道原,曹操、張湯況介甫。又云"雖無尺篸與寸
刃,口吻排擊含風霜",蓋著其面折之實也。子義仲,
字壯輿,其學能世其家,事見四十卷《是是堂》詩注。

竭來東觀弄翰墨

○方綱補注:宋周公謹《浩然齋雅談》,東坡詩喜用"竭
來"字,"竭來東觀弄翰墨""長陵竭來見大姊""竭來城
下作飛石""竭來畦東走畦西""竭來從我遊""竭來齊
安野""竭來清潁上""竭來廉泉上",其用字蓋出於顏
延年《秋胡》詩"竭來空復辭",所用之意同耳。

出都來陳,所乘船上有題小詩八首,不知何人,有感於余者,聊爲和之

蛙鳴青草泊,蟬噪垂楊浦

○施氏[①]原注:《說文》,泊,止舟也,水源枝注云海邊曰
浦。方綱按,今《說文》,浦,瀕也,永嘉戴氏《六書故》,
南人謂小川入于江潮汐之所通者爲浦。《風土記》曰
大水有小口別通曰浦。《說文》曰頪也,非徐楚金《說
文繫傳》曰水濱也,而"泊"字則無之。《玉篇》,泊,止
舟也,浦,水源枝注江海邊曰浦。此文正與施氏原注
相合,可見《說文》古本如此。今《玉篇》之不明言《說
文》者,若此之類,正不知凡幾矣,而元人留心六書如
戴氏者,亦未見《說文》之真也。

---

① 　"施氏",粵雅堂本与叢書集成本皆作"施詩",蘇齋本作"施氏",據改。

次韻張安道讀杜詩

醉飽死遊遨

○補録原注：《莊子·列御寇》篇，"無能者無所求，飽食而遊遨"，《唐·杜甫傳》"客耒陽，令嘗饋牛炙白酒，大醉一昔卒"，劉斧《摭遺》"杜子美依耒陽聶侯，侯不以禮遇之，忽忽不怡，多遊村落間，一日過江上洲中，飲醉，宿於酒家，其夕江水暴漲，爲驚湍漂泛其尸。洎玄宗還南內思之，詔天下求之，聶侯乃積土於江上，曰子美爲白酒牛炙厭飫，而死於此矣。詩人皆憾之，題其祠皆有感歎之意"。方綱按，杜公卒於代宗大曆五年庚戌，此乃云玄宗還南內，蓋唐人小説傳訛爾。

送張安道赴南都留臺

○查氏補録原注，"累遷"，"累"訛"屢"，"嘗任宰相"，"嘗"訛"常"，"又敘其文"，"敘"訛"序"，蘇集中無"序"字，避其家諱也，"南京"訛"南亭"。

傅堯俞濟源草堂

○查補原注，"堯俞謝曰"，脱"謝"字，"遂寢"句下脱"後拜中書侍郎"六字。

倉黄欲買百金無

○補原注：《梁書·呂僧珍傳》，宋季雅市宅，呂僧珍問宅價，曰："一千一百萬。"怪其貴，季雅曰："百萬買宅，千萬買鄰。"

陸龍圖詵挽詩

○補原注：前半段，陸詵字介夫，餘杭人，進士起家，除知延州，入覲，英宗曰：“鄜延最當虜要，今將何先？”對曰：“未審陛下欲安静邪？將威之也？”帝曰：“大氐邊垂當安静。”

胡完夫母周夫人挽詞

○補原注：胡完夫名宗愈，元祐間爲尚書左丞，事見二十四卷《次韻胡完夫》詩注。

潁州初別子由二首

○補全原注：子由除老蘇公喪，神宗嗣位，既二年矣，求治甚急，子由以書言事，即日召對。王介甫新得幸，以執政領三司條例，上使爲檢詳文字。介甫急於財利而不知本，吕惠卿爲之謀主，子由議事多牾。一日介甫出一卷書，乃青苗法，使其屬議之。子由曰錢入民手，雖良民不免非理費用，及其納錢，雖富民不免違限，如此則鞭箠必用，州縣事不勝煩矣。唐劉晏主國計，未嘗有所假貸，而四方豐凶貴賤皆知之，有賤必糴，有貴必糶，以此無甚貴甚賤之病。晏之言，漢常平法耳。公誠舉而行之，晏之功可立竢也。介甫曰君言有理，當徐議行之，然而説竟不用。青苗法既行，子由度不能救，以書抵介甫，指陳其決不可者，且請補外。介甫大怒，將加以罪，同列止之。除河南推官，會張安道知陳州，辟爲教授，東坡是時亦以論新法爲介甫所嫉惡，通判杭州，出都來陳，子由送至潁，且同謁歐陽公而

別。此詩云"至今天下士,去莫如子猛。嗟我久病狂,
意行無坎井。有如醉且墜,幸未傷輒醒",蓋謂是也。
本卷《和子由初至陳見寄》詩、第四卷《戲子由》詩,意
亦互見。

寡辭真吉人

○補原注:《晉書》,王獻之與兄徽之、操之俱詣謝安,二
兄多言俗事,獻之寒溫而已。客問安王氏兄弟優劣,
安曰小者佳,吉人之辭少,以其少言故知。

陪歐陽公燕西湖

○查氏補録原注,"廬陵人"句下脱"仁宗擢爲參知政事"
八字,"不忍以法病民"句下脱"在青州以便宜止散青
苗錢,且上疏論之"十六字,"毁沮""沮"訛"阻","居潁
纔一年而薨"句上脱"然"字,方綱按,此一"然"字,施
氏有深意,不可删也,"年"下脱"而"字。

濠州七絶

塗山

川鎖支祁水尚渾

○施氏原注,"李肇《國史補》"上有"《太平寰宇記》亦云"
七字,"猴躍復没"下有"後有驗"三字,下又云"《山海
經》云水獸好爲害,禹鎖之,名曰無支祁,《異聞集》亦
云"。

泗州僧伽塔

○補原注:後半云,參寥有詩誌此事,云"臨淮大士亦無

私，應物長於險處施。親護舟航渡南海，知公盛德未全衰”。

廣陵會三同舍，各以其字爲韻，仍邀同賦

劉貢父

○查氏補録原注，“出倅海陵”訛作“出知海陵”，“錢公輔字君倚”句下云“神宗命知諫院，論闕六字。知闕六字。時正在郡”云云。詩後引《烏臺詩話》云“熙寧四年□月”，“月”上闕字，正空一格。

孫巨源

○補全原注：孫巨源名洙，廣陵人，未冠擢進士第，歐陽公、吳文肅舉應制科，進策指陳政體，韓忠獻讀之太息曰今之賈誼也。同知諫院，後爲翰林學士，神宗欲用爲參知政事，忽得疾不起，年纔四十九。巨源博文强識，明練典故，文辭典麗，有先漢之風。在諫院時，王介甫行新法，多逐諫官御史，巨源心知不可，而鬱鬱不能有所言，但懇乞補外知海州。既會于此，東坡與劉貢父、劉莘老皆坐論新法以去。巨源既同舍雅相厚，又居諫省，而此詩云“終歲不及門”，則異趣可見。又用柳子厚“王孫猿”事，終以“子通真巨源，絶交固未敢”之句，其責之深矣。子由亦和此詩云“立談信無補，閉口出國門”，然東坡與巨源交契甚厚，既別於海州景疏樓，後登此樓懷巨源，作《永遇樂》詞以寄，元祐間同子由微雪訪王定國，子由言昔與巨源同過王定國，感念存歿，爲之悲歎。

劉莘老

○補全原注：劉莘老名摯，永闕四字。中甲科，韓忠獻薦除館閣校勘，王介甫一見器異之，擢檢正中書禮房，非其好也，纔月餘爲監察御史，即奏論亳州青苗獄，謂小人意在傾搖富弼，今弼已得罪，願少寬之。入見，神宗問：“卿從學王安石耶？安石極稱卿器識。”對曰：“臣東北人，少孤，獨學，不識安石也。”自此極論新法，章數上，中其要害，中丞楊繪亦言其非，安石使曾布作十難折之，仍詰兩人向背好惡之情，繪懼，謝罪，莘老獨奮曰爲人臣豈可壓於權執，使天子不知利害之實，即堅對所難，以伸其説，若謂向背，則臣所向者義所背者，利所向者君父所背者。權臣安石大怒，將竄嶺外，上不聽，謫監衡州鹽倉。安石始爲小官，不汲汲於仕進，屢辭官不就，由是名重天下，士大夫恨不識其面，後除知制誥，自是乃不復辭。初安石黨友傾一時，造作言語，以爲幾於聖人，至是遂以其學亂天下。先生詩云“士方在田里，自比渭與莘。出試乃大謬，芻狗難重陳”，謂此也。元豐官制行，首用爲禮部郎中，哲宗即位，擢侍御史中丞，連拜尚書左右丞、中書門下侍郎、右僕射。性陗直，忼慨有氣節，自初輔政□爲相，修嚴憲法，辨白正邪，闕二字。去惡，以觀闕二字。學士知闕三字。州。紹聖闕二字。作，貶新州薨。紹興初贈少師，謚忠肅。東坡以治平丙午夏奉老蘇公喪，舟行歸蜀，道江陵，而忠肅正在荆州幕府，故云“江陵昔相遇，幕府稱上賓”，此會蓋去御史謫衡陽時也。子跂，字斯立，能爲文章，爲官拓落，家居避禍，以壽終，號學易先生。

遊金山寺

聞道潮頭一丈高

○補原注:《杭州圖經》,枚乘詩云“發江水逆流,海水上潮頭”。

是時江月初生魄

○施氏原注云:《尚書》“月三日,庚戌,柴望大告,武成,既生魄”,《禮記》“月三日而成魄”。方綱按,“武成,既生魄”,謂十五日之後也。《禮記》“月三日而成魄”,則謂月之初三日也。東坡此詩,自指初三,而非十五日之後,明矣,似不當以《尚書》與《禮記》並引。然《禮記》但云“成魄”,而無“生魄”之文,則初三之月言“生魄”者,有類於杜撰矣。竊嘗考之《禮記·鄉飲酒義》,“象月之三日而成魄也”,陸德明《釋文》曰“魄,普百反”,《説文》作“霸”,云“月始生魄然也”,徐楚金《説文繫傳》曰“霸,月始生魄然也,承大月二日,承小月三日,從月,䨣聲”,《周書》曰“哉生魄也”。據此,則徐氏釋《説文》,以“生魄”之文牽合爲一爾。

甘露寺

○補原注:《潤州圖經》,甘露寺在北固山上,唐寶曆中李德裕所建,德裕祭言禪師文云“因甘露之降瑞,立仁祠於高標”。

送蔡冠卿知饒州

○查氏補録原注,“安石以右諫議”下脱“大夫”二字,“與參政唐介"下脫數字。

次韻楊褒早春

　○補全原注：楊褒字之美，嘉祐末爲國子監直講，治平間出通判潁州，劉貢父同在學舍，多與倡酬，載貢父集，蓋嘉祐名勝也。好收法書，蔡君謨多從借搨，刻君謨帖中。歐陽文忠公見其女奴彈琵琶，有詩呈梅聖俞，云"楊君好雅心不俗，太學官卑飯脫粟。嬌兒兩幅青布幬，三脚木牀坐調曲。奇書古畫不論價，盛以錦囊裝玉軸"，亦可見其人也。

臘日遊孤山訪惠勤惠思二僧

　○邵氏載施氏原注，"甚文而長於詩"句下脫二句，曰"吾昔爲《山中樂》三章以贈之，子閒於民事，求人於湖山"云云。

遊靈隱寺得來詩復用前韻

　○補原注：《杭州圖經》，晉咸和中，有西乾梵僧闕二字。武□山是天竺靈□之小嶺，創靈隱寺。

君不見，錢塘湖

　○補全原注：清容雜闕三字。真錢塘記議曹□□□□邵氏刻本此處有"唐元和中議築塘"七字，今不敢定。防海塘，始開募，有致土石一斛□與錢一千，旬月間來者如雲，塘未成而謬云不復取土，於是載土者皆棄置而去，塘成，一境蒙利，縣本名泉亭，因是□爲錢塘。

雨中遊天竺靈感觀音院

○補原注：《杭州圖經》，上天竺靈感觀音院在城西二十里，晉天福四年建。

宿餘杭法喜寺後綠野堂，望吳興諸山懷孫莘老學士

○補原注：《杭州圖經》，法喜院在餘杭縣北半里，光化三年置爲吉祥院，大中祥符元年改今額。

好在紫髯翁

○補原注：《獻帝春秋》，張遼問吳降人曰，有紫髯將軍是誰，降人曰是孫會稽，見《吳志·孫權傳》注。

宿臨安淨土寺

○補原注：《杭州圖經》，淨土寺在臨安縣南半里，周顯德三年置爲光孝明因寺，大中祥符元年改今額。

平生睡不足

○補原注：杜牧詩"平生睡足處，雲夢澤南州"。

急掃清風宇

○補原注：《文選》，劉休元《擬古》詩"玉宇來清風"。

閉門群動息

○補原注：陶詩"日入群動息"。

自淨土寺步至功臣寺

○補原注：《杭州圖經》，臨安縣開化院在縣南，梁開化五年置爲功臣院。

誰謂山石頑，識此希世彥，凜然英氣逼，屹起猶聳戰

○查氏補注引《吳越備史》事，固于功臣院爲親切，然施氏原注云注見前篇，蓋前詩用錢鏐布衣時照石鏡，鏡起而聳戰事，亦相類，故用之耳，非新刻本之訛也。

夜泛西湖五絕

新月生魄迹未安

○方綱按：施氏原注，此條下失引"三讓月成魄"句，見前注。

試院煎茶

○方綱按：此詩熙寧五年壬子在試院作，是時甫用王安石議改取士之法，罷詩賦、帖經、墨義，專以策，限定千言，故先生呈諸試官詩云"聊欲廢書眠，秋濤春午枕"，正與此篇末句意同，"未識古人煎水意，且學公家作茗飲"，亦皆此意也。

孫莘老求墨妙亭詩

○方綱按：墨妙亭石刻，自詩中所稱嶧山、蘭亭、魯公、徐嶠之外，尚有漢唐諸家，非一語所能盡，故借杜陵評書語，該盡短長肥瘦，以隳括諸碑耳，非先生論書之旨果與杜異也。

催試官考較戲作

○方綱按：周益公《平園續稿》自注云，東坡《催考較》詩

"門外白袍如立鵠"，《莊子》"鵠不日浴而白"，並音鶴，
《漢書》"黃鵠下太液池"似誤矣，黃鶴樓即黃鵠，鵠、鶴
聲相近，其色亦然。

朱壽昌郎中少不知母所在，刺血寫經，求之五十年，去歲得之蜀下，以詩賀之

〇方綱按：王介甫亦有《送河中通判朱郎中迎母東歸》
詩，李雁湖[①]注，蘇内翰子瞻詩云"感君離合我酸辛，此
事今無古或聞"，王荆公薦李定爲臺官，定嘗不持母
服，臺諫給舍皆論其不孝，不可用，内翰因壽昌作詩貶
定也。

後十餘日復至

安得道人殷七七，不論時節遣花開

〇方綱補注：元李仁卿冶《敬齋古今黈》，按《古今詩話》
云，韋七七每醉歌云"解醞逡巡酒，能開頃刻花"，又
《詩史》載"殷七七有異術，嘗與客飲云某有藝成賓主
歡，即顧屏上畫婦人曰可唱《陽春曲》，婦人應聲隨歌
曰'愁見唱《陽春》，令人離腸結。郎去未歸家，柳自飄
香雪'，如此者十餘曲"。然則使花開者乃韋七七，非
殷七七也，東坡此詩誤以韋爲殷耳，不然，二事所載，
果有一誤也。

---

① "李雁湖"，粵雅堂本、蘇齋本皆作"李雁湘"，顯誤，叢書集成本作"李雁湖"，據
改。

過廣愛寺，見三學演師，觀楊惠之塑寶山，朱瑶畫文殊、普賢

○補原注：《五代名畫補遺》云，楊惠之與吳道子同師張僧繇筆迹，號爲畫友，工藝並著，而道子聲光獨顯，遂焚棄筆硯，發憤專思塑作，能奪僧繇畫相，與道子爭衡。又《圖畫見聞志》云，朱繇長安人，工畫佛道，洛中廣愛寺有文殊、普賢像。

韓子華石淙莊

○補全原注：韓獻肅公名絳，字子華，父忠憲公，名億，平日常語子弟曰進取在於止足，寵禄不可過溢，□若至六十，可以退身謝事，□守父母墳墓，則是忠孝闕四字。公薨，子華服既闕五字。誓於墓前，曰闕六字。當乞歸田里闕六字。不墜先訓，及闕六字。密副使，年五十闕五字。謝事之請忽進，闕四字。因辭免，表具述情事，乃劉貢父代作。最後手疏言，昔晉王羲之爲會稽太守，去郡不仕，亦嘗自誓於父母墓前，朝廷以其誓苦，不欲召之，臣今志願雖與羲之頗殊，然誓於先臣墓前則無異矣。東晉固不足以比隆聖時，所以補全臣下一節，斯亦可尚。臣區區之志，中外士大夫多有知者，即非臣今日輕有去就、妄干退閑也。然章屢上，終不允。後拜昭文相，元祐二年致仕，時年七十六矣，次年薨。此詩云“誓言雖未從，久已斷諸内。區區爲懷祖，頗覺羲之隘”，蓋用子華表意也。石淙莊在許昌，唐武后嘗燕於此。子由考試洛陽，及還，過許昌賦詩，東坡蓋和其韻云。子華事見二十七卷《韓康公挽詞》注。方綱

按,《中州集》張轂《石淙》詩注,石淙,天后離宮在嵩山曲河,即東坡爲韓子華賦詩處也。又按,施氏原注並未嘗推重子華,查氏駁之,誤也。又按,此詩與前《廣愛寺》詩,皆和子由詩韻,其題不復詳者,以其前有《追和子由去歲試舉人洛下所寄》總題也,查氏乃以"暴雨初晴,樓上晚景"八字專屬之前題,亦誤也。

病中獨遊净慈,謁本長老,周長官以詩見寄,仍邀遊靈隱,因次韻答之

○補原注:《杭州圖經》,净慈寺,周顯德闕二字。建,爲報恩□孝寺,大中祥符□年改今額。

要知何處是無還

○補原注:《楞嚴經》佛告阿難,今當示汝無所還地,因答以八種無還。

病中遊祖塔院

○方綱按:高江村《銷夏録》載此詩墨迹云,宋蘇文忠公《遊虎跑泉》詩卷跋云此詩不載集中,虎跑泉一在丹陽,一在錢唐,公嘗通判杭州,則此泉蓋在錢唐者也,至正元年二月壬寅,朶爾直班跋。又跋云,右詩題云《遊虎跑泉》,文集是詩則題云《病中遊祖塔院》。按《傳燈録》,唐元和十二年,大慈中禪師創寺於杭州南山,長慶元年賜額大慈,咸通二年師入滅,開成元年其徒欽山請于朝,易名法雲。宋太平興國六年,以南泉臨濟、趙州雪峰諸人皆常至此,故又名祖塔院。東坡來遊,止據寺名,而書此詩時又偶作"虎跑泉",蓋一詩

而有二名，觀者以爲集中不載，一時未暇詳考耳。此寺山川環秀，郡中爲勝。郡志又言，南渡後史彌遠卜葬其地，民謠不吉而止，乃即寺駐兵，寺廢不治者百年。歲甲子，戒師定巖始重作佛殿，僧居宏麗，殆可與靈隱、三竺甲乙。又訪得東坡是詩墨迹，購求前輩名文章家敘論，已成巨軸以示余。戒師嘗汲泉水送予，予以之煮茶，香洌比蜀井，宜其有異傳也。乙丑十二月十有五日，門山道人齊郡張紳識。

佛日山榮長老方丈五絶

○補原注：《杭州圖經》，佛日山在城西北四十里，天福七年建佛日院，大中祥符元年改爲净惠。

臨安二絶

將軍樹

○邵氏載原注，“山林皆覆以錦”，“皆”訛作“嘗”。

陌上花

遺民幾度垂垂老

○補原注：《五代史補》，僧貫休入蜀，獻王建詩曰“一缾一鉢垂垂老，萬水千山得得來”。

遊東西巖

○邵氏載原注，“考究甚備”句下脱三句，曰“其説良是，獨不援陽秋之説，豈偶遺之耶？”

宿海會寺

　　○補原注:《杭州圖經》,臨安縣海會寺在縣西三里,梁大
　　同元年置爲竹林寺,大中祥符元年改今額。

蘇詩補注卷第二

洞霄宮

○補原注：《杭州圖經》，洞霄宮在餘杭縣□南十八里，唐
大曆五年建爲天柱觀，大中祥符元年改今額。

洞中飛鼠白鴉飜

○查氏補注云，“翻”字出韻，疑當作“飜”。方綱按，“飜”
即“翻”字，查氏蓋疑其是“飍”字耳，二十七删有“飍”
字，飛繞貌，户關切，然蘇詩政未可以韻部繩之。

金門寺中見李西臺與二錢唱和四絶句，戲用其韻跋之
欲問君王乞符竹，但憂無蟹有監州

○補原注：《南史》，吳平侯蕭景傳監揚州，有姥訴得符，
縣吏未即發，姥曰蕭監州符如火，汝手何敢當。

西臺妙迹繼楊風

○補原注：“時人以楊風呼之”句下，邵氏所載脱去四句，
曰“故西臺李建中有帶名帖數紙，雖乏功用，亦頗有逸
趣，後來佳作也”。

常潤道中,有懷錢塘,寄述古五首

去年柳絮飛時節,記得金籠放雪衣

○方綱補注一條附録於此,予得東坡墨迹云,“‘天際烏
雲含雨重,樓前紅日照山明。嵩陽居士今何在,青眼
看人萬里情’,此蔡君謨夢中詩也。僕在錢塘,一日謁
陳述古,邀余飲堂前小閣中,壁上小書一絶,君謨真迹
也,‘約綷新嬌生眼底,侵尋舊事上眉尖。問君別後愁
多少,得似春潮夜夜添’。又有人和云‘長垂玉筯殘粧
臉,肯爲金釵露指尖。萬斛閑愁何日盡,一分真態更
難添’。二詩皆可觀,後詩不知誰作也。杭州營籍周
韶,多蓄奇茗,常與君謨鬭,勝之。韶又知作詩,子容
過杭,述古飲之,韶泣求落籍,子容曰可作一絶,韶援
筆立成,曰‘隴上巢空歲月驚,忍看回首自梳翎。開籠
若放雪衣女,長念觀音般若經’。韶時有服,衣白,一
坐嗟歎,遂落籍。同輩皆有詩送之,二人者最善,胡楚
云‘澹粧輕素鶴翎紅,移入朱欄便不同。應笑西園舊
桃李,强勻顏色待東風’,龍靚云‘桃花流水本無塵,一
落人間幾度春。解佩暫酬交甫意,濯纓還作武陵人’。
固知杭人多慧也。”

按,熙寧甲寅,坡公往來常潤道中,有懷錢塘寄述古之
作,其次章云“去年柳絮飛時節,記得金籠放雪衣”,公
自注“杭人以放鴿爲太守壽”,此不欲明言所指,而托
之放鴿,文字之狡獪也。鴿無雪衣之號,故王注必援
天寶中白鸚鵡事,以明其爲借用,且鴿非僅白色,亦非
雪衣字所能該得也。注家但知其借用雪衣鸚鵡,而不
知其實指此雪衣女也。陳述古和韻云“緱笙一曲人何

在,遼鶴重來事已非。猶憶去年題別處,鳥啼花落客
沾衣",語意更明,然則陳太守放營妓事,在熙寧六年
癸丑春也。

國艷天嬈酒半酣

○方綱按:此則真賞花也,故作參差相間,乃尤文字之狡
獪爾。

過永樂,文長老已卒

一彈指頃去來今

○方綱補注:劉夢得《送鴻舉遊江南》詩引"夫冉冉之光,
渾渾之輪,時而言,有初中後之分;日而言,有今昨明
之稱;身而言,有幼壯艾之期。乃至一謦欬,一彈指,
中際皆具,何必求三生以異身耶?"

回先生過湖州東林沈氏,飲醉,以石榴皮書其家東老庵之壁,西蜀和仲聞而次其韻三首

○方綱按:任天社《后山詩注》云,回山人即呂洞賓,事見
東坡詩集。

雪後書北臺壁二首

試掃北臺看馬耳

○方綱補注:宋張清源淏《雲谷雜記》,北臺在密州之北,
因城爲臺,馬耳與常山在其南,東坡爲守日,葺而新
之,子由因請名之曰超然臺。

謝人見和前篇二首
柳絮才高不道鹽

○方綱補注：《藝苑雌黃》云，《南史》張融作《海賦》成，示
顧凱之，凱之曰此賦實超元虛，但恨不道鹽耳。融因
命筆益之云“漉沙成白，熬波出素；積雪中春，飛霜暑
路”。東坡《雪》詩押“鹽”字一聯“漁蓑句好真堪畫，柳
絮才高不道鹽”，學者徒知柳絮撒鹽用謝安故事，殊不
知“不道鹽”三字亦有來處也。

和頓教授見寄用除夜韻
豈無一尺書

○補原注：《説文》“牘，書版也，長一尺爲率”。方綱按，
此注專以釋“一尺”字，則“長一尺爲率”五字爲《説文》
舊本無疑，今二徐本皆無之矣。

寄劉孝叔

○此題下施氏原注，邵氏翦截既多，查氏所補又未聯貫，
今依原本補録於此：劉孝叔名述，闕六字。進士，知溫
耀闕四字。與□西獄荆湖闕三字。西轉□使，神宗擢侍
御史，知雜事，數論事剴切，會孝叔兼判刑部，與王安
石爭謀殺刑名，敕下封還之。安石白帝，詔開封推官
王克臣劾罪。孝叔率御史劉琦、錢顗，共上疏彈奏安
石執政以來，未踰數月，中外人情，囂然胥動，專肆胸
臆，輕易憲度，驚駭物聽，動搖人心，首以財利，務爲容
悦，願早罷逐，以安天下。疏上，先貶琦、顗爲監，當開
封獄具，以孝叔三問不承，安石欲置之獄，司馬文正、

范忠宣力争之，乃以知江州，踰歲，提舉崇禧觀。東坡倅杭，與孝叔會虎丘，和其二詩，載第九卷。吳興六客堂，孝叔其一人也。初，神宗即位，起安石於金陵，付以大政，而是時帝已有誅滅西夏意，遂用种諤以開邊隙，安石逢迎帝意，且謂鞭笞四夷必財用豐裕，然後可以行其志。於是終帝之世，以理財爲急，兵連禍結，南征西伐，幾至於亂，帝雖欲改爲，而諸臣係其用舍，執之愈堅，晚歲始大悔悟，然無及矣。故此詩首言征伐之意。熙寧七年九月，詔開封府界河北、京東西路，置三十七關三字。樞副□挺之請，故云關七字。走馬西來關七字。三年管句關六字。幾乞以鄉户關六字。姦盜各立首關三字。部轄□而推及天下，將爲萬世常安之術，乃下司農寺，詳定條制行之。上嘗問如何可以漸省正兵，安石曰當使民習兵，則兵可省。然其後保甲不能逐盜，而爲盜矣，故云“保甲連村團未徧”。五年，司農丞蔡天申請委提舉司均税，而領於司農，始立方田均税之法，詔司農以條約并式頒之天下。方田之法，以東西南北各千步，當四十一頃有奇，爲一方。歲以九月，委令佐分地計量，均定税數，至明年三月畢，揭以示民，仍再期一季，以盡其詞，乃書户帖連莊帳付之，以爲地符，故云“方田訟牒紛如雨”。七年春，上以大旱，憂見容色，欲罷保甲、方田等事，安石曰水旱常數，堯湯所不免，但當益修人事。上曰此豈細事，朕今所以恐懼者，正爲人事有所未修耳。初，吕惠卿建爲手實之法，使民自上其家之物産，而官爲注籍，奉使者至析秋豪，天下病之，至八年十月乃罷，故云“爾來手實降新書，抉剔根株窮脉縷。詔書惻怛信深厚，吏能淺

薄空勞苦”。蘇子由□爲條例司檢詳,與安石議闕三
字。罷□曰蘇軾如何闕七字。曰軾兄弟闕七字。事若
朝廷闕六字。則能合流俗闕六字。“平生學問止流俗”。
是時安石凡議其新政者,皆以流俗詆之也。孝叔年七
十二卒,紹興間録其風節,贈祕閣修撰。

自從四方冠蓋鬧

○查注引《烏臺詩案》,此句作“四方冠蓋鬧如雲”,誤也。

問道已許談其粗

○查注本作“麤”,一作“粗”。方綱按,“粗”“麤”二字不
同。“麤”從三鹿,行超遠也,倉胡切。“粗”從米且,聲
疏也,徂古切。《廣韻》,粗,麤也,略也,徂古切,又千
胡切。是“粗”字雖有平、上二音,而以上聲爲本音。
今人多以“麤”“粗”相通,而不知“麤”字無上聲也。邵
刻本又云一作“祖”,蓋形近而訛耳。邵子湘於《次韻
樂著作野步》詩“寂寞閑窗易粗通”句,引此詩云“與組
覰叶”,而不知此字實是上聲,並非叶也。

孔長源挽詩二首

○補全原注:孔長源闕八字。世孫新淦闕七字。耕讀書壟
闕三字。進士第一遂中其科□廣□轉運判官。雷守方
倪爲不善,官屬共告之,倪要奪其書,悉收官屬,并其
孥繫獄,推言吕潛以瘐死,君馳至,取倪屬吏縱繫逮者
七百餘人。倪坐法當斬,亦以瘐死,人讙叫感泣,聲動
海上,後知越州,改宣州,未至,言者奏越州鹽法不行,
故課負,坐罷,課法以滿歲爲率,歲終越之鹽課應法,
乃以爲管句三司,理欠憑由司,故詩云“南荒尚記誅元

惡,東越誰能事細兒”。出知潤州,未行,卒。長源言
若不能出口,及見義慷慨辨且强也。方微時已數劘
切,上官無避,及老益自强,所聞於古,不肯苟隨,以故
齟齬,一不以易意,故云“晚節孤風益自奇”。工於爲
文,諸子皆自教以學,文仲、武仲仕至侍從,與平仲皆
有傳國史,爲時名臣,詩云“林宗不愧蔡邕碑”者,曾子
固志其墓也。

耆舊如今幾人在

○補原注:顧況詩“襄陽耆舊幾人存”。

張文裕挽詞

○補全原注:張文裕名掞,幼篤孝,舉進士,知益都縣,當
督賦租,置里正弗用,而民皆以時入。石介獻《息民
論》,以益都爲天下法。中丞范諷薦其材堪治劇,以知
萊州掖縣。民訴旱於州,州不受,文裕自爲奏上之,詔
除登萊稅役。歷省府待制、天章閣、陝西都漕,進龍圖
直學士,累官户部侍郎致仕。熙寧七年卒,年八十。
文裕齊州歷城人,故詩云“濟南名士新凋喪”,益都在
劍外,而文裕有惠政,故詩云“劍外生祠已潔除”。子
由亦有挽詞及代李公儀祭文裕文,載集中。

懷西湖寄晁美叔同年

○查氏補録原注,“紹興間”,“間”訛作“初”。

和章七出守湖州二首

○補全原注:章申公惇,字子厚,建州蒲城人,父俞徙蘇

州。子厚豪儁,善屬文,書札追古人。再舉甲科,調商洛令,與東坡同遊南山,抵仙遊潭,潭下臨絶壁,横木其上,子厚揖東坡書壁,不敢,子厚平步過之,握筆大書乃還,東坡拊其背曰"君他日必能殺人"。以三司使出知湖州。子厚好論出世間法,故詩中多用學仙事。東坡既買田陽羡,子厚在湖州寄詩云"君方陽羡卜新居,我亦吳門葺舊廬。身外浮雲輕土苴,眼前陳迹付籧篨。澗聲山色蒼雲上,花影溪光罨畫餘。他日扁舟約來往,共將詩酒狎樵漁"。是時子厚二親無恙,故有"兩厄春酒真堪羡,獨占人間分外榮"之句。東坡後謫齊安,王禹玉爲相,擠於神宗,神宗意不謂,然子厚闕四字。因解之宣仁簾聽闕四字。進用子厚,時知闕三十八字。知闕三字。居闕四字。致乎在焉不復闕五字。答之曰某與丞如闕二字。四十年,中間雖出處小異,然交情固無所增損也。今聞其高年寄迹海隅,此情可知,帖今在章氏歔慰羔家。

次韻劉貢父李公擇見寄二首

○補原注:前闕十九字。息□怨闕三字。義闕四字。神宗詰安石,安石請詔常分析,公擇以非諫官體,不肯對,出通判滑州,知鄂州,徙湖、齊二州。東坡自密滿去,過齊訪之,公擇以詩見迎,次韻二首,在本卷。元祐中爲户部尚書、御史中丞、龍圖直學士,知成都卒。

歲惡詩人無好語

○補原注:東坡云"公擇來詩皆道吳中饑苦之狀",方綱按,"狀"字,邵本、查本皆訛。

緑蟻濡脣無百斛

○施氏原注，太史公曰"酒未及濡脣"。方綱按，此班孟堅非是對中語，非史遷語也。邵氏録原注以爲《秦始皇紀》後贊，亦誤。

和蔣夔寄茶

○補原注：夔赴代州教授，子由有送行詩。

海螯江柱初脱泉

○補原注：白樂天《放魚》詩"脱泉雖已久，得酒猶可蘇"。

答李邦直

○補全原注：李邦直名清臣，闕五字。誦書日數千言，闕五字。韓忠獻公聞其闕五字。舉進闕九字。公壯闕九字。等名聲籍甚，闕六字。院，從韓絳使陝闕三字。，出通判海州，還故官，提□京東刑獄，召爲兩朝國史編修官，同修起居注，知制誥，拜吏部尚書，擢尚書左丞。哲宗立，以資政殿學士出守三郡。自元祐初革新庶政，至五年人心已定，惟熙寧舊黨分布中外，多起邪説，以搖撼在位，呂微仲丞相、劉莘老中書尤畏之，欲引用其黨以平舊怨，謂之調停。蘇子由爲中丞，極論其非，後三省奏除邦直吏部尚書，范給事祖禹、姚正言勔皆言不當，命未下，又除蒲宗孟兵部尚書。子由時爲右丞，言於宣仁曰前日除李清臣，給諫紛然争之，未定，今又用宗孟，今日用此二人，正與去年用鄧温伯無異。此三人者非有大惡，但昔與王珪、蔡確輩並進，意思與今日聖政不合，今闕尚書四人已數年，何嘗闕事？

若並用似此四人，使互進黨類，氣勢一合，非獨臣等耐何不得，亦恐朝廷難耐何矣。宣仁曰信然，不如且静，事遂已。洎宣仁服藥中，三省又以爲户部尚書。哲宗親政，於元祐之政不能無疑。侍御史楊畏□□此處闕二字，查補作“無恥”二字，今諦審闕痕，非也。嗜進逆窺上意，進疏具言，神宗更立法制，以乘萬闕五字。以成繼闕八字。畏以闕三字。故闕五字。朕皆不能盡知，闕五字。密以聞，畏即疏章惇、安燾、吕惠卿、鄧温伯、李清臣等各加題品，且密奏書萬言，具言神宗所以建立法度之意，乞召章惇爲宰相，上皆嘉納焉。邦直未至，除中書侍郎。鄧温伯以兵部尚書知貢舉，除尚書左丞，即日出院。二人久不得志，邦直首以紹述逢上意，且多激怒之詞，温伯和之。會廷策進士，邦直撰策題，即爲邪説以扇惑群聽，子由入奏論之，不報，李、鄧從而媒蘗，遂得罪。范忠宣去相位，邦直獨顓中書，亟復青苗、免役法，除諸路提舉官。章子厚入相，邦直又與之爲異，以大學士知河南，然紹述朋黨之説肇於此三人者，天下正人，幾無噍類，裔夷亂華，中原板蕩，蓋基於此。徽宗立，入爲門下侍郎，出知大名府，年七十一薨。邦直蚤以詞藻受知人主，爲文簡重宏放，然志於利禄，謀國無公心，一意欲取宰相，故操持悖繆，竟不如願以死，後追治其罪，貶雷州司户。邦直居高密時，以京東提刑行部至密也，東坡七年瘴海，僅得生還，推原禍本，實自邦直發之，故因倡□之始，備載本末云。

寄題刁景純藏春塢

　　○方綱補注：李雁湖注王荆公《藏春塢》詩，刁景純名約，

丹徒人，蘇子美祠神會中客也。天聖初，始來京師應
進士舉，與宋公、歐陽永叔、謝希深、富彦國齊名，踐歷
館閣踰四十年，寵利之際泊如也。

楊柳長齊低户暗，櫻桃爛熟滴階紅

○補原注：白樂天《和夢遊春》詩"門柳闇全低，簷桃紅半
熟"。

寄黎眉州

○施氏原注，"東坡手澤云"，邵氏改作"《志林》云"，當依
原本改正。"治《春秋》有家法"句下脱"文忠公喜之"
五字，又"王介甫素不喜《春秋》"云云，亦是題下注，故
云"治經方笑《春秋》學"，句下云"歐公有送以下闕。"。

和趙郎中捕蝗見寄

○補原注：趙郎中成伯，時官制未改，以尚書郎倅密州，
成伯先爲眉之丹稜令，邑人稱之，通守臨淮，先生移守
膠西，又佐是邦。爲人簡易疏達，表裏洞然，勤於吏
職，視官事如家事。先生爲成伯作廳壁記，稱予之。
此卷有《趙郎中見和七月五日詩戲復答之》《莒縣遺碧
香酒》《留別釋迦院牡丹呈趙倅》三詩，皆爲成伯作也。

薄薄酒二首

醜妻

○查注引《苕溪漁隱叢話》，與施氏原注引應璩"道上逢
三叟"詞同意，然施氏載在次章下爲是。

同年王中甫挽詞

○邵氏載原注中，"嘉祐六年"句上脱"與□介甫同學，舉進士，以著作佐郎"十四字。

七月五日二首

○邵氏載原注，"蓋出此"句下脱"後一詩答趙郎中成伯，又申言之"十三字。

送碧香酒與趙明叔教授

○補原注：趙明叔教授，膠西人，東坡守密，先賦《薄薄酒》詩贈之。元豐八年冬赴文登，過密州，有《次韻趙明叔、喬禹功》，有"先生依舊廣文貧"之句。

蘇潛聖挽詞

○查注云爵里失考，方綱按，詩注已云成都新繁縣人，官至職方郎中。

和孔郎中荆林馬上見寄

○補原注：（以前闕者甚多）知□州，未拜而卒，周翰與東坡密州爲代，未至，此詩先之。是時官制未行，階官爲郎，既合符而去。《青州道上大雪懷東武園亭寄周翰》詩，在本卷，周翰寄五絶和章，又和二絶答，求書與詩，在第十二卷及十三卷。周翰名父子，繼坡爲東武，契好日篤，倡酬相屬，其知敬賢哲如此，宜爲司馬公所深知也。

平生五千卷

○補原注：《三國遺録》，魏文帝云文爲當代所宗，讀書五千卷，許登閲書觀，登者才六人。方綱按，邵刻“閲”訛“閣”。

董儲郎中嘗知眉州，與先人遊，過安丘訪其故居，見其子希甫，留詩屋壁

冬月負薪雖得免

○補原注：謝靈運詩“已免負薪苦”。

送范景仁遊洛中

○補原注：范景仁名鎮，成都華陽人，年十八爲薛簡肅公奎所知，自益州還朝，載以俱，或問入蜀何所得，曰得一偉人，當以文學闕二字。舉進士，禮部奏名第一，□宗擢知諫院，帝天性寬闕二字。事者競爲激訐，公闕六字。朝廷安危，闕七字。不言闕八字。未有繼嗣，景仁奮曰天下事焉有大於此者乎？□疏至十九，須髮爲白，帝曰卿言是也，當更俟三二年，景仁卒辭言職，三入翰林爲學士，知通進銀臺司。王介甫得政，改常平爲青苗，景仁極言其不可。韓魏公論新法，送條例司疏駮。李公擇乞罷青苗錢，令分析。司馬溫公辭副樞，詔許之。景仁皆封還。舉東坡爲諫官，不行。薦孔經父制科，以對策切直，報罷。皆力爭之，不聽。即上言，臣言不行，無顔立於朝，請謝事，最後指陳介甫，用喜怒爲賞罰，曰陛下有納諫之資，大臣進拒諫之計，陛下有愛民之性，大臣用殘民之術。介甫大怒，持其

疏至手顫,自草制極詆之,使以本官致仕,恩典悉不
與。公表謝曰願陛下集群議爲耳目,以除壅蔽之奸,
任老成爲腹心,以養和平之福。天下聞而壯之,時年
六十三爾,故詩云"小人真闇事,閑退豈公難。道大吾
何病,言深聽者寒"。久之歸蜀,與親舊樂飲期年,而
後還,故有"去年行萬里,蜀路走千盤"之句。是時東
坡館於京師門外景仁園中,故有"園亭借客看"之句。
哲闕四字。不闕二字。端明殿學。以下闕。

蘇書標洞府

○原注,"東坡云歐陽永叔"云云,條下云"事具《青瑣高
議》而小異"。

重尋靖長官

○方綱補注:陳后山《送姚先生歸宜山》詩云"此身已許
壺邱子,他日爭尋靖長官",任淵注,靖長官以自況。

書韓幹牧馬圖

八坊分屯隘秦川

○補原注:《唐·食貨志》,八坊在岐豳涇之間,一曰保
樂,二曰甘靈,三曰南普,四曰北普,五曰岐陽,六曰太
平,七曰宜祿,八曰安定。方綱按,《新唐書·食貨志》
作"岐豳涇寧間""三曰南普閏""四曰北普閏"。

送魯元翰少卿知衛州

亹亹仁人言

○補原注:《晉·阮修傳》,王敦謂王衍曰,阮宣子可以

言,但未知其霻霻處,定如何耳。

次韻子由送蔣夔赴代州學官

窮人未信詩能爾

○補原注:歐陽文忠公《梅聖俞詩集序》云"非詩能窮人,殆窮者而後工也"。

宿州次韻劉涇

○補原注:劉涇字巨濟,闕四字。人舉闕二字。爲宿州闕四字。甫薦爲經義所檢討,闕三字。博士,報罷,後知處、虢、真、坊四州,除職方郎中卒。

和流杯石上草書小詩

醉裏自書醒自笑,如今二絶更逢君

○補原注:唐文宗時,詔以李白歌詩、裴旻劍舞、張旭草書爲三絶。

次韻李邦直感舊

○補原注:闕八字。釣翁集闕六字。言云,李邦直闕六字。席巨源爲海闕七字。直初娶韓闕八字。夫人闕十字。少闕十字。以闕九字。死而闕九字。卒邦闕七字。巨源,巨源闕八字。爲少女壻闕八字。病諸公□問闕四字。女爲□東坡□欲得□壻無易邦直,巨源於是首肯,卒以歸之,故此感舊詩有"入夢""還鄉"之戲。東坡又爲長短句云"誰教幽夢裏,插他花",亦此意也。表兄錢塘强行父幼安云“得其事於關演子開”，宿按，後卷有《送邦直赴史館兼寄孫巨源》詩，末章云“憑君説向髯將軍，衰鬢相逢應不識”。邦直以熙寧十年八月除國史院編修官，十二年東坡於徐州臺頭寺送邦直，時巨源爲知制誥，後一歲，當元豐元年十一月，爲翰林學士，二年五月始卒，時東坡守湖州，則關子開之説有不然者，味東坡詞語，邦直當有此夢，恐巨源女是時或已歸邦直矣。

次韻答邦直、子由五首

未許朱雲地下遊

○邵氏補注，此句作“□□龍逢地下遊”。方綱按，施氏原注本，此處雖蝕，尚露半字之痕，實是“雲”字，非“逢”字也。

蘇詩補注卷第三

司馬君實獨樂園

○查氏補録原注，"王介甫爲相"下脱二句，云"始行青
苗、助役、農田水利，謂之新法"。又"不附介甫者"，
"者"字上脱"言新法不便"五字。"端明"下脱"殿"字。
"自號迂叟"句下脱文云"當熙寧之四年，始家於洛，六
年買田二十畝於尊賢坊北，闢以爲園，命之曰獨樂，然
園卑小，闕二字。與囗園班，其曰讀書堂闕五字。他亭
軒尤小臺闕七字。爲人闕六十四字。年，帝以闕七字。
詔泣下乃闕七字。尤囗其事竟亦闕三字。，《資治通鑒》
成，加資政殿學士"云云。"薨于位"句下脱"年六十
八"四字。

青山在屋上，流水在屋下

○補原注：《楚辭》，屈原《九歌》"鳥次兮屋上，水周兮堂
下"。

送顏復兼寄王鞏

○補全原注：顏復字長道，魯人，父名太初，字醇之，先師
兗公之四十七世孫，號鳧繹先生，東坡爲敘其文。嘉
祐中訪遺逸，京東以長道應詔試者二十二人，歐闕三
字。爲第一，賜進士出身，闕四字。國子直講，王介甫闕

五字。率闕二字。意使常闕八字。卷優劣闕九字。道是
闕十字。三闕三十二字。酒闕九字。滋雖闕八字。從之，
故詩云"京師萬事日日新，故人如故今有幾"。王定國
鞏居京師牛行，而張安道居南京，定國與東坡約，先過
安道，而以重陽謁公於徐，故屬長道拉與俱來，然定國
過南京，竟以事不至，有詩送梁交寄坡，坡和答有"花
枝不共秋歆帽，筆陣空來夜斫營"之句，在十三卷。後
一歲始赴重陽之約，有《九日次韻王鞏》詩，又與長道、
定國同泛舟詩，倡酬見十五卷。長道至元祐初，入爲
太常博士，寖遷二史經筵西掖，以病改待制，未拜而
卒。子岐，建炎中爲門下侍郎。定國本末見十五卷
《答王鞏》詩注。

扣門但覓王居士

○原注：徐度《南窗紀談》。邵注脱"談"字。

陽關曲三首

濟南春好雪初晴，行到龍山馬足輕

○方綱補注：王文簡《漁洋詩話》，濟南郡城東七十里龍
山鎮，即《水經注》巨合城也，東坡《陽關》詞"行到龍山
馬足輕"，舊注引孟嘉落帽事，固大謬，施注竟略之，以
此知注詩之難。

子由將赴南都與余會宿于逍遥堂作兩絶句

○原注：子由《逍遥堂會宿二首并引》云。邵氏載此文，作
"逍遥堂詩序"，方綱按，"序"字蘇氏家諱，故二蘇集中有引無
序，不可改也。

但令朱雀長金花

○補全原注：後一段注云，朱雀，火也，龍虎二氣，和合入爐，以運晝夜陰陽各六時，天地文理，候火養之，生金花，亦曰三毒丹砂也，見《修真祕訣》。

過雲龍山人張天驥

但恐迫華皓

○補原注：《明皇雜録》，李林甫曰食甘露羹，縱華皓亦必鬚黑。

贈王仲素寺丞

曹南劉夫子

○補原注：或云謂劉誼，恐未然。邵氏脱下三字。

答任師中、家漢公

○補原注：前闕字不可計。先闕二字。舉闕七字。博能屬文，其□子闕四字。師中在瀘，威信大著闕三字。之歲滿，當更，詔留再任。闕二字。增秩，復留師中，嘗爲蔡州新息令，邑人愛之，爲買田闕二字。，故詩云“上蔡有良田，黃沙走清渠。罷亞百頃稻，雍容十年儲”。後謫黃州，過新息，又留□以示師中，載十七卷，以後□互見二十卷《師中挽詞》、三□一卷《閱世亭》詩注。

王鞏屢約重九見訪，既而不至，以詩送將官梁交且見寄，次韻答之

○補原注：東坡與王定國鞏倡醻最多，散在諸卷，此篇其

首也。

臺頭寺雨中送李邦直赴史館，分韻得憶字、人字，兼寄孫巨源二首

　　○補原注：李邦直事見第十卷答李邦直，闕二字。熙寧八年八月，邦直時闕六字。撰□忠獻公闕九字。曰闕十一字。獻闕十字。忠獻闕八字。論王闕八字。是乞罷闕十六字。以示□政曰闕三字。雖□外不忘□室朕始闕二字。以利民，不意□害民，如□出令不可不審，且坊郭安得青苗，而使者亦彊與之乎？安石勃然進曰，苟從其所欲，雖坊郭何害？是時神宗以忠獻之言，新法幾罷，由是安石所以沮毀之者，甚至命曾布疏駁所論，行下，公又再疏辨論，遂誣中丞呂公著有“興晉陽之甲”之語，以指忠獻。呂既罷，忠獻方丏歸守鄉郡，卒老焉。行狀乃云，時方推行常平法，公言朝廷下令，以百姓不足，而兼并之家，乘其急以邀倍息，故貸予以賑其闕，合於先王散專興利之法，今郡縣欲收子錢，異令意。遂與條例司章交上，乞守徐州，不許。忠獻之言與神宗聖訓可謂深切著明，邦直皆没其實。又曰今王丞相素負天下重名，少許可，嘗遺公書，謂過周勃、霍光、姚崇、宋璟。時安石在相位，方以其術亂天下，是宜有所諱避，不敢直書，反致其佞，遂使人主觀之□有良□之稱自□之後猶□然可闕七字。乃□豈外舅闕九字。同。以下闕。

贈寫御容妙善師

　　○查氏補注云，公于嘉祐六年十一月赴鳳翔任，壬寅、癸

卯,至甲寅而仁宗晏駕,明年乙卯公方還朝。方綱按,
宋仁宗崩在癸卯,先生還朝在乙巳,此數年中亦並無
甲寅、乙卯,不知此條何由錯誤。

哭刁景純

○補全原注:刁景純名約,丹徒人,少卓越有大志,刻苦
學問,能文章,始應舉京師,與歐陽永叔、富彥國聲譽
相高下,及與永叔同□禮□,時宋宣獻公□能知闕九
字。及素闕九字。蘇闕十字。中闕十字。宣闕十字。冠
闕二十字。者焉闕九字。宗在闕九字。相曰闕六字。會
闕三字。非所□遂□果用□居裕□不與物□當官正
辭,毅然有不可奪之色,其在寵禄之際,泊如也,故屈
於爲郎,施不大耀,士友歎惜,而景純未嘗以爲恨。好
急人之難,海内之人識與不識多歸之,不治産業,賓客
故人常滿其門,尊酒燕娛無虛時,重義輕施,有古人之
風。年八十四屬疾,王左丞和甫守潤,往問焉,隱几笑
語如平時,和甫登車,已逝矣,妻江先景純一年卒。東
坡此詩形容其平生略盡云。

張寺丞益齋

○查氏補原注,"英宗立神宗"下脱"爲太子"三字。

送李公恕赴闕

○查氏補原注,"李公恕時爲京東轉運判官","東"訛
"西"。

送鄭户曹

〇查氏補注云，施氏原注，"僅"作"瑾"，與史不合。方綱
按，施氏原注，"菫"字半蝕，下云事見十四卷《送鄭》
詩。施氏注本第十四卷《送鄭户曹》詩注云"名僅"，並
不譌爲"瑾"也，此當是邵氏傳寫譌耳。

虔州八境圖八首

〇王注有所謂後序者，其原文在集中，題云《八境圖後
序》。方綱按，先生祖諱序，是以蘇集中凡序皆曰引，
而此文則並非序也。施氏原注附録於詩後，末云"紹
聖元年八月十九日闕三字。軾書"，蓋石刻詩後之自跋
也。以此例之，則蘇集中凡稱序者，皆後人編輯之
失也。

送孔郎中赴陝郊

十里長亭聞皷角

〇補原注：庾信《哀江南賦》"十里五里，長亭短亭"，王道
珪注云"秦制，五里一亭，十里一堠"。

聞辯才法師復歸上天竺，以詩戲問

〇補録原注：辯才名元净，字無象，事見第十卷《贈辯才
師》詩註。沈公遘治杭，以上天竺本觀音大士道場，以
聲音懺悔爲佛事，非禪那居也，乃請師以教易禪。師
至，吳越人爭以檀施歸之，重樓傑閣，冠於浙西，詔名
其院曰靈感觀音，居十七年。僧文捷者，利其富，倚權

貴人以動轉運使，奪而有之，遷師於下天竺，師恬不爲
忤，捷猶不厭，使者復爲逐師於潛。逾年而捷敗，事
聞，朝廷復以上天竺畀師。捷之在天竺也，吳人不悦，
施者不至，巖石草木爲之索然。及師之復，士女不督
而集山中，百物皆若有喜色。趙清獻親見而贊之曰：
"師去天竺，山空鬼哭；天竺師歸，道場光輝。"先生此
詩前五聯皆紀其去來之實也。

此語竟非是，且食白楊梅

○補原注：《南史・王融傳》，融自恃人地，沈昭略曰："是
何年少？"融不平，謂曰："僕出於扶桑，入於暘谷，照曜
天下，誰云不知，而卿此問？"昭略曰："不知許事，且食
蛤蜊。"方綱補注：周益公《省齋文稿》，東坡《寄天竺辯
才》詩云"且食白楊梅"，蓋山中實有此果，而蜀人注此
詩者偶未知耳。

次韻秦觀秀才見贈，秦與孫莘老、李公擇甚熟，將入京應舉

○補全原注：秦觀，高郵人，初字太虛，後改少游，陳履常
爲之説，豪俊忼慨，溢於文詞，超然勝絶，追配古人。
東坡□吳興相陪游惠山，過闕五字。興端午闕八字。後
以其闕八字。而不釋東闕七字。養始登科。□祐初薦
試賢□方正，除太學博士，入館閣，編修國史。東坡剛
直忠正，二聖追神宗遺意，將付大政，臺諫多甚間，凡
所與，輒攻之，少游其一也，出通判杭州。紹聖初，時
論一變，貶監處州酒部，使者奏其謁告寫佛書，削秩，
徙郴州，編置橫州，又徙雷。徽宗立，復官，歸至藤州，

出遊華光亭,爲客道夢中長短句,酌水欲飲,笑視之而逝。東坡痛惜之,告其友曰:“少游已矣,雖萬人何贖。”

翹關負重非無力

○補原注:《朝野僉載》,崔湜掌銓,有選人白其能翹關負米,湜曰若壯何不選兵部,答曰外議謂侍郎下有氣力者即選。

硬黃小字臨黃庭

○補原注:唐法帖皆用硬黃紙臨。

雨中過舒教授

○補原注:舒教授名焕,字闕三字。陵人。

次韻黃魯直見贈古風二首

○補全原注:黃魯直,名庭堅,分寧人,李公擇之□,而孫莘老之壻也,舉進士,闕二字。北京國子監,東坡見其闕二字。爲世久無此作,魯直闕五字。爲贄,公答之曰闕五字。塵獨立萬物之闕五字。之君子所不闕六字。放浪自棄亦闕六字。風托物引類闕八字。某非其闕七字。元祐初召闕六字。實録,擢右史闕三字。所闕二字。聖中,出守,坐以□録詆闕三字。置黔州,避親移戎州,闕二字。,淡漠不以遷謫□意,蜀闕二字。從之游。徽宗立,召用不起,求當塗,至九日而罷。舊與趙挺之有小嫌,挺之得政,使者陳舉,上所作塔記,指爲幸災,除名,羈管宜州,三年徙永,未聞命而卒,年六十□。魯直學問文章,天成性得,於詩尤高,善書法,自成一家,東坡所以推揚汲引，如恐不及。與張文潛、秦少游、晁無咎俱出其門，天下號元祐四學士，而魯直之名幾配東坡，故稱蘇黃。初，游灊皖山谷寺，樂其林泉，因自號山谷道人。建炎間贈直龍圖閣，高宗愛其筆札，御府收蓄甚富，且録用其家云。東坡在翰林，魯直居館閣，知貢舉，又同考校，倡酬爲多，並載一十五卷以後卷中。

千金得奇藥，開視皆豨苓

○方綱補注：宋袁質甫文《甕牖閑評》，豨苓，"豨"字本仄聲，東坡詩"千金得奇藥，開視皆豨苓"是已。

答范淳甫

○補全原注：范淳甫名祖禹，成都華陽人，幼孤，鞠於叔祖忠文公景仁，中進士甲科，從司馬温公修《通鑒》，在洛十五年，書成，温公薦爲正字，元祐初擢右正言，改著作佐郎，修《神宗實録》，由著作郎兼侍講，遷起居郎，又召試中書舍人。自除拾遺及螭掖，皆以婦父呂正獻公秉政，辭不拜，正獻薨，乃擢右諫議大夫，遷給事中，禮部侍郎，入翰林爲學士，其論議皆關天下大體。宣仁升遐，哲宗親政，忠讜日聞，皆人所難言，紹述事興，言不見聽，請外，以龍圖閣學士知陝州。言者論修實録詆誣，及嘗論禁中雇乳媼事，連貶永賀、賓化而卒，年五十八。淳甫在講筵，言簡而當，無□長語，義理明白，東坡稱爲講官第一。坡與范氏同爲蜀人，而忠文敬愛其兄弟甚至，故與淳甫意好尤篤。元祐間在要路，志同道合，相與力持國是，及俱南遷，淳甫歿於煙瘴,坡在海外,聞闕五字。書弔,諸子皆極闕七字。
清德絕識闕六字。今世所無,古闕五字。兼者諸子欲
以,闕四字。坡答曰所諭初不闕二字。言心許吾亡友久
矣,未□要不食言,早收拾事迹,編次著撰,相見日以
見授也。坡於天下未嘗誌墓,獨銘五人,皆世全德,特
於淳甫慨然不俟其請,而心許之,其意可見。坡既北
還,淳甫亦許歸葬,期諸子道中一見,竟不相遇,繼亦
捐館,此意不懟,爲可恨也。建炎間,追復舊職,子冲
字元長,高宗擢爲翰林侍讀學士,嘗事孝宗初潛,能世
其家云。

次韻答王定國

宣心寫妙書不如

○補原注:《文選》王正長《雜詩》“誰能宣我心”。

芙蓉城

○補題下原注:闕三字。後以姓字著於樂府,闕四字。蓬
蓬形開如醉闕七字。子開子由闕七字。遂朝請晚闕八
字。歸路誤闕七字。猶以舊事闕四字。坡詩集中已亡
之,闕三字。後再娶于澄江,遂居□官至右中散大夫,
嘗守濡□此詩□荊公嘗和之,首云“神仙出没藏杳冥,
帝遣萬鬼驅六丁”,嘗爲俞紫芝誦之,紫芝請書於紙,
荊公曰此戲耳,不可以訓,故不傳。子開之孫寧舉進
士,爲司農少卿,總領四川錢糧而卒。

芙蓉城中花冥冥

○補原注:胡微之《王迥子高芙蓉城傳》,初遇一女,自言

周太尉女,夕夢同至一宮殿,如人間王者之居,明日周
來問之,芙蓉城也。

俗緣千劫磨不盡

○補原注:《芙蓉城傳》,周語王曰,我於人間嗜欲未盡,
緣以冥契,當侍巾幘,是以奉尋,非一朝一夕之分也。

翠被冷落淒餘馨

○補原注:《芙蓉城傳》,天明闕七字。餘香不散。

因過緱山朝帝廷

○補原注:《芙蓉城傳》,闕六字。即預朝列,王曰何闕十
字。王闕二字。云告我。以下闕。

忽然而去不可執,寒衾虛幌風泠泠

○補原注:《芙蓉城傳》,王初見周,趨而避之,懼不敢寢,
更深,困甚,視窗戶掩閒,及入解衣,即聞屏幃間有喘
息聲,乃適女郎,已脫衣而臥,自是朝去夕至,凡百餘
日,倏忽去不來者數日。

夢中同躡鳳凰翎

○補原注:《芙蓉城傳》,一夕,夢周曰:"我居幽僻,君能
一往否?"喜而從之,但覺其身飄然,與周俱舉。須臾
至殿廷,二樓相視而聳。廊間有一門半開。

天書雲篆誰所銘

○補原注:《芙蓉城傳》,闕六字。樓梁上有牌,闕二字。碧
闕七字。云有□龍篆明闕十字。之闕二字。也。

蘧蘧形開如酒醒

○方綱補注:李雁湖《王荆公詩注》,坡詩"蘧蘧形開如酒
醒",言夢而覺也,按陸德明《莊子音義》,"蘧"音"渠",

李云有形貌。

芳卿寄謝空丁寧

○補原注：《芙蓉城傳》，周笑曰芳卿之意甚勤也，王問周曰芳卿何姓，曰與我同，君感其事作詩。

羅巾別淚空熒熒

○補原注：《芙蓉城傳》，周臨別留詩云："久事屏幃不暫閑，今朝離意尚闌珊。臨行惟有相思淚，滴在羅衣一半斑。"

春風花開秋葉零

○補原注：《芙蓉城傳》，虞曹公狀其事以奏帝，春花秋月，悽愴悲泣而去。

送將官梁左藏赴莫州

不見君家雪兒唱

○補原注：王子韶《雞跖集》，唐韓定酬馬或詩云云。

次韻子由送趙岏歸覲錢塘遂赴永嘉

○補全原注：趙岏字景仁，由蔭登第，通判温州，父清獻公，時自政府懇闕二字。位，拜資政殿學士，知杭□岏後爲監察御史。

尋谿水濺裳

○補原注：《抒情集》，李相蔚鎮淮南，祖送孫處士，舟子回篙濺水，近坐妓衣濕，孫爲楊柳枝詞"從教水濺羅衣濕，還道朝來行雨歸"。

中秋月三首

留都信繁麗

○查氏補注，"時子由在張安道幕"，而施氏原注云"子由
時之官南京"。方綱按，《潁濱遺老傳》云改著作佐郎，
從張文定簽書南京判官，即是時也。

中秋見月寄子由

悵然一夢瑤臺客

○補全原注：盧子《逸史》，許澶暴卒三日，人問其故，乃
作詩云"曉入瑤臺露氣清，坐中惟見許飛瓊"，乃復寐，
驚起，改第二句云"天風吹下步虛聲"，曰昨夜夢瑤臺
有女三百餘人，一云是許飛瓊，今改云，不欲世間知有
我也。

答王鞏

○王鞏字定國，文正公旦之孫，懿敏公素之子，張文定公
方平之婿，有雋才，長於詩，從東坡學爲文。東坡下御
史獄，而定國亦坐累貶賓州鹽酒稅，凡三年，一子死貶
所，一子死於家，定國亦幾死，而無幽憂憤歎之意。東
坡稱其詩清平豐融，藹然有治世之音。元祐初司馬溫
公當國，□天下上闕三字。道者闕三字。二人焉闕四字。
定闕三字。二蘇公闕十字。丞。以下闕。

次韻潛師放魚

數罟未除吾顙泚

○公《烏臺詩話》云云，此段施氏原注具載，查氏以爲失

載，誤。

與舒教授、張山人、參寥師同遊戲馬臺，書西軒壁，兼簡顏長道二首

林亡白鶴古泉清

○原注，"名曰賞心"句下云，陳闕四字。白鶴觀言徐山不泉州治之南闕三字。焉深日潔甘旱潦自如，説者曰泉以鶴下，故名，陳無己詩話乃云，云云。

次韻王庭老和張十七九日見寄

○補原注：前闕不可計。居里中多與闕五字。卷題王伯敭藏闕五字。十四卷送王伯敭守虢闕二字。人也觀御史詩款坡自闕三字。其退居，頗有強附之意，味此□語，亦可見矣。

答王定民

○補全原注：王定民字佐才，東萊人，俊民弟也，終通城縣令，嘗著《雙誨編》二十四卷。

蘇詩補注卷第四

作書寄王晉卿，忽憶前年寒食北城之遊，走筆爲此詩

○查氏補録原注，"宣仁高后與神宗"，"與"訛"于"，"臨川黃掞"，"黃"訛"王"，"婆女倅廳"脱"女"字，"自□州防禦使遷定州觀察使"下云"東坡自入闕二字。倡醻題詠闕六字。二十以下闕。"。

雪齋

○補原注：秦少游《雪齋記》，其略曰雪齋者，杭州法惠院言師所居室之東軒也，始言師開此軒，汲水以爲池，界石以爲小山，又灑粉於峰巒草木之上，以象飛雪之集，闕四字。蘇公闕六十一字。樂勝游者過闕二字。不至則以爲恨焉。師名□言，字無擇，泊然蕭灑人也，□能作雪齋，從蘇太史游，則不問可知其人。

與秦太虛、參寥會於松江，而闕彥長、徐安中適至，分韻得風字二首

盡日舟橫擘岸風

○補原注：韋應物《滁州西澗》詩"野渡無人舟自橫"，寇萊公《春日懷歸》詩"遠水無人渡，孤舟盡日橫"。按此詩膾炙人口，往往東坡語意出此。

次韻秦太虛見戲耳聾

○邵氏載原注，"右曹"下脱"□事"二字。

送劉寺丞赴餘姚

○補原注：闕三字。名撝，闕四十四字。蓋闕六字。載公守湖州闕六字。城赴餘姚公闕四字。，又即席作《南柯子》詞□餞□句云"山雨瀟瀟過"者是也，後題"元豐二年五月十三日，吳興錢氏園作"。今集中乃指他詞爲送行甫，而此詞第云湖州作，誤也。真迹宿皆刻石餘姚縣治，行甫手寫《華嚴》八十一卷，故詩云"手香新寫法界觀"。紹聖間爲兵部郎。宜翁提舉廣西常平，上書極論新法，中其要害，得罪，停□書，載國史。學道欲輕舉，自稱三茅翁。元祐間，起知韶州，公行其詞云汝昔爲使者，親見民病，盡言而不諱，阨窮而不悔，夫豈知有今日之報哉？又嘗有書從其問道云。

與客遊道場何山得鳥字

○查氏補注云，"更將掀舞勢"以下四句，諸刻本另作五言絶句一首。方綱按，"更"字作起句，四句成章，萬無是理。元吳仲圭爲佛奴作《墨竹譜卷》，自題云"東坡先生守湖州日，遊□道兩山，遇風雨，迴憩賈耘老溪上澄暉亭中，令官奴執燭，畫風雨竹一枝于壁上，題詩云'更將掀舞勢，秉燭畫風篠。美人爲破顔，正似腰肢裊'。後好事者剜于石，今置郡庠，予遊雪上，摩挲久之"云云。其別本作五絶一首者，恐是因此誤耳。

僕去杭州五年，吳中仍歲大饑疫，故人往往逝去，聞湖上僧舍不復往日繁麗，獨凈慈本長老學者益盛，作詩寄之

○按原注，止云趙叟謂趙清獻公抃，前一歲以宮師致仕，此下並無竺翁指凈慈本長老語，查駁之，誤。

舶趠風

喚醒昏昏嗜睡翁

○補原注：東坡記壁詩云"人間不漏仙，兀兀三杯醉。世上無眼禪，昏昏一覺睡"。

泛舟城南，會者五人，分韻賦詩，得人皆苦炎字四首

誰知六月下塘春

○邵氏載原注，"名曰下塘"句下，原本尚有"言居官塘下流"六字。

南郭清游繼顏謝

○補全原注：顧況《湖州刺史聽記》"在晉則謝安、謝萬、王羲之、獻之，國朝則顏魯公忠烈也，袁給事謔正也，劉員外文翰也"。邵迎《吳興詩集序》云"東晉王羲之、謝安諸公，莫不游而樂之，至唐出守者，若顏真卿之忠毅，又不獨以篇詠著者也"。

贈王郎一首

○按此詩末句首二字原本蝕闕，查作"源龍"，依邵氏注一作也，然今諦審原本蝕痕，非此二字，俟訪成都石刻補之（或作"龍源"）。

次韻李公擇梅花

○補原注：闕九字。後四闕三十二字。灤嶽闕九字。東坡闕九字。南故闕四字。泉闕三字。泉濟南闕二字。子由爲濟闕二字。記有《和孔武仲檻泉亭》詩。

次韻周開祖長官見寄

遠思顏柳并諸謝

○補原注：《吳興詩序》云"東晉王、謝諸公，莫不游而樂之，而城中觀游之最，則水堂見於柳惲，若顏眞卿之忠毅，又不獨以篇詠著"。

風定軒窗飛豹脚

○補原注：東坡云湖多蚊，土人云豹脚者尤毒。方綱按，施氏原注，有云"公自注"者，有云"東坡云"者，二者不盡同，今刻本多一例改作"公自注"者，未之審也。又有是施氏注，而誤爲自注者，此篇上句"近憶張陳與老劉"句是也。

趙閱道高齋

○補全原注：趙清獻公名抃，字閱道，西安人，爲殿中侍御史，京師目爲鐵面御史，知成都，以一琴一龜自隨。爲政簡易，擢參知政事，時王介甫行新法，閱道屢斥其不便，最後上言，制置條例司，遣使者四十輩，騷動天下，安石彊辨自用，詆天下之公論以爲流俗，違眾罔民，順非文過，奏入，懇乞去位，拜資政殿學士，知杭州，移青，再帥蜀，歸知越州，復徙杭，遂以太子少保致仕,薨年七十七。其自杭告老而歸也,錢塘州宅之東,舊據城闉,橫爲屋五間,下瞰虛白堂,不甚高大,而最超出州宅,故爲州者多居之,謂之高齋。東坡守杭,秦少章輩寓焉,亦有"留下高齋月明"之句。清獻既治第衢州,其旁不遠數步,亦有山麓屹然而起,即作別館其上,亦名高齋,闕十字。不論。以下闕。

送俞節推

○邵氏載原注,"父汝尚字退翁"下脱"温温有禮,議論不苟"八字,又原注後半云,此詩云"異時多良士,末路喪初心。我生不有命,其肯枉尺尋",欲其獨不爲□所□,而世之□士多折而闕三字。父踵闕三字。提點利闕三字。刑獄闕四字。堂集。

次韻答孫侔

○補原注:孫侔字少述,湖州人,作文奇古,内行孤峻,與王介甫、曾子固游,名傾一時,客居江淮間,士大夫敬畏之。劉原父敞知揚州,言其孝弟忠信,足以扶世矯俗,求之朝廷,吕公著、王安石之流也,詔以爲揚州教授,力辭,沈文通、王陶、韓維連薦之,授忠武軍推官、常州判官,皆不就。元豐三年,命以通闕二字。致仕,年闕二字。六卒。方綱按,"通"下闕二字,其下一字蝕痕當是"郎"字,查引此作"通判",誤。

重寄

○邵氏載原注,"更傳中散絶交書"下尚脱數行,略云,然少闕三字。以爲闕四字。公再闕八字。適在焉闕十字。勞。以下闕。

次韻和劉貢父登黃樓見寄並寄子由二首

計拙集枯梧

○方綱補注：元李仁卿《敬齋古今黈》，《晉語》優施歌曰："暇豫之吾吾，不如鳥鳥，人皆集于苑，己獨集于枯。"東坡此詩全用《晉語》，而押韻加"梧"字，豈非太峻快耶！方綱按，坡公此詩亦非全用《晉語》，此詩是寄子由，蓋兄弟二人皆有鳳凰千仞自許之意，"集"字不特出於《卷阿》之詩，而鄭箋"梧桐生矣"句下亦云"可集止也"，坡詩固自有鑪韛耳。

游淨居寺

○補原注：墨迹今在湖州向氏，首有"淨居"二字。

梅花二首

半隨飛雪度關山

○補原注：《齊安拾遺》云，關山岐亭路有春風嶺，東坡有《梅花》詩。

定惠院寓居月夜偶出

○第一篇查補原注，"婆"下脱"女"字，第二篇公自注"張居厚、王子中兄弟"，"居"，邵訛"君"，查訛"師"，"中"，查訛"立"。方綱嘗見此詩初脱稿紙本，真迹在富春董蔗林侍郎誥家。前篇"不辭青春"二句原在"一枝亞"之下，"清詩獨吟"二句原在"年年謝"之下，以墨筆鈎轉改今本也。"江雲抱嶺"塗二字，改"有態"。"不惜青春"，塗"惜"改"詞"。施本"辭"原作"詞"。後篇"十五年前真一夢"句全塗去，改云"憶昔還鄉溯巴峽"。"長桅亞"，"長"字未塗，旁寫"高"字。"白髮紛紛莫吾借"，塗二字，改"寧少"。"自憐老境更貪生"句全塗去，改云"至今歸計負雲山"。"老境向閑如食蔗"，"向"字塗去，改"安"字，又塗去，改"清"字；"食"字不塗，旁改"啖"字。"幽居□□已心甘"句全塗去，改云"饑寒未至且安居"。"往事已空"，塗二字，改"憂患"。又其與今本異者，次篇"落帆樊□"作"武□"；"長江袞袞空自流"作"長江袞袞流不盡"。按此詩作於元豐三年庚申春，先生年四十五。老蘇公之歸葬在治平三年丙午，先生以護喪歸蜀，過黃州南岸，時先生年三十一，距此時正十五年，故曰"憶昔還鄉溯巴峽"也，其改定精密如此。

寓居定惠院之東，雜花滿山，有海棠一株，土人不知貴也 銜子飛來定鴻鵠

○補原注：世傳海棠性便糞壤，蜀之濯錦江爲多者，蓋以鳥雀啄吞其子，隨糞拋墮，往往叢生，第不見之傳記，姑存之以俟知者。

姪安節遠來夜坐三首

白頭還對短燈檠

○查氏補注引《西溪詩話》，謂"檠"作平聲者，自東坡始。方綱按，"燈檠昏魚目"，唐彥謙詩。彥謙晚唐人，尚在韓文公《短燈檠歌》之後，而庾信《對燭賦》"蓮帳寒檠窗拂曙"、江淹《燈賦》"銅華金檠，錯質鏤形"，已皆作平聲矣，豈可因唐人有作仄用者，遂併疑前後諸家邪？至以爲始於東坡，尤不然矣。陸放翁《老學庵筆記》云，東坡詩"大弨一弛何緣彀，已覚翻翻不受檠"，《考工記・弓人》"寒奠體"注，奠讀爲定，至冬膠堅，內之檠中，定往來體。《釋文》檠音景。《前漢・蘇武傳》"武能網紡繳、檠弓弩"，顏師古曰檠謂輔正弓弩，音警，又巨京反。東坡作平聲押，蓋用《漢書》注也。

陳季常見過三首

○邵氏載原注，"相從二年"下脱數句云，公弼後家洛陽，季常少時慕朱家、郭解爲人，稍壯，折節讀書。晚乃遯於光、黃間，曰岐亭，不與世相聞，棄車馬，徒步往來山中。環堵蕭然，而妻子、奴婢皆有自得之意。東坡在岐下識之，至黃云云。

次韻答元素

○補全原注：元素姓楊氏，名繪，事見第九卷《分贈元素桂花》詩注，東坡在杭三年，將去，而元素來守杭，席上作《醉落魄》詞曰：分攜如昨，人生到處萍飄泊，偶然相聚還離索。多病多愁，須信從來錯。樽前一笑休辭

却,天涯同是傷流落。故山猶負平生約,西望峨眉,長
羨歸飛鶴。

次韻孔毅父集古人句見贈五首

○補原注:孔毅父名平仲,家世見第十卷父長源《挽詞》
注。毅父第進士,又應制科,元祐間用吕正獻薦爲祕
書丞、集賢校理,歷使江浙、京西。紹聖中,言者詆其
在元祐時附會譏毀,削校理,知衡州,又爲提舉常平董
必所劾,徙知韶州,安置英州。祐陵時爲户部郎中,提
點永興路刑獄,知慶州,黨論再起,奉祠,遂卒。

大寒步至東坡贈巢三

○邵氏録原注,"舉進士京師"句下脱二十四字,云"見舉
武藝者,心好之,業成而不中第,遊秦鳳涇原間,友其
秀桀"。

初秋寄子由

憶在懷遠驛

○邵氏録原注,"在汴京麗景門"下脱"河南岸"三字。

任師中挽詞

○補全原注:任師中名伋,兄遵聖,名孜,眉山人。眉人
敬之,號二任。大任,忠敏公之父也,事見《哭遵聖》詩
注。小任,即師中。師中爲新息令,民愛之,買田而
居,後通判黃州,知瀘州,没於遂州。其在齊安,常游

於定惠院,既去,郡人名其亭曰任公。東坡遷齊安,人知其與師中善也,復爲師中庵,曰師中必來訪子,將館於是,潁濱蘇公爲作記。師中事互見東坡《答師中》詩、《過新息留示師中》詩、《閲世亭》詩注。師中之孫諒,字子諒,年十四冠鄉書,登高第,爲龍圖閣直學士,修國史。初,朝廷將有事於燕,子諒曰:"中國其有憂乎?"乃作朔書詒宰相,言利害,又策郭藥師必反,祐陵不聽,大臣以爲狂,出之。已而其言卒驗。曾孫希夷字伯起,圖南字伯厚,皆踵世科。伯起今爲將作少監太子侍講。

鄧忠臣母周挽辭

○查補原注,"卺"訛作"齊","卺",古"慎"字也。方綱按,鄧卺思《玉池集》《考校同文館》詩,自注"忠臣癸亥六月以家艱去國,丁卯四月還省"。

和蔡景繁海州石室

後車仍載胡琴女

○方綱按:《中州集》,党承旨《弔石曼卿》詩,自注謂曼卿攜妓飲石室,鳴琴爲冰車鐵馬聲,誤也。原注載東坡《答景繁帖》,自明。

上巳日與二三子攜酒出遊,隨所見輒作數句

柯丘海棠吾有詩

○補原注:前卷有《定惠院東海棠》詩。

別子由三首兼別遲

○原注末云，師孟醫士，能刻兩公簡札，托名不朽，有足
嘉者，遂得以正集本三字之誤云。

陶驥子駿佚老堂

我歌歸來引

○補原注：東坡增損淵明《歸去來》以就聲律，謂之《歸來
引》，世歌之，曲名《哨遍》是也。方綱按，今刻本載此
前二句，以爲公自注，誤。

郭祥正家，醉畫竹石壁上，郭作詩爲謝，且遺二古銅劍

○補原注：郭祥正，字功父，當塗人，母夢李太白闕三字。
有詩聲梅聖俞闕五字。見闕四字。才闕五字。後闕四字。
甫闕十字。縣闕五字。端州闕二字。去家于闕四字。集
行于世。東坡歸闕二字。次韻郭功甫二詩，載□九卷。
方綱按，查氏補注，引《東都事略》云“後知高安郡”，
“安”字乃“要”之訛，高要郡即端州也。又初白補注云
“黃山谷有和詩，殘脫不全，故不錄”。按山谷詩，崇寧
元年在荆南作，其詩曰“郭家縑屏見生竹，惜哉不見人
如玉。凌屬中原草木春，歲晚一棋終玉局。巨鼇首戴
蓬萊山，今在瓊房第幾間”。黃督注云“家藏此詩真
迹，題云次詠東坡先生屏間墨竹，止此六句，功甫跋云
東坡作于予家漆屏之上”。觀魯直之詩，可以見其髣
髴矣。“次詠”一作“次韻”，愚謂次詠者，次他人所詠，
非和坡韻也，查注以爲殘脫，誤矣。

次韻荆公四絶

閒花亦偶栽

○方綱補注：按李雁湖《王荆公詩注》云，《高齋詩話》公薦進一二寒士位侍從，初無意於大用。公去位後，遂參政柄，因作此詩寄意也。

次韻葉致遠見贈

○補原注：葉致遠名濤，處州龍泉人，舉進士，王平甫安國之婿，爲國子直講，因太學虞蕃訟免官，始從王介甫於金陵學爲文詞。哲宗立，入館學，曾子宣薦爲右史，擢掌外制。是時貶削元祐正人，一時誥命，林希首當其任，用以致身二府。濤復效尤，奮筆醜詆，士論鄙之。遷夕郎，即病，除待制，奉祠而卒。致遠投東坡詩，正從介闕二字。金陵時也。

次韻段縫見贈

○查氏補録原注，"遂以本官致仕"句下脱三句，云"介甫嘗賦約之園亭，詩云'勝事閬州雖或有，終非吾土豈如歸'"。

同王勝之游蔣山

○補全原注：王勝之，名益柔，河南人，樞密使晦叔子也。抗直尚氣，喜論天下事，用蔭入官。范文正公未識面，以館閣薦之，除集賢校理。預蘇子美奏邸會，作《傲歌》。中司與近臣合攻之，言其當誅。韓忠獻爲仁宗

言,少年狂語,何足深治,天下大事不少,而獨攻一王
益柔,此其意不在《傲歌》也。帝感悟,但黜監復州酒。
熙寧初,以判度支審院轉對。勝之言:人君之難,莫大
於辨邪正,邪正之辨,莫大於置相,置相之忠邪,百官
之賢否也。唐高宗之許敬宗、李義府,明皇之李林甫,
德宗之盧杞,憲宗之皇甫鎛,帝王之鑒也。高宗、德宗
之昏蒙,固無足論;明皇、憲宗之聰明,乃蔽於二人如
此。以二人之庸,猶足以致禍,況誦六藝、挾才智,以
文致其姦説者哉! 是時,王介甫方用,意蓋指之,後卒
如其言。歷知制誥直學士院,以龍圖閣直學士守蔡、
揚、亳、江寧。至江寧纔一日,移南都,故詩云“到郡席
不煖,居民空惘然”。坡在賞心亭作長短句送之,尤偉
麗,末章云“公駕飛車凌彩霧,紅鸞驂乘青鸞馭。却訝
此洲名白鷺,非吾侶,翩然欲下還飛去”。坡偕勝之過
儀真,再和此詩,至南都勝之有三絶,坡和韻,載二十
二卷。介甫時居金陵,數與坡遊,歎息謂人曰,不知更
幾百年,方有如此人物。既賦此詩,介甫亟取,讀至
“峰多巧障日,江遠欲浮天”,乃撫几曰:“老夫平生作
詩,無此二句。”因次其韻“金陵限南北,形勢豈其然。
楚役六千里,陳亡三百年。江山空幙府,風月自舫船。
主送悲涼岸,妃埋想故蓮。臺傾鳳久去,城踞虎爭偏。
司馬壖廟域,獨龍層塔顛。森疏五願木,蹇淺一人泉。
梲杖窮諸嶺,籃輿罷半天。朱門園流水,碧瓦第青煙。
墨客真能賦,留詩野竹娟”。

送沈逵赴廣南

嗟我與君皆丙子

○補原注：按東坡以景祐三年，歲在丙子，十二月辛丑十
九日壬戌癸卯時生。方綱按，查氏補注引王宗稷云十
九日爲癸亥，又一本作乙卯時。

贈潘谷

區區張李争媸妍

○補原注：蔡君謨《墨説》闕二字。李□二□庭珪、庭寬，
庭寬生承，闕六字。皆嗣爲□南墨官，又有張遇，亞庭
珪焉。

王中父哀辭

○查氏補録原注，"常山人"上脱"衢州"二字，"相遇于此
也"句下尚有殘字，補録於此，元祐闕九字。學獄闕九
字。等皆除皋闕三字。三子皆登科。漢之字彥昭，渙
之字彥舟，徽宗朝皆被擢用。彥昭終延康殿學士，彥
舟終寶文閣直學士，國史俱有傳，獨彥魯仕竟不達云。

蔡景繁官舍小閣

○邵氏録原注，"皆人所難言"句下脱文云，莫不危闕六
字。忠□賜銀緋闕六字。滿□歲加集賢闕四字。封府
推官判官闕三字。，凡有聞見，不可以不在其位，而遂唵
嘿也，復上數十事，多指摘時病，議者謂必復言職，乃
出爲淮南云云。

高郵陳直躬處士畫雁二首

曉景畫苕霅

○補原注:《湖州圖經》,苕溪在烏程縣南,霅溪在烏程縣東南,霅溪凡四水合爲一水。

和王斿二首

○查氏補録原注,"元祐初","初"訛"中"。

泗州除夜雪中黃師是送酥酒二首

○邵氏録原注,"黃師是名寔",訛"實"。

書劉君射堂

○原注,《續帖》刻石"先生自注云'劉曾隨其父典眉州'",今刻本云"公自注云'乙父嘗知眉州'",此後人所改耳。

孫莘老寄墨四首

○查氏補録原注,"乃以爲寄"句下殘字云"東坡捉筆立下以下闕蝕難辨。"。

遠致烏玉玦

○補全原注:東坡云唐林夫寄張遇墨半丸,林夫名坰,熙寧間嘗同知諫院。

記夢

本來誰礙更求通

○方綱補注:先生《蘇程庵銘》"本無通,安有礙"。

寄蘄簟與蒲傳正

○補原注:蒲傳正名宗孟,閬州新井人,第進士。治平中水災、地震,傳正上書斥大臣及宦寺。熙寧初改著作佐郎,神宗見其名,識之,曰是嘗言水災、地震者耶?召試入□年除歲遷,遂掌二制,拜尚書左丞,御史論其荒於酒色,繕治府舍過制,出典數郡,加資政殿學士,後闕二字。兵部尚書蘇闕二字。言於闕二字。遂止,事見第十卷闕四字。詩注闕九字。每闕九字。入郡□或請損之愠闕四字。我□暗室忍□亦嘗以書抵東坡云云。

蘇詩補注卷第五

王伯敭所藏趙昌花四首

〇方綱補注：元遺山《中州集》云，柳州《戲題階前芍藥》，東坡“長春如稚女”及賦王伯颺所藏趙昌畫梅花、黃葵、芙蓉、山茶四詩，党承旨世傑《西湖芙蓉》《晚菊》，王內翰子端《獄中賦萱》，凡九首，予請閒閒公共作一軸寫，自題其後云，柳州怨之愈深，其辭愈緩，得古詩之正。其清新婉麗，六朝詞人少有及者，東坡愛而學之，極形似之工，其怨則不能自掩也。党承旨出於二家，辭不足而意有餘，王內翰無意追配古人，而偶與之合，遂爲集中第一。大都柳出於雅，坡以下皆有騷人之餘韻，所謂生不並世，俱名家者也。

寄吳德仁兼簡陳季常

忽聞河東獅子吼

〇方綱補注：餘姚盧抱經文弨曰，此句注家引杜詩以證“河東”是矣，而“獅子吼”則不注出處。案《佛說長者女菴提遮獅子吼了義經》云，舍衛國城西有一村名曰長提，有一婆羅門名婆私膩迦，有女名菴提遮，佛告舍利弗，是女非凡，已值無量諸佛，常能說《如是獅子吼了義經》。此則是女人事，坡詩用事細切如此，與他處泛言獅子吼者不同，注中又每以"河東獅子"四字連言，此更誤也。

書林逋詩後

○方綱補注：按高江村《銷夏録》，此詩墨迹紙本，林詩凡五首，"傭奴"作"傭兒"，"西臺"作"留臺"，"更肯悲吟白頭曲"句下自注云"司馬長卿欲娶富人女，文君作《白頭吟》以誚之"，先生臨終詩云"茂陵他日求遺草，猶喜曾無封禪書"，蘇題云"書和靖林處士詩後"，凡十四行小行楷書。後跋云，右和靖林處士君復手書七言近體五首，蘇長公一歌推許至矣，然至"詩如東野不言寒，書似留臺差少肉"二語，便是汝南月旦，何嘗少屈董狐筆？留臺者，李建中也，嘗分司御史臺，考之集稱西臺，以偶東野，尤當更稱耳。始錢塘人即孤山故廬以祀和靖，遊者病其湫隘，因長公詩後有"我笑吳人不好事，好作祠堂傍修竹"，遂徙至白香山祠，與長公配，迄於今香火不絕，乃其遺迹與長公同卷，價踴貴十倍。太史公云，伯夷、叔齊得夫子而名益彰，若君復者，抑何其多幸也歟！萬曆壬午嘉平月，吳郡王世貞謹題。

贈袁陟

○方綱補注：按袁陟字世弼，號遯翁，南昌人，慶曆六年進士，知當塗縣，官至太常博士，著有《遯翁集》，即汲引郭功甫者也。邵氏補注題下已具其略，不知查注何以云不詳何許人也。

鰒魚行

兩雄一律盜漢家，嗜好亦若肩相差

○公自注“莽、操皆嗜鰒魚”，方綱按，曹操嗜鰒魚，注家不言所出，海寧陳竹厂以綱曰，曹植《請祭先王表》“先王喜鰒，臣前以表，得徐州臧霸二鰒百枚，足自供事”。

却取細書防老讀

○方綱補注：王半山詩“細書防老讀”，李雁湖注引唐人詩“大書文字堤防老”之句。

送范純粹知慶州

○查氏補原注，“危言甚力”句下脱文云“謂若復加騷動，根本可憂，異時必職臣是咎，寧受盡言之罪於今日”，又“還四砦，而夏人服”句下脱文云“拜寶文閣待制，再任入爲户部侍郎”。

次韻王震

○補原注：王震字子發，時爲給事中。

惠崇春江晚景二首

蔞蒿滿地蘆芽短，正是河豚欲上時

○方綱補注：王文簡《漁洋詩話》，《爾雅》“購，蔏蔞”，郭璞注“蔏蔞，蔞蒿也，生下田，初出可啖，江東用羹魚”，故坡詩云“蔞蒿滿地蘆芽短，正是河豚欲上時”，七字非泛詠景物，蓋河豚食蒿蘆則肥，亦如梅聖俞之“春洲生荻芽，春岸飛楊花”，無一字汎設也。

次韻胡完夫

○胡完夫原作“雲衲”,“衲”查刻訛“袖”,“黄崗”,“崗”訛“罔”。

次韻錢穆父

○邵氏録原注云,此注集本亦不載,今補原注,不如此,原注云此詩穆父再和,東坡復次韻,集本不載,今亦編入,此下原注補全於此:穆父名勰,吴越讓王諸孫,五歲日誦千言,十三歲制舉之業成,既中祕閣選,廷對入等矣。會王介甫惡孔經父策,罷科,不得第,以蔭入官,神宗召對,將任以清要,介甫許用爲御史,穆父謝以母老,不能爲萬里行,知其必不附己,命權鹽鐵判官。後元祐初,拜中書舍人,故詩云“故人飛上金鑾殿”,遷給事中,知開封,出守越州,歸從班,再知開封。哲宗涖政,入翰林。章子厚當軸,憾其疇昔謫詞有“鞅鞅非少主之臣,硜硜無大臣之節”二語,罷知池州以卒。元符末追復龍圖閣學士。又按,錢穆父簡東坡原作,查注刻本第三句“乍”字訛添入,原本作“鸞皇喜□翔西省”。

次韻王覿正言喜雪

○查氏補録原注,“言者及軾”,“及”訛“攻”,又“欲”下少二字,今按蝕痕是“保全”二字。

我方執筆待,未敢書上瑞

○補原注:按東坡時爲起居舍人。

和蔣發運

○查氏補録原注内"以失書間目報罷"句,"失"字應補,
"目"字訛"自",應改正。

送表弟程六知楚州

○查補原注内"之邵","邵"訛"邱","獨指德孺、懿叔"
句,"懿"訛"彝","兼掌外制"句訛作"掌制誥"。

送王伯敭守虢

牀頭硯石開雲月,澗底松根劚雪腴

○原注,米芾《硯史》"虢石可爲硯",下句注云"虢有茯
苓",下句注四字,乃施氏語,今刻本誤與《硯史》連屬。

用定國韻贈二十姪震

○方綱按:"二十"字恐是草書"其"字之訛。海鹽張氏新刻
查初白評本已先見及此。

用王鞏韻送其姪震知蔡州

○查刻補原注,"試優等","優"訛"履","章子厚","章"
訛"張"。

次韻黃魯直赤目

百千燈光同一如

○方綱補注:先生《蘇程菴銘》"百千燈,同一光"。

武昌西山

○查刻補録原注，"以字名"，"名"訛"行"，"中人李憲措置"下所少四字是"熙河□□"，"韓林爲學士承旨"下是"吏"字，"遂基宗社之禍"，"禍"訛"福"，"拜尚書左丞"下云"居位財兩月"，"財"訛"材"。方綱補注，此詩墨迹後題"右武昌西山贈鄧聖求一首"。

玉堂正對金鑾開

○補原注：楊侃《職林》，金鑾殿因金鑾以爲名，門與翰林院相直，故學士稱金鑾。

送楊孟春

○邵氏録原注，"楊禮先"，"禮"訛"體"。

趙令晏崔白大圖幅徑三丈

○原注，《圖畫見聞志》，"畫"，邵訛"經"。

扶桑大繭如甕盎

○方綱補注：宋袁質甫《甕牖閑評》，東坡詩"扶桑大繭如甕盎"，"甕"字人多作去聲讀，注云"甕，於龍切"，然則此詩"甕"字須作平聲讀爲是。

次韻張昌言給事省宿

○邵氏録原注，"不阿時好"句下脱文云"因歲饑爲神宗言，民苟免常平助役之苦，反以得流亡爲幸"，語切直驚人，又"救邮民饑"句，"邮"訛"郡"。

次韻曾子開從駕二首

○查氏補錄原注，在前詩《三舍人》條下。"崇寧初奪職"句下脫文云"居岳陽，貶官置臨汀，還潤而卒，年六十一"，又"惇、卞"，"惇"訛"京"，"左"下是"揆"字，"晼字茂昭"，"晼"訛"暖"。

送顧子敦奉使河朔

○查刻錄原注，"後諸公餞子敦"至"指此事也"，原本無之，當是邵氏所增，查氏沿之耳。

次韻子由書李伯時所藏韓幹馬

○邵錄原注，"南唐先主昪"，"昪"訛"昇"，又"留意三代鼎彝之器"句下脫"發明奧義微旨於數千百載之後"十三字。

書晁補之所藏與可畫竹三首

莊周世無有，誰知此疑神

○方綱補注：宋張清源《雲谷雜記》，東坡云近世人輕以意改書，鄙淺之人好惡多同，故從而和之者眾，遂使古書日就訛舛，深可忿疾。孔子曰："吾猶及史之闕文也。"自予少時見前輩皆不敢輕改書，故蜀本大字書皆善本，蜀本《莊子》云："用志不分，乃疑于神。"此與《易》"陰疑于陽"，《禮》"使人疑汝于夫子"同，今四方本皆作"凝"。以上皆東坡語，予按"用志不分，乃疑于神"之語，本出於《列子》，今《列子》皆作"疑"，則《莊子》之誤可證矣。《列子·皇帝》篇，孔子曰用志不分，乃疑于神，張湛注曰分猶散，意專則與神相似者也。

　　元李仁卿冶《敬齋古今黈》，東坡跋與可畫竹云"莊周世無有，誰知此疑神"，四注本載東坡自説云，孔子曰"吾猶及史之闕文也"云云。又《濁醪有妙理賦》云"失憂心于昨夢，信妙理之疑神"，四注本據此説，一斷以爲"疑神"。又《酒賦》云"游物初而神凝兮，反實際而形開"，則注家無所説，冶曰四注所援東坡之説，恐非蘇子之言，何者？"陰疑于陽""使人疑汝于夫子"，乃見疑于人，此"用志不分"亦見疑于神乎？

　　方綱按：李説非也，"乃疑于神"者，謂直與神一般耳，非謂見疑之疑也，坡公所引《易》《禮》二語，其釋"疑"字最精，亦非如張清源所云，必以《易》《禮》證今本之爲誤者也。李説雖謬，然得以因此條而知有蘇集四注之本，亦他書所未見也。查氏補注云茲集舊有八注、十注，而四注之本查亦未言也，查云宋刻本作"疑"。

　　李所引《酒賦》"神凝""形開"自相對偶，原不與此一例，至於跋與可畫竹詩，句法則"此疑神"三字，與上句"世無有"三字，乃參差整齊不對之對，即以句法論，亦當定從"疑"字也，若作"凝"則非坡公句法矣，查初白最精於蘇，乃以本文作"凝"，而以作"疑"別注於下，何也？

次韻子由五月一日同轉對

○邵氏錄原注，"公婁疏丐去"句下脱文云，宣仁面諭曰，豈以臺諫有言故耶，兄弟孤立不□他人闕七字。更入

闕二字。三闕九字。憂患半生聯出處，歸休上策畚招
要。後生可畏吾衰矣，刀筆從來錯料堯。其用趙堯
事，言事官中必有所指也。

韓康公挽辭三首

○補全原注：韓康公名絳，字子華。其先真定人，後徙開
封。父億，字宗魏，事仁宗爲參知政事，諡忠憲。居京
師，號桐樹韓家。子華爲翰林學士、御史中丞，知慶
州。熟羌據堡爲亂，即日討平之。韓忠獻薦其□直有
公輔□，神宗用爲闕三字。出闕十字。檢□太尉致仕，
賜。闕二字。是冬，自潁昌入京觀燈。東坡乃省闈門
生，謁公，置酒見留，賦隆字韻詩，見二十六卷。正月
十六日，會從官九人，皆門生故吏，多一時名德，如傅
欽之堯俞、胡完夫宗愈、錢穆父勰、劉貢父攽、顧子敦
臨，出家妓佐酒，故詩云"笙歌邀白髮，燈火樂青春"，
欲還潁昌，未行而薨，年七十七，諡獻肅，三詩墨迹精
絕，宿嘗刻石餘姚郡齋。

送程七表弟知泗州

○查補原注，"亦下少一字"，"一"訛"二"，"知下少二
字"，"二"訛"一"。

送曹輔赴閩漕

○查刻補原注，"真覺"下脱"院"字，"元祐黨禍"下無"一
作錮"三字，此影寫本之誤也，"紹聖二年"，"二年"字
訛"中"字。

次韻王郎子立風雨有感

○補原注後半：其學長於禮服，子由謂闕二字。朱弦疏越，一唱而三歎闕二字。卒，坡哭□次迨韻闕四字。十八卷□志□。

送周朝議守漢州

○補全原注：昔五代之際，孟氏竊據蜀土，國用褊狹，始有榷茶之法，藝祖平蜀，罷去一切橫斂，茶遂無禁。淳化間，牟利之臣始議掊取，大盜王小波、李順等因販茶失職，窮爲剽劫，凶焰一扇，兩蜀之民肝腦塗地。自熙寧初，王安石、呂惠卿相繼秉政，邊事寖興，以財用爲急。七年，李杞以三司判官提舉成都等路茶事，初立茶法，一切禁止民間私買，後一歲，杞以疾奉祠。都官郎中劉佐繼杞爲提舉，蒲宗閔同提舉，而益病矣，是時知彭州呂陶奏曰，國家山澤之利，多與民共，仁宗深知東南數路之害，一切弛放，天下茶法既通，而蜀中獨行禁榷，此蓋言利之臣不知本末，而妄爲之，非所以綏静遠方也。伏緣此茶，本非官地所產，乃是百姓己物，一旦立法，便成犯禁，恭惟仁聖邮物之心，必不如此闕三字。替闕三字。措置乖方闕三字。國闕三字。李稷提舉闕八字。故稷行闕七字。縣知縣宋闕七字。所當用稷闕七字。衝替八月闕四字。茶□司李稷風力闕四字。可知李杞例兼三司判官。九月，侍御史周尹言成都府路置場榷，買諸州茶盡以入官，最爲公私之害。初李杞倡行數法，劉佐攘代其任，無他方術，惟割剝於下，而人不聊生矣，臣受命入蜀，乃知爲害甚鉅，有知彭州呂陶、知蜀州吳師孟等奏可以參驗，往者杞、佐繼陳苟法，即信用其言，今議者條其刑蠹，悉皆明白，未及采聽，乞罷茶榷之法，許通商買賣，以安遠方。尹還未至都，坐是除提點湖北路刑獄。元豐二年四月，李稷言自榷行茶法，至元年秋，凡一年，通計課利，已支見在凡七十六萬緡，上批稷能推原法意，日就事功，宜速遷擢以勸在位，稷自蜀擢陝西轉運使，助成伐夏之役，督餉出境，從給事中徐禧，城永樂，爲夏人所圍，遂與將士俱沒。元祐初，蘇子由在諫省及西掖，極論之，稍去其害，詩云“茶爲西蜀病，岷俗記二李”者，謂此也。又云“何人折其鋒，矯矯六君子。君家尤出力，流落初坐此”，六人闕二字。坡只注其姓字周思道闕三字。名表臣成都人姪闕五字。侍御史吳醇翁闕七字。元闕三字。州闕四字。紹□中闕三字。乃闕四字。宋文輔闕三字。即彰明知縣也。蜀茶之官榷通商，其繫斯民之休戚，可謂重矣，故因公詩具載本末，而六君子之名，亦以表見於後世焉。

書王定國所藏煙江疊嶂圖

丹楓翻鴉伴水宿

○原注，謝靈運《彭蠡》詩“客遊倦水宿”，此一條指人宿說，又引杜詩“水宿鳥相呼”，又《禽經》“凡禽，林曰棲，水曰宿”，此二條指鳥宿說。方綱按，此句自指人言也，今刻本專載其後二條，誤矣。

次韻王定國會飲清虛堂

何遜揚州又幾年

○補全原注：杜詩"東閣官梅動詩興，還如何遜在揚州"，按何遜揚州事不見之史□蜀本注云，何遜作揚州法曹，廨舍有梅花盛開，遜吟詠其下，後居洛，思梅花，再請其任，從之，抵揚州，花方盛，遜對花彷徨終日，而不言出何書。

王鄭州挽詞

○邵氏録原注，"勛臣"上脱"國初"二字。

書王定國所藏王晉卿畫著色山二首

○邵録原注，"酒税"上脱"鹽"字。

同秦仲二子雨中遊寶山

○查刻補原注，"此詩刻石"訛"石刻"。

去杭州十五年復遊西湖用歐陽察判韻

我識南屏金鯽魚，重來拊檻散齋餘

○補原注：《東坡志林》云，舊讀蘇子美《六和寺》詩云"沿橋待金鯽，竟日獨遲留"，初不喻此，及爲錢塘倅，乃知寺後池中有此魚，如金色。昨日復遊池上，投以餅餌，久之乃略出，不食，復入不可復見。

次韻答劉景文左藏

○查補原注，"支山"訛"芝山"，"東坡爲守"下句云"一見遇以國士"，查訛作"一日遇景文"，又"先生爲從官上奏曰季孫仕至文□副使"，此句查亦訛，"有書二萬軸"，"二"，查訛"一"。

始於文登海上得白石數升，如芡實，可作枕，聞梅丈嗜石，故以遺其子子明學士，子明有詩，次其韻

○查補原注，"吾人神仙後"，"人"訛"公"。

次韻毛滂法曹感雨

○邵録原注，"一編自通"句下脱文云"坡答之曰：今時爲文者至多，可喜者亦衆，然求如足下閑暇自得清美可口者，實少也"。

參寥上人初得智果院，會者十六人，分韻賦詩得心字

○查補原注，"性智"下脱"爲韻"二字。

故周茂叔先生濂溪

○查補原注，末脱文云"次元終寶文閣待制"。"待"，邵訛"侍"。

次韻林子中、王彥祖唱酬

○補全原注：詩云"歲寒猶喜五人同"，公自注云"余與子中、彥祖、子敦、完夫同試舉人景德寺，今皆健"。林子

中名希，時守潤，故云“雨餘北固山圍坐”，後爲同知樞密院。王彥祖名汾，禹偁孫，後爲兵部侍郎，時守明州，當是道出京口唱酬。顧子敦名臨，後爲翰林學士。胡完夫名宗愈，後爲尚書右丞。

次韻林子中蒜山亭見寄

○邵録原注，“卒不許”句下原文云然闕二字。由此□補記注闕八字。潤子中闕八字。杭召歸子中又闕二字。守情□采厚，又此注末二句，邵削之，云時論復變，又追贈賜謚云。

次韻袁公濟謝芎椒

○查補原注，“後知處州”句下原文云諸孫闕五字。今爲江。以下闕。

送張嘉州

謫仙此語誰解道

○補原注：李白詩“解道澄江静如練，令人還憶謝玄暉”，坡蓋用此格也。

次韻蘇伯固主簿重九

○邵録原注，子庠字養直，學世其家，此下原文云坡手書其所作《清江曲》，以爲可雜李太白詩中莫辨也。

送李陶通直赴清溪

蘇李廣平三舍人

○公自注，"才元"下有"丈"字，邵、查二本俱脫去。

辨才老師退居龍井，不復出入，余往見之，嘗出至風篁嶺，左右驚曰遠公復過虎谿矣，辨才笑曰杜子美不云乎"與子成二老，來往亦風流"，因作亭嶺上，名曰過谿，亦曰二老，謹次辨才韻

○補原注：辨才事見第十卷《贈上天竺辨才師》詩注，師住天竺十七年，有僧文捷利其富，轉運使奪以與捷，師歸於潛。捷敗，事聞朝廷，復以畀師。留三年，終欲捨去老闕二字。山龍井之上以茆竹自覆，吳越人爭爲築室闕二字。金碧咄嗟而就，三年闕三字。寺鄧溫伯請居南屏，□年鄧去，乃歸龍井終焉，故有"去如龍出山""來如珠還浦"之句。元祐□年九月無疾而逝，東坡命子由爲塔銘，自製文，屬參寥□之刻石山中。

送程之邵僉判赴闕

○邵氏錄原注，"元祐三年"下脫"□月楊元素繪卒于杭"九字。

遊寶雲寺，得唐彦猷爲杭州日送客舟中手書一絕句云云，明日，送彦猷之子坰赴鄂州，舟中遇微雨，感歎前事，因和其韻，作兩首送之方綱此編於原題間有芟節者，但取成文理而已，非比全錄詩什者也，故此題内唐彦猷詩止用"云云"二字以從省文，若查刻既載全詩，自應依先生原題錄之，其以唐彦猷詩另錄於後，則乖其式。

○邵氏錄原注，"六十餘條"下脱原文云"曰安石以曾布爲腹心，張琥、李定爲爪牙，張商英爲鷹犬，逆意者雖賢爲不肖，附己者雖不肖爲賢，每讀一事畢，即指安石曰請陛下宣諭安石，臣所言虚耶實耶"，又"貶監廣州軍資庫"下脱原文云"徙監吉州太和鹽酒税，通判霸州，方就職，御史王桓謂必不循理，不宜真邊城，改倅無爲"。

送江公著知吉州

亦念人生行樂耳

○補全原注：東坡云"二耳義不同，故得重用"，按《小雅‧黃鳥》之詩"無集于穀""不我肯穀"，杜子美《園人送瓜》詩"愛惜如芝草""種此何草草"，皆以義不同故重用也。

次韻子由書王晉卿畫山水

○原注，先生自錢塘召歸，爲晉卿作詩凡七首，在本卷，繼出守潁州。

留別蹇道士拱辰

〇查刻本據別本補末四句，按施氏原本實有之。

復次韻謝趙景貺、陳履常見和兼簡歐陽叔弼兄弟

〇邵録原注，"趙景貺名令時"下脱原文云"闕二字。自建
隆以上□國治民闕二字。宗子神宗始出與天下共之，
景貺以承議郎"云云，又"歐陽叔弼名棐，季默名辯，皆
文忠子"下脱原文云"叔弼登乙科，以文忠□終不闕二
字。元祐間爲著闕三字。郎闕二字。監闕三字。以闕三
字。於闕四十六字。故賦詠□多闕三字。守闕二字。爲
郎都司坐闕三字。十餘年卒"，季默纔中壽，官止承議
郎，此詩云"或勸莫作詩，兒輩工織文"云云，"文"，注
中無"糸"旁。

贈月長老

中容五合陳

〇方綱補注：李雁湖注王半山詩云"東坡《贈月長老》詩
'子有折足鐺，中餘五合陳'，坡詩大抵取其意足，如言
陳更不言粟。坡詩如'已遣亂蛙成兩部'，'兩部'亦暗
帶'樂'字，故葉石林謂坡詩有歇後語，然不害其爲奇
也"。方綱按，《詩》云"我取其陳"，此已不言粟矣，豈
必始於坡公哉？

次韻答錢穆父

〇查補原注，"候"訛"侯"。

韓退之《孟郊墓銘》云：以昌其詩。舉此問王定國，當昌其身耶，昌其詩也，來詩下語未契，作此答之

○補全原注：王定國與吳正憲充、馮文簡京素善，而師友東坡。舒亶輩欲傾二公，因坡詩獄羅織定國，遂南行萬里，三年而歸。司馬溫公當國，定國預其闕二字。深器遇之，擢宗正丞闕四字。會溫公物故，東坡闕五字。納言掯其微闕六字。子□上章力闕五字。東坡闕二字。以書闕十字。除闕六字。詞闕二字。之極闕四字。何人爲慶但喜端闕三字。自此□免點污破壞闕三字。出闕二字。之喜也，然二闕三字。雖至而言者排抵愈力闕二字。之命，未幾亦報罷，此詩自“慎勿怨謗讒，乃我得道資”以下四聯，端爲定國發也。

蘇詩補注卷第六

次韻陳履常張公龍潭

○查補原注，"大書"，"大"訛"自"，"十一月五日"，"五"訛"某"。方綱補注：任天社《后山詩注》"蘇迨字仲豫，東坡仲子"。按實錄，元祐六年八月，東坡自翰林承旨知潁州，于時仲豫侍行，是歲十月東坡《祈雨迎張龍公文》云"請教授陳師道，遣男迨"云云。

次韻王滁州見寄

○補原注：前闕不可計。於闕十一字。農闕十一字。奉闕五字。直闕三字。者又用此闕二字。後爲延□殿學士、工部尚書。景猷祖化基、伯舉正，再世參政事，父舉元天章閣待制，故有"君家聯翩盡卿相"之句。

閱世堂詩贈任仲微

○補原注：任仲微名大防，父伋闕四字。元豐二年納溪砦闕三字。歐羅胡苟里夷人闕四字。大噪，師中時知瀘州闕四十九字。酉乞弟稱兵反闕五字。陝右兵經制存寶闕四字。書降，神宗怒以闕二字。存寶更遣林廣而乞闕三字。遁去，廣不得已竟納其闕三字。還部，使者知師中欲闕三字。苟里之事内衘之謀□以□，師中錄使者不

法事，而使者即誣奏師中，乃下章於他部，各窮竟所
考，未具而師中卒於遂州，當途者以其既没，爲使者
地，仲微三詣闕上書陳冤狀，獄不敢變，使者竟免，其
事載秦少游所作墓表。按國史，元豐五年十一月，梓
州路轉運判官程之才，衝替闕二字。前知瀘州任伋，交
訟報上，□實少游所謂使者即之才也，詩云"象賢真驥
種，號訴甘百謫。豈云報私仇，禍福指絡脉"。"却留
封德彝"之句，坡意指之才，之才字正輔，坡之内兄，又
親姊壻，有夙怨，後爲廣南提刑，坡謫嶺南，正輔待遇
闕二字。多與倡酬。師中嘗爲蔡州新息令，惠給鰥寡，
邑人□之，遂居焉，堂前有檜高百闕三字。年矣，直幹
蒼然，乃以閱世名其堂，故詩云"惟有庭前檜，閱世不
改色"，子由亦再闕三字。師中本來，見《答師中》詩，又
《挽辭》。

次韻林子中春日新堤書事見寄

〇補原注：子中繼公守杭，公在杭開西湖，以所積葑爲長
　堤，子中因杭人之意，爲榜曰"蘇公堤"，載公所與子中
　帖迹，藏玉山汪端明家。

送陳伯脩察院赴闕

〇補原注："削官徙郴州卒"句下脱原文云"始與陳瑩中
　闕三字。京蔡卞時□二陳闕九字。坡由闕十一字。諭曰
　闕二字。要學士知此，是神宗皇帝之意，當其飲食而停
　□看文字，則内人必曰此蘇軾文字也，神宗忽時稱之
　曰：'奇才奇才。'但未及用學士，而上仙耳"，故此詩有

“我窮真有數，文字乃見知”，意或用此也。

送張嘉父長官

○補原注：張嘉父名大寧，山陽人，登元豐八年第，治《春秋》學，以書問於先生，答之曰：“此書自有妙用，學者罕能領會，多求之繩約中。乃近法家者流，惟丘明識其用，終不肯盡談，微見端兆，欲使學者自得之，故僕以爲難，未敢輕論也。”建中靖國初，還自南海，首以書與錢濟明，問嘉父今安在，想日益不止，時已除《春秋》博士矣，政和間爲司勛郎云云。

再次韻德麟新開西湖

欲將百瀆起凶歲

○邵録原注，公自注“浚治此湖”，“湖”訛“河”。

次韻晁无咎學士相迎

○查補原注，後半有失原文云“章子厚當國，由佐著作出守齊，徽宗立，還爲郎，黨論再起，出守四州①，忘情仕進，葺歸來園，自號歸來子，出籍知達州，改泗州，卒年五十八，无咎文章温潤”云云。

滕達道挽辭二首

○補全原注：滕達道名甫，字元發，宣仁簾聽，避高魯王

_____

① “四州”，粵雅堂本、叢書集成本皆作“泗州”，蘇齋本作“四州”，按《宋史》本傳，“四州”是，據改。

遵甫諱，遂以字名，而以達道爲字也。元發東陽人，廷試第三，早受知於范文正公，而孫威敏沔一見異之，曰奇材也，後當爲賢將，授以治劇守邊之略。同修起居注，英宗書姓名，藏禁中，未及用，神宗知之，即位，召問天下所以治亂，對曰：“治亂之道如白黑東西，所以變色易位者，朋黨汨之也。”帝曰：“卿知君子小人之黨乎？”元發曰：“君子無黨，譬之草木，綢繆相附者必蔓草，非松柏也。”帝太息曰名言也。擢御史中丞、翰林學士，尹開封，出守鄆、定二州，入覲狠狠言新法之闕四字。言，又奏疏曰新法闕五字。知之矣，但下一闕六字。所行法有不闕六字。心悅而□意闕四十字。徙□揚、鄆闕六字。有名將之風闕六字。卒年七十一闕五字。自鄧黜守安池，□云“雲夢連江雨，樊山落木秋”，指池州也。當閑廢時，東坡亦補閑郡，繼謫黃岡，皆以論新法得罪，而拳拳憂國之意若一，故云“君方占賈鵩，我正買龔牛。共有江湖樂，俱懷畎畝憂”。自黃移汝，上帝書，以薄田在宜興，乞居常，即日報可，遂與元發會于金山，蓋其來守吳興時也。後以手帖與賈耘老，云久放江湖，不見偉人，昨在金山，睹元發以扁舟破巨浪，出船巍然，使人神聳，故云“荊谿欲歸老，浮玉偶同遊。骯髒儀刑在，驚呼歲月遒”，皆紀其實也。

次韻蘇伯固遊蜀岡送李孝博奉使嶺表

○方綱補注：“老葉方翳蟬”，“方”，石刻作“初”，“李孝博”，查刻云“字叔升”，石刻作“叔師”。

石塔寺

雖知燈是火

○查補原注，"飯熟也多時"，"也"訛"已"。

召還至都門先寄子由

定餉黄封曾賜茗

○補原注：内庫法酒，以黄羅絹封羃，謂之黄封酒。歐陽文忠公《感事》詩注云，仁宗朝作學士，上幸天章閣，賜黄封酒一餅、鳳團茶一斤。

次韻蔣潁叔、錢穆父從駕景靈宫二首

○補原注：蔣潁叔，名之奇。闕七十餘字。玉殿齊班容小語，蓋記□處之□而坡爲兵部、穆父户部，俱尚書也。

次韻錢穆父會飲

○邵録原注，"益不爲留計"句下原文尚有"此詩首言用晚，不能早遂歸志，而未始少忘"十七字。又"主人獨賢勞"云云，下原文云時闕三字。丞相主黄河東□之闕三字。"公卿雖少安，河流正東灑"，□詳載三十八卷。下闕。

頃年楊康功使高麗，還奏乞立海神廟于板橋，僕嫌其地湫隘，移書使遷之文登，因古廟而新之，楊竟不從，不知定國何從見此書，作詩稱道不已，僕不能記其云何也，次韻答之

○邵録原注，"爲國王祭奠使"句下脱文云"神宗諭以此

行多欲去者，卿在所選也，康功對曰欲與不欲，非爲
利，即憚險耳，臣知稟命而已"。

沐浴啓聖僧舍與趙德麟邂逅

○邵録原注，後脱原文云"欲與德麟偕行爾，後一歲乃帥
定武，德麟亦以公再薦，推光禄丞，建□中興從□南以
下闕。"。

僕所藏仇池石希代之寶也，王晉卿以小詩借觀，意在於奪，不敢不借，然以此詩先之

○補原注：東坡自維揚召還，與晉卿復相倡醻，遂獲麟於
《押高麗燕射》一詩，出守中山，以及南遷。

欲以石易畫，晉卿難之，復次前韻

破賊看神速

○原注，東坡云"晉卿將種，常有此志"。"志"，今刻本訛
"意"。

送蔣穎叔帥熙河

一射聊城笴

○原注，《説文》"笴，箭莖也"。方綱按，今本《説文》及
《繫傳》，並無"笴"字，《玉篇》"笴"與"簳"同，簳，箭簳
也，然則箭莖之訓久亡，施氏所據猶是《説文》古本也。

次韻吳傳正枯木歌

○原注，吳傳正父充，今刻訛"克"。

送黃師是赴兩浙憲

○原注，黃師是闕八字。第歷樞屬宰闕六字。東常平提點梓州闕四字。獄京東、河北云云，"今又提刑何也"句下原文云"先生大笑，方作詩送之"云云。

送范中濟經略侍郎，分韻贈詩得先字

○補全原注：范中濟名子奇，五世祖仁恕相蜀，因葬成都，祖雍字伯純，刻本譌作"仁"。始家河南，中濟以蔭簽闕十三字。朝神宗闕六字。戶部判官闕四字。建言□山蠻恃險爲邊患，且郡縣□其後章子厚開五溪，議由此起，歸判將作監，使契丹，云云。又後段云，伯純在仁宗時爲副樞，李元昊叛，拜鎮武節度使，知延州，又知永興軍，故云"廟堂選世將，范氏真多賢"。中濟在慶，進寶文閣待制，廣儲蓄、繕城柵①、嚴守備、羈點羌，推誠待下，人樂爲用，入爲吏部侍郎，以待制致仕。子坦，字伯履，事徽宗知開封府，再使使遼。時邊議萌芽，故非時遣使以觀釁，坦言不宜始禍，力辭行，帝怒，責團練副使，後爲戶部侍郎。

呂與叔學士挽詞

○邵録原注，"不爲空言以拂世駭俗"句下脱原文云"嘗爲《論選舉》，其略曰古之長育人才者，士衆多爲樂，今之主選舉者，以多爲患。古以禮聘士，常恐士之不至，今以法待士，常恐士之競進。今入流之路，不勝其多，

---

① "繕城柵"，蘇齋本脱"繕"字。

然爲□擇士闕四字。才名實不□本闕五字。欲闕三字。學闕七字。庶幾□以闕六字。鳳翔司竹監"。

聞潮陽吳子野出家

妻孥真敝屣，脱棄何足惜

○方綱補注：元李仁卿《敬齋古今黈》，東坡詩"妻孥真敝屣，脱棄何足惜"，注云《史記·封禪書》漢武帝曰："嗟乎，吾誠得如黃帝，吾視去妻孥如脱躧耳。"案《廣韻》"屣""躧"同音，所綺切，屣不躡跟也，躧步也，二字皆無敝義，然《史記》本用孟子語"舜視棄天下猶棄敝屣也"，説者曰"蹝，草履也"。方綱按，《説文》"躧，舞履也"，《廣韻》"屣，履不躡跟也"，二字非全無敝義，況坡詩正用《郊祀志》顏師古注"屣，小履也"。

謝運使仲適座上送王敏仲北使

○查補原注，"奉使"下原文云"闕四字。部侍郎□廣闕六字。以□文闕八字。崇寧黨闕八字。散郎以□"。

寄餾合刷餅與子由

○邵録原注，"臨川"下空一格是"黃"字。

次韻劉燾撫句蜜漬荔支

○查補原注，"皆從先生游"，"皆"訛"昔"，後段云"時在中山查刻訛"山中"，此下闕七字。館爲御史闕九字。終□修撰"。

過高郵寄孫君孚

　○邵録原注，末脱文云“年六十二”。

慈湖夾阻風五首

喜聞虛落在山前

　○原注，《說文》“虛，大丘也，古者九夫爲井，四井爲邑，四邑爲丘，丘謂之虛，或从土”。方綱按，今本《說文》無“或从土”三字，臣鉉等曰“今俗別作墟，非是”，然“丘”字古文亦从土，則“墟”爲“虛”之或體耳。

月華寺

　○查氏補注引余靖《遊大峒山記》云云，方綱按，寺去曹溪三十里，在韶郡南百里，正岑水場之地，其大峒山自在郡北五十里，非此寺也。

十月二日初到惠州

　○查氏補注引王宗稷《年譜》，先生十月三日到惠州。方綱按，先生《謝表》亦作“二日”，與詩題合。

寓居合江樓

三山咫尺不歸去

　○邵氏補注，廣州香山縣有三洲山，三山並立海中，詩意似指此。方綱按，廣東德慶州界有三洲巖，廣州又自有三山，皆與香山縣無涉，檢《香山縣志》亦無三洲山之名，不知此說何從而致誤也。且詩意乃直指蓬萊、方丈之三山言之，猶之杜詩"蓬萊如可到，衰白問群仙"，亦巴蜀愁居之作也。又小坡《斜川集》有海南祝公生日詩，云"要與三山咫尺望"，尤足相證。

新釀桂酒

○方綱補注：本集與陸子厚牘云"桂酒乃仙方也，釀桂而成，盎然玉色，非人間物也"。

與程正輔游碧落洞

謫仙撫掌笑，笑此羽皇銘

○方綱補注：英德縣西南十五里岩前村，群岫環亘，長溪縈紆，窮阿盡源，呀然成洞。唐元和六年，周夔羽皇撰《到難篇》，所謂"碧瀾之下，寸寸秋色"者也。按建安李華，寶慶三年丁亥上元，遊碧落洞，而其詩有"十載南遊纔一到，不妨重補到難篇"之句，是則羽皇之銘，南宋時已泐矣。又查氏補注引《羅浮指掌圖記》"昔人聞仙樂"云云，按碧落洞自在韶州，與惠州羅浮之夜樂洞無涉。

三月四日，遊白水山佛迹巖，歸臥既覺，聞兒子過誦淵明《歸田園居》詩六首，乃悉次其韻，始余在廣陵，和淵明《飲酒二十首》，今復爲此，要當盡和其詩乃已耳

○方綱補注：陳士業《寒食錄》，陸務觀序梅聖俞別集云，蘇翰林多不可古人，惟次韻和陶淵明及先生二家詩而已。是東坡又有和梅之作，今已散逸無可考，亦未有知其事者。

次韻正輔同遊白水山

恣傾白蜜收五稜

〇方綱補注：廣東有羊桃，一曰洋桃，其樹高五六丈，花紅色，一蒂數子，七八月間熟，色如蠟，一曰三斂，亦曰山斂，土語訛"稜"爲"斂"也。有五稜者名五斂，以糯米水澆之則甜，名糯羊桃，粵人以爲蔬，能辟嵐瘴之毒，以白蜜漬之，持至北方可已瘧。蘇詩"恣傾白蜜收五稜"謂此也。或乃指廣南以田爲稜，白蜜以言酒，或又引《嶺表録》"瀧州山中多紫石英，其大小皆五稜"，悉謬説也。

和淵明貧士七首

〇方綱補注：李雁湖《王荆公詩注》，東坡詩"夷齊恥周粟，高歌誦虞軒。産禄彼何人，能致綺與園"，蘇子由和陶詩云"翻然感漢德，投足復踐塵。出處蓋有道，豈爲諸吕勤"，蓋自二蘇於四皓始明及諸吕事。

江月五首

〇方綱補注：棲禪寺、羅浮道院並在豐湖之上，今編《羅浮山志》者乃以羅浮山中之道院實之，非也，又按林俛《豐湖集序》舊記謂豐湖本名鱷湖，非也，蓋永福寺前謂之鱷湖，非豐湖通謂之鱷湖也。

殘臘獨出二首

〇方綱補注：《惠州西湖志》載此詩題作"殘臘獨出湖

上"，又此詩所謂"釣魚豐樂橋"者，西新橋舊名豐樂橋，見紹熙中通判許騫《西新橋記》，又此詩"疑是左元放"，"放"字作平聲，按《集韻》，"放"與"方""舫"並通，王漁洋《居易録》"東坡詩'左元放'，'放'作平聲"。

丙子重九二首

三年瘴海上，越嶠真我家

○補原注：《南越志》，南越以五嶺爲限，東曰大庾嶠，次騎田之嶠，次都龐之嶠，次熒萌渚之嶠，次越嶠。

白鶴峰新居欲成，夜過西鄰翟秀才二首

○方綱補注：本集《白鶴新居上梁文》"年豐米賤，林婆之酒可賒"，又本集云韓退之詩云"水作青羅帶，山如碧玉簪"，柳子厚詩云"海上群山若劍鋩，秋來處處割愁腸"，陸道士云"二公當時不相計會，好作成一屬對"，東坡爲之對云"繫悶豈無羅帶水，割愁還有劍鋩山"，此可編入詩話也。

又次韻二守許過新居

○原注載方子容南圭原唱，第五句末存一"頌"字，第六句"□□□聽□□音"，末二句云"□公不負南□約，應許衰翁領客臨"。

次韻子由贈吳子野先生二絶句

○補原注：吳子野名復，古潮州人闕二字。制闕五字。所

屈□獨與子由書曰"白雲在天，引領何及"，東坡以其言而知之，一見論出世間法云云，後段以文祭之云云，下云子野昔從李士寧縱遊京師，與藍喬同客曾魯公家甚久，故子由詩云"慣從李叟遊都市，久伴藍喬醉畫堂"，蓋謂是也。

庚辰歲人日作，時聞黄河已復北流，老臣舊數論此，今斯言乃驗二首

○補全原注：神宗元豐四年，澶州言河決小吳埽，詔東行河道，已填淤不可復，更不修閉，上曰陵谷遷變，雖神禹復出，亦不能強，蓋水之就下者性也。哲宗元祐三年，知樞密院安燾等，疏議回河東流，平章重事文忠烈、中書侍郎呂正愍從而和之，力主其議。子由在西掖，言於右僕射呂正獻曰，河決而北，先帝不能回，而諸公欲回之，是自謂過先帝也。元豐河決，導之北流，不因其舊修其未備，乃欲取而回之。正獻曰當與公籌之，然竟莫能奪，其役遂興，議論紛然，至於累歲。東坡嘗侍上讀祖宗寶訓，因及時事曰黄河執方北流，而強之使東。當軸者恨之。四年八月，子由在翰林，第四疏，論必非東決，有曰臣兄軾前在經筵，因論黄河等事，為衆人所疾，迹不自安，遂求引避。八年，子由為門下侍郎，呂正愍為左相，范忠宣為右相，吳安持、李偉為水宜，子由侍闕四字。上前宣仁闕五字。公皆去河闕四十四字。山藏闕五字。竹詩後題云寄闕五字。知此句為仲虎發□海南無秔秋，本卷《縱筆》詩云"北船不到米如珠"，此詩云"典衣剩買河源米"，河源縣屬惠州，當是秔秋所產也。

和陶雜詩十一首

○方綱補注：第五首"迺比藺相如"，"如"作去聲。王漁洋《居易錄》謂東坡詩"司馬相如"，"如"作仄聲。愚按坡詩中如"蜀人不復談相如""君家四壁如相如""比肩可相如""只有病渴同相如"，皆作平聲，惟此詩"藺相如"作仄，漁洋蓋誤記"藺"爲"司馬"也。又此章施氏原注引賈誼《弔屈原賦》"見細德之險微兮，遙增擊而去之"，查注謂引句錯訛，愚按原注所引句見《史記集解》"徐廣曰一本作"云云，並不訛。

真一酒歌

○方綱補注：坡公在惠州，《真一酒》律詩是賦其酒也，在儋州，《真一酒歌》古詩則非賦其酒也。查氏補注既以爲取道家"三一還丹"之訣，借題作寓言矣，而又據本集《寄徐得之真一酒法》，以爲釀酒在惠州，此詩當亦在惠州作，或釀酒在惠而作歌在儋。此語殊屬拘泥，本詩"細莖"云云，雖借麥之字面，而其實與惠州米、麥、水三一之酒無涉，觀其引自明。

汲江煎茶

○查氏補注引楊誠齋極賞此詩，謂"一篇之中句句皆奇，一句之中字字皆奇"。方綱按，此條空引其冒語，則誠齋之意不見矣。《誠齋詩話》云東坡《煎茶》詩云"活水還將活火烹，自臨釣石汲深清"，第二句七字而具五意，水清，一也；深處清者，二也；石下之水，非有泥土，三也；石乃釣石，非尋常之石，四也；東坡自汲，非委卒奴，五也。“大瓢貯月歸春甕，小杓分江入夜瓶”，其狀水之清美極矣，“分江”二字，此尤難下。“雪乳已翻煎處脚，松風仍作瀉時聲”，此倒語也，尤爲詩家妙法，即少陵“紅稻啄餘鸚鵡粒，碧梧栖老鳳凰枝”也。“枯腸未易禁三椀，臥聽山城長短更”，又翻却盧仝公案，仝喫到七椀，坡不禁三椀。山城更漏無定，“長短”二字，有無窮之味。

查氏補注云，李兵部約云云，諸刻本皆不云公自注，新刻本不知何所據也。然方綱按，此類非公自注者甚多，即查氏補注亦未免陳陳相因，辨之不勝辨也，今姑附著於此，以見考證之學，惟其無害於義理而已，不在乎此等小同異耳。

梅聖俞之客歐陽晦夫，使工畫茅菴，己居其中，一琴橫牀而已。曹子方作詩四韻，僕和之云

○補原注：東坡以元符三年正月詔移廉州，四月移永州，五月始被移廉之命，六月離儋耳，七月四日至廉。三爲歐陽晦夫賦詩，晦夫又以匹紙求字，爲書《乳泉賦》及跋《梅聖俞詩稿》，以簡與晦夫□餞行詩輒跋尾，匹紙亦□數百字，軾再拜晦夫推官闕二字。《乳泉賦》切勿示闕四字。賦闕二字。皆□爲。以下闕。

書韓幹二馬

赤髯碧眼老鮮卑，迴策如縈獨善騎

○方綱補注：元李仁卿《敬齋古今黈》，東坡此句用《晉書》王湛乘其兄子濟馬，姿容既妙，迴策如縈，善騎者

　　無以過之。此"善騎"之"騎"，去聲，今押平似誤。

跋王晉叔所藏畫

劍南樵客爲施丹

○原注，范蜀公《東齋記》，"東"，刻本訛"來"。

題靈峰寺壁

○方綱補注：第一句，"寺"，石刻作"院"，石刻在本寺中，今存者元泰定二年重刻也，後題元符三年十月。

次韻鄭介夫二首

○查補原注，"時監安上門"句，"監"字下脱"京師"二字，"諸路上民物流離之故"句，"諸"訛"請"。又查氏引《宋史》云"紹熙初贈朝奉郎"，施注作"紹興"，未詳孰是。方綱按，介夫卒於徽宗時，年已將八十，紹熙則又在其後九十年，似當以紹興爲是。

何妨振履出商音

○方綱按，此句兼用《漢書》鄭尚書履聲事。

贈龍光長老

○方綱補注：宋廬陵曾達臣敏行《獨醒雜志》，東坡北歸，至嶺下，偶肩輿折杠，求竹於龍光寺，僧惠兩大竿，且延東坡飯，時寺無主僧，州郡方令往南華招請未至，公遂留詩以寄之，詩云"斫得龍光竹兩竿，持歸嶺北萬人看。竹中一滴曹溪水，漲起西江十八灘"，謂贛石也。

東坡至贛，留數日，將發舟，一夕江水大漲，贛石無一見，越日而至廬陵，舟中見謝民師，因謂曰舟行江漲，遂不知有贛石，此吾龍光詩讖也。

贈嶺上老人

〇方綱補注：《獨醒雜志》，東坡還至庾嶺，少憩村店，有一老翁，出問從者曰："官爲誰?"曰："蘇尚書。"翁曰："是蘇子瞻歟?"曰："是也。"乃前揖坡曰："我聞人害公者百端，今日北歸，是天祐善人也。"東坡笑而謝之，因題一詩於壁間云："鶴骨霜髯心已灰，青松夾道集作'合抱'。手親栽。問翁大庾嶺頭住，曾見南遷幾箇回。"

虔州呂倚承事年八十三，讀書作詩不已，好收古今帖，貧甚，至食不足

〇方綱按：石刻"出爲蜩蜇吟"，刻本作"吟爲蜩蛮聲"，石刻"蜇"字旁加圈，而自注其後曰"蜇"當作"蚳"。石刻在《姑孰帖》。

予昔作壺中九華詩，其後八年復過湖口，則石已爲好事者取去，乃和前韻以自解云

〇查氏補注云，先生北歸再過湖口，在辛巳春夏之交云云。方綱按，《山谷集》中有次韻詩，其序曰湖口人李正臣蓄異石九峰，東坡先生名曰壺中九華，并爲作詩，後八年自海外歸，過湖口，石已爲好事者所取，乃和前篇以爲笑，實建中靖國元年四月十六日。

睡起聞米元章冒熱到東園送麥門冬飲子

○查氏補注,謂東園當在常州,而無可考。方綱按,東園
及麥冬門飲俱見米元章《寶晉英光集》《蘇東坡挽詩五
首》,今錄於此,序曰:辛巳中秋,聞東坡間以七月二十
八日畢此世,季夏相值白沙東園,云羅浮嘗見赤猿,後
數入夢,詩曰:

　　　方瞳正碧兒如圭,六月相逢萬里歸。口不談時經
噩夢,心常懷蜀俟秋衣。可憐衆熱能偏捨,自是登真
限莫違。書到鄉人望還舍,晉陵弔鶴已孤飛。梓路使
者薛道祖書來,云鄉人父老咸望公歸也。

　　　淋漓十幅草兼真,玉立如山老健身。夢裏赤猿真
月紀,興疑作輿。前白鳳似年辰。將尋賀老船虛返,余
約上計回,過公。欲近要離烈可親。忍死來還天有意,
免稱聖代殺文人。

　　　小冠白氈步東園,元是青城欲度仙。六合著名猶
似窄,八周禦魅訖能旋。道如韓子頻離世,文比歐公
復並年。我不銜恩畏清議,束芻難致淚潸然。

　　　平生出處不同塵,末路相知太息頻。力疾來辭如
永訣,公別於真閘屋下曰,待不來,切恐真州人道,放著天下
第一等人米元章,不別而去也。古書跋贊許猶新。公立秋
日,于其子過書中,批云謝跋在下懷。荆州既失三遺老,是
年蘇子容、王止仲皆卒矣。碧落新添幾侍晨。公簡云,相
知三十年,恨知公不盡。余答曰更有知不盡處,修楊許之業,
爲帝晨碧落之遊,異時相見,乃知也。今思之,皆訣別之語。
方綱按,"晨"疑當作"宸"。若誦子虛真異世,酒傭屍佞是
何人。

　　　招魂聽我楚人歌,人命由天天奈何。昔感松醪聊

墮睫，今看麥飲發悲哦。見公送麥飲詩。長沙論直終何
就，北海傷毫忓更多。曾借南窗逃蘊暑，西山松竹不
堪過。南窗乃余西山書院也。

蘇詩補注卷第七

　　查氏補注云，施氏原本第四十卷載《翰林帖子詞》五十四首，目錄尚存，新刻本刪去。又唐人所謂口號，皆近體詩也，諸刻本不錄，今從全集采出十一首，與《帖子詞》共成一卷，不復編年，以存施氏之舊云。

　　方綱按，施顧注原本第四十卷先以《翰林帖子》五十四首，次則《老翁井》以下遺詩三十三首，其《翰林帖子》五十四首則端午在前，春日在後，當是舊本如此，今查氏雖改定增補，原不相礙，但以爲存施氏之舊，則未然也。

端午帖子

翠筒初裹楝

○方綱補注：宋袁質甫《甕牖閒評》，東坡《端午帖子》，《藝苑》謂“楝”當作“練”，然余家收得東坡親寫此帖子墨刻，范至能參政刊在蜀中，其“楝”字不曾改，只作此“楝”字，不知《藝苑》何所見，而謂東坡改作“練”字，豈亦有假作者而不深察也。

和陶淵明詩引

原本題上有“東坡先生”四字，次一行有“弟轍”二字。

○方綱補注：宋費補之《梁谿漫志》，東坡既和淵明詩以寄潁濱，使爲之引，潁濱屬稿寄坡，自欲以晚節師範其萬一也。其下云：嗟夫！淵明隱居以求志，詠歌以忘老，誠古之達者，而才實拙。若夫子瞻，仕至從官，出長八州，事業見於當世，其剛信矣，而豈淵明之拙者哉？孔子曰："述而不作，信而好古，竊比於我老彭。"古之君子其取於人則然。東坡命筆改云：嗟夫！淵明不肯爲五斗粟、一束帶見鄉里小人，而子瞻出仕三十餘年，爲獄吏所折困，終不能悛，以陷大難，乃欲以桑榆之末景自託於淵明，其誰肯信之。雖然，子瞻之仕，其出入進退，猶可考也，後之君子其必有以處之矣。孔子曰："述而不作，信而好古，竊比於我老彭。"孟子曰："曾子、子思同道。"區區之迹，蓋未足以論士也。此文今人皆以爲潁濱所作，而不知東坡有所筆削也。宣和間，六槐堂蔡康祖得此稿於潁濱第三子遜，因錄以示人，始有知者。

卷第四十一追和陶淵明詩

○原本卷第四十一追和陶淵明五十四首，今刻本作六十二首。方綱按，卷內詩實五十四首。《時運》四首，原本作一首，若分之亦不是六十二也。

飲酒二十首

○原本題下有"并引"二字。

歸田園居

○原本題下有"并引"二字，又原注"間與集本不同"句下有"所作類多晚歲"六字。

詠荆軻

○原注，荆軻，衛人也，衛人謂之慶卿，之燕，燕人謂之荆卿。

貧士

○原注題下有"并引"二字。

古來避世士

○原注，泉南石刻作"士"，集本作"人"。

典衣作重九

○原注，石刻作"九"，集本作"陽"。

徂歲慘將寒

○原注，石刻作"歲"、作"將"，集本作"暑"、作"多"。

九日閑居

○原注題下有"并引"字。

己酉歲九月九日

○原注題下有"并引"字。

持我萬家春

○原注謂嶺南萬户酒。

歲暮作和張常侍

○原注題下有"并引"字，又引下原注"陸道士名惟忠，字子厚”,下有□,“山人”二字,今刻本脱去。

郭主簿

○原注題下有“并引”字。

贈羊長史

○原注題下有“并引”字。

移居

○原注題下有“并引”字。

時運

○原注題下有“并引”字。

下有澄潭

○原注,石刻作“澄”,集本作“碧”。

紛如翦鬃

○原注,石刻作“鬃”,集本作“髮”。

始經曲阿

眷言羅浮下,白鶴返故廬

○原注,《羅浮記》,博羅縣有羅浮鄉,五里皆山前後之地
也,浮山在東,羅山在西,羅山蓋劣於浮山,靈迹多在
浮山也,山有白鶴觀,今廢。

卷第四十二追和陶淵明詩

○原注卷四十二追和陶淵明詩五十三首,今刻本作六十首。方綱按,卷内詩實五十三首。新刻本分《停雲》爲四首,又删《歸去來》一首也。

止酒

○原注題下有"并引"字。

擬古九首

分沴未入海

○原注,《説文》:沴,古文流字也。方綱按,今本《説文》:㳘,水行也,力求切。篆文作㳚,並無"沴"字。《玉篇》沝部收"㴒"字,水部又收"流"字,後又別見"沴"字,云古文流。今惟知隸之作"沴",而不知古文之作"沴"矣,亦可見《玉篇》不明言《説文》者之尚多與《説文》相證也。

沈香作庭燎

○原注,《説文》:"庭燎,大燭也。"方綱按,今本《説文》作"火燭也",《詩·小雅》:"庭燎之光。"毛傳:"庭燎,大燭。"箋曰:"於庭設大燭也。"正義曰:"庭燎,燭之大者,故云庭燎大燭也。"可知今本《説文》之訛,邵氏録原注,《説文》訛作《説苑》。

田舍始春懷古

○原注題下有"并引"字。

停雲

○原注題下有“并引”字。

勸農

○原注題下有“并引”字。

過濰州驛，見蔡君謨題詩壁上云“綽約新嬌生眼底，逡巡一作優游**舊事上眉尖。春來試問愁多少，得似春潮夜夜添”，不知爲誰作也，和一首**

○方綱按，此詩先生墨迹已見前卷《常潤道中寄陳述古》
詩補注內，今查氏刻本據外集編入，自密州移徐州時
作。按先生自密移徐，在濰州度歲，是熙寧九年丙辰之
冬事，在癸丑倅杭之後三年矣。又蔡帖內“綽約新嬌”
一詩題云“《題壁詩帖》後有公題云‘錢塘有美堂前小閣
中，壁上小書此詩，蔡君謨真迹也，陳述古摹刻，軾在定
香橋野店中觀之’”。又蔡帖內“天際烏雲含雨重”一詩
題云“《夢詩帖》後有公題云‘此蔡君謨夢中詩也，真迹在
濟明家，筆力遒勁，元祐五年二月四日蘇軾題後’”。
方綱竊意墨迹既云“又有人和”云云，不知誰作此題，
乃云“不知爲誰而作也，和一首”，則不特和詩之出自
先生作無疑，而濰州驛壁定香橋店，亦皆不必泥於其
地矣。余所藏先生墨迹，後無題署年月，然其曰僕在
錢塘，則是初倅杭事，而此迹爲追憶書之，是熙寧甲寅
以後數年間所書。若以濰州度歲論之，則此墨迹或即
係熙寧十年丁巳所書耳。墨迹後有虞道園詩并跋，跋
云“柯敬仲多蓄魏晉法書，至宋人書殆百十函，隨以與

人，弗留也。他日獨見此軸在几格間，甚怪之，及取觀，則吾坡翁書蔡君謨夢中詩，及守居閣中舊題也，第三詩以爲不知何人作，其軒轅彌明之流歟？至順辛未二月望日，蜀人虞集書”。

自題金山畫像

○方綱按：此贊末句“黄州、惠州、儋州”，當從石刻作“黄州、儋州、惠州”，周益公《乾道庚寅奏事録》云，登妙高臺烹茶，壁間有坡公畫像，初公族成都，中和院僧表祥畫公像求贊，公題云“目若新生之犢，心如不繫之舟，要問平生功業，黄州、惠州、崖州”，集中不載，蜀人傳之。

附補正查氏補注年表四條

元豐二年己未

十二月二十八日，責授黄州團練副使。

○方綱按：先生到黄州謝表，石刻作"廿八日"，與本卷内詩題合，查刻年表内作"二十九日"，訛。

元祐元年丙寅

九月十二日，除翰林學士知制誥。

○方綱按：《宋史·哲宗本紀》，九月丁卯試中書舍人，蘇軾爲翰林學士知制誥。是月丙辰朔丁卯是九月十二日，查氏年表及本卷注皆以爲十月十二日，訛。

元祐七年壬申

正月，自潁移知揚州。

○方綱按：任天社《后山詩注》云，按《實錄》，元祐七年正月辛亥，東坡自潁除知揚州。查氏年表據《紀年錄》以爲二月者，非。辛亥是正月二十八日。又按任注云，《實錄》元祐七年八月，蘇公以兵部尚書兼翰林侍讀學士，十一月又除端明殿學士兼侍讀、守禮部尚書。

元祐八年癸酉

九月，出知定州。

○五羊王氏所編年譜云，是年八月二十七日，有建隆章
淨館成一絕，尋以二學士出知定州。查氏據此編入年
表，謂以龍圖、端明兩學士出知定州，在是年八月。然
王氏年譜下又云，蓋定州之除，必在九月內，此句查氏
未之引也。方綱按，任天社《后山詩注》云，按《實錄》，
元祐八年九月，禮部蘇公以侍讀學士知定州。

補注蘇詩後附録方綱與友人答書二通

答馮魚山編修敏昌論初別子由詩

　　魚山書來，問東坡詩題云《初別子由》，此題凡再見，何也？

　　方綱答曰：東坡與子由別，詩題中屢言初別。考嘉祐六年辛丑冬，先生授大理評事簽書鳳翔判官，時子由留京侍老蘇公，十一月十九日，與子由別於鄭州西門之外馬上，賦詩七言古一篇，此二公相別之始也。熙寧二年己酉，服闋還朝，任開封推官，尋改杭州通判，子由自陳送至潁州而別，有《潁州初別子由》五言古二首，其詩云“我生三度別，此別尤酸冷”，所謂“三度別”者，自鄭州西門一別之後，治平三年丙午，先生自鳳翔還朝，子由出爲大名推官，此事詳《欒城集》，而先生集中無詩。熙寧十年丁巳，先生以四月赴徐州任，是秋子由至徐，留月餘，赴南都，有《初別子由》五言古一首，其將赴南都也，與先生會宿逍遙堂，作兩絶句，先生有和作二首，時子由從張文定簽書南京判官也。元豐三年庚申，先生赴黄州，過陳，子由自南都來別，有《子由自南都來陳三日而別》五言古一首，時正月十四日也，五月子由將赴筠州，復至黄州留半月乃去，先生有《迎子由》詩七律一首，又五古一首，而相別時無詩。元豐七年甲子，先生授汝州團練副使，五月由九江至筠州，與子由別，有《別子由三首兼別遲》七言古詩，又有《初別子由至奉新作》

五言古詩一首。元豐八年乙丑，先生自登州以禮部員外郎召還朝，明年爲元祐元年丙寅，先生除中書舍人、翰林學士、知制誥，而是年子由亦自績溪令召入爲祕書省校書郎，至元祐四年己巳，先生除龍圖閣學士、左朝奉郎，出守杭州，子由代爲翰林學士，是歲子由使契丹，先生自杭作七律一首送之，其出守杭時相別無詩。元祐六年辛未，先生自杭召還朝，除翰林承旨，是時子由爲尚書右丞，五月入院，以弟嫌請郡，八月以龍圖閣學士出知潁州，時先生寓居子由東府左右掖門之前數月而出知潁，乃作五古一篇留別子由，題曰《感舊詩》，其引記嘉祐中與子由同舉制策，寓居懷遠驛事，此事在辛丑《馬上》一篇之前，而本集無詩可考也。元祐七年壬申，以兵部尚書召還朝，遷禮部尚書、端明殿學士兼翰林侍讀學士。明年癸酉八月，以龍圖、端明兩學士出知定州，九月十四日，與子由別於東府，有《東府雨中別子由》五古一首，合前出知潁時，則東府之別凡二次矣。此首敘及對牀夜雨事，按對牀夜雨事，先生與子由詩凡屢用之，《感舊詩》引中所記元豐中謫居黃岡，而子由亦貶筠州，嘗作詩以記其事，則指元豐六年癸亥初秋寄子由五古一首言之，非別詩也。紹聖四年丁丑，先生謫海南，子由亦貶雷州，五月十一日相遇于藤，同行至雷，六月十一日相別渡海，有“子由終夕不寐，因誦淵明詩，勸余止酒，和原韻贈別”詩五古一首。以上考先生別子由詩次第大略，如此中言初別者凡三，蓋皆一時合併，不忍遽以別言，而特加“初”字，以志驚目之筆也。迨其後又變“別”而云“感舊”，則初別之義益明矣。

答丁小疋進士杰論樂饑

小疋來書云，邵子湘《蘇詩王注正譌》云，《答周循州》詩，"且覓黃精與療饑"，程縯注引毛詩"泌之洋洋，可以療饑"，因蘇詩有"療饑"字，輒改竄毛詩"樂饑"爲"療饑"，此最眼前語誤，云云。杰按，《陳風》"樂饑"之"樂"有二音二義，毛傳"泌，泉水也"，"洋洋，廣大也"，"樂饑，可以樂道忘饑"，鄭箋"泌，水之流洋洋然，饑者見之，可飲以療饑"。《釋文》"樂本又作療"，毛音洛，鄭力召反，沈云"療"當作"療"。案《説文》云，療，治也，療，或療字也。正義今定本作"樂饑"，觀此傳亦作"樂"，則毛讀與鄭異，竊謂毛、鄭二説不可偏廢。蔡邕《焦君贊》見《藝文類聚》《古文苑》。"衡門之下，棲遲偃息，泌之洋洋，樂以忘食"，王肅《詩注》"洋洋泌水，可以樂道忘饑"，孫毓《毛詩同異評》"此言臨水歎逝，可以樂道忘饑，是感激立志慷慨之喻"，是皆與毛傳同也。《後漢書‧霍諝傳》，此在鄭箋前。諝奏記梁商曰"觸冒死禍，以解細微，譬猶療饑於附子，止渴於酖毒"，王逸《九思‧疾世篇》蔡邕、王逸與鄭同時。"吮玉液兮止渴，齧芝華兮療饑"，皇甫謐《高士傳》"四皓歌曰可以療饑"，王融《策秀才文》"療饑不期於鼎食"，庾信《小園賦》"可以療饑，可以棲遲"，白居易詩"何以療夜饑"，是皆與鄭箋同也。"療""療"二字自《説文》而下，《玉篇》《廣韻》《集韻》《類篇》並收之，《廣韻》"療"字兼入鐸部，《集韻》"樂"字並入笑部，《文選注》《五經文字》《群經音辨》《增修互注禮部韻略》附《釋文互注禮部韻略》，並引《詩》箋爲證，證據不爲不多矣。觀子湘所纂《古今韻略》，蓋未能知"樂""療""療"三字之通，故於蘇詩舊注引《詩》箋者，反以改竄古經斥之，查初白亦未經訂正。子湘同時倪魯玉、吳顯令各有《庾開府集注》，於《小園賦》"栖遲"句引毛詩，於"療饑"句別引《四皓歌》，是不讀鄭箋者也。

　　方綱答曰：正義謂毛詩異者，徒以鄭加"可飲"一語耳，愚以爲不作"可飲"訓，則"樂"直作"療"，於義尤快，即何必又云得水亦可小療，以斡旋其説哉。《説文繫傳》"療，治也，臣鍇按《詩》曰'多將熇熇，不可救藥'是也，弋勺反"，是徐楚金又多此一音，而於"療"字之義亦可相證也。又毛晃《增韻》三十四嘯列文凡三，曰療、曰瘵、曰樂，而引《詩》曰"可以樂饑"，其下兼引毛、鄭二音。又歐陽德隆《押韻釋疑》，嘯韻"療"字注云"亦作瘵"，黄補云福州進士黄啓宗，紹興十一年表上者。"亦作樂，治也"，《詩》"泌之洋洋，可以樂饑"，又效覺《鐸韻》，此二書皆南宋時所習用者。《説文》"瘵""療"之並與"樂"通，益暢然無疑矣。近日陳長發氏《毛詩稽古編》云"樂饑，鄭作療，義更明捷"，此與愚見亦同，似不必判毛、鄭爲二説。惟毛音不同，故補出"樂道"一義，亦可相通耳。蘇詩之用鄭義更自顯然，謹已附入補注卷内。

　　小疋又以予同年餘姚盧抱經文弨，與金天來潢書一通
际予，今附録於此。

　　承惠查初白補注蘇詩新刻本，知前輩用功之深，爲不
可及，考正歲月、辨訛釋滯，洵有功於蘇氏。但微惜其校讐
去取之間，有未盡也。案此書外間有鈔本，於施注皆全録
其文，間附一二王注，而後乃系以補注，非獨省兩讀之烦，
亦以詳略得失，令人可一覽而自得之舊注之善者，本不可
廢也。今本乃一概删去，但載補注，翻使人疑其詳所不必
詳，而孤文僻事，略而不説，安能使閲者意滿乎？且既以補
注名其書，則初白之意，必不欲廢前人以單行其所著明矣。
又其前有題跋雜綴三十七條，皆採衆家評論以爲一書綱
領，此刻中無有，豈遺漏乎？若有意缺之，非也。其中訛誤
者，姑就所見舉之。如第一卷《夜泊牛口》詩，"兒女自呀
嚘"，注引趙壹詩"骯髒自骯髒，呀嚘自呀嚘"，考《後漢書·
趙壹傳》，乃是"伊優北堂上，抗髒倚門邊"，古今詩總集中
亦未有如注所引兩句者，《東方朔傳》云"伊優亞者，辭未定
也"，又前此矣，舊注皆不引者，殆以與詩意俱無當也。第
二卷《荆州》詩注引《史記》"鶉首，楚之分"，當是"鶉尾"之
訛，而外間鈔本乃改爲"秦之分"，則與楚地何涉？第三卷
《箜篌》注引《容齋隨筆》云，劉昭《釋名》"箜篌，空國之侯所
作"，空非國名，其説穿鑿。案此乃容齋之誤，《釋名》，劉熙
作，其本文云"箜篌，師延所作，靡靡之樂，後出桑間濮上之
地，蓋空國之侯所作也"，然則空國猶言亡國，《樂府雜録》
亦如是解，容齋誤讀，奈何引之？又《子由和子瞻奉詔往屬
縣減決囚禁》詩，"遥知因涣汗，遠出散幽憂"，今乃以"涣
汗"爲"汗漫"，失之矣。又鈔本"蒼茫"下注"揚子雲《羽獵
賦》'鴻濛沆茫'，顔師古注'茫音莽'，此先生上聲用之所自

出也”，又一處引白樂天《春雪》詩“寒銷春蒼茫”，皆讀上聲。今本所載乃陳鵠《耆舊續聞》引唐李嘉祐諸人與東坡同作仄聲用，後復云“‘蒼茫’二字，古人用之皆是平聲，而此乃仄聲”，其言若有所疑。上所引兩條皆不載，是反不能溯其所自矣。初白晚年有更定本，豈其後人未之見乎？其餘傳寫之訛記於別紙。

蘇詩補注卷第八

附陸放翁所作施司諫註東坡詩序

古詩唐虞賡歌、夏述禹戒作歌、商周之詩，皆以刊於經，故有訓釋。漢以後詩見於蕭統《文選》者，及高帝、項羽、韋孟、楊惲、梁鴻、趙壹之流，歌詩見於史者，亦皆有註。唐詩人最盛，名家者以百數，惟杜詩註者數家，然褧不爲識者所取。近世有蜀人任淵，嘗註宋子京、黃魯直、陳無己三家詩，頗稱詳贍。若東坡先生之詩，則援據閎博，指趣深遠，淵獨不敢爲之説。某頃與范公至能會於蜀，因相與論東坡詩，慨然謂予，足下當作一書，發明東坡之意，以遺學者，某謝不能，他日又言之，因舉二三事以質之，曰"五畝漸成終老計，九重新掃舊巢痕"，"遥知叔孫子，已致魯諸生"，當若爲解？至能曰，東坡竄黃州，自度不復收用，故曰"新掃舊巢痕"，建中初，復召元祐諸人，故曰"已致魯諸生"，恐不過如此。某曰此某之所以不敢承命也，昔祖宗以三館養士，儲將相材，及官制行，罷三館，而東坡蓋嘗直史館，然自謫爲散官，削去史館之職久矣，至於史館亦廢，故云"新掃舊巢痕"，其用事之嚴如此，而"鳳巢西隔九重門"則又李義山詩也。建中初，韓、曾二相得政，盡收用元祐人，其不召者亦補大藩，惟東坡兄弟猶領宫祠，此句蓋寓所謂不能致者二人，意深語緩，尤未易窺測。至如"車中有布手"，指當時用事者，則猶近而易見，"白首沈下吏，綠衣有公言"，乃以侍妾朝雲嘗歎黃師是仕不進，故此句之意，戲言其上僭，則非得於故老，殆不可知，必皆能知此，然後無憾。至能亦太息曰，如此誠難矣。後二十五六年，某告老居山陰澤中，吳興施宿武子，出其先人司諫公所注數十大編，屬某作序。司諫公以絕識博學名天下，且用工深、歷歲久，又助之以顧君景蕃之該洽，則於東坡之意，蓋幾可以無憾矣。某雖不能如至能所託，而得序斯文，豈非幸哉？嘉泰二年正月五日，山陰老民陸某序。

附　録

馬鄱陽《文獻通考》一條

　　註東坡詩四十二卷，年譜、目録各一卷，司諫吳興施元之德初，與吳郡顧景蕃共爲之註，元之子宿從而推廣，且爲年譜以傳于世，陸放翁作序。《吳興掌故集》一條同。

《湖州府志》二條

　　施元之字德初，長興人，乾道二年除祕書省正字，累遷左司諫，註東坡詩四十卷。

　　《長興縣志》云：元之以文章著聲，試館職，除起居舍人，遷左司諫。南宋《百官題名》云：施元之，乾道五年五月爲祕書省著作佐郎，十月除起居舍人，十一月兼國史院編修官，是月除左司諫。《五代會要》卷尾跋云：乾道七年三月旦日，左寅教郎、權發遣衢州軍州、主管學士、兼管内勸農事施元之書。

　　○方綱按：洪文惠粹《續嚴訢碑跋》曰：長興施元之德初既見《隸釋》，博求闕遺，轉揭此碑以贈我。《隸釋》之刻在乾道三年正月，則是元之未除司諫時也。

　　施宿字武子，承家學，尤留心金石，慶元初知餘姚縣，市田買書以教學者，爲政務大體，興廢舉墜，不事細謹。邑北瀕海，歲役民修堤，民甚苦之，宿更築石堤，建莊田二千畝，以備修堤之役，旋通判會稽軍，作《會稽志》，刻《禹廟碑譜》。嘉定間以朝散大夫提舉淮東常平倉，修築泰州城垣，以父所注蘇詩未梓，推廣爲年譜，同郡傅稈窮乏相投，善歐書，俾書之，鋟板以贐其歸，忌者摭此事，坐以贓罷歸。

《兩浙名賢錄》云：施宿字武子，知餘姚縣，與前令謝景初同稱。邵本云：按蘇詩第二十卷《別子由三首》下注有云，宿守都梁，得東平康師孟，元祐二年刻二蘇公所與九帖於洛陽，乃知武子又嘗守都梁，而傳未之及云。都梁山在今盱眙。

嘉定錢辛楣大昕曰，大昕所見正德重刊嘉泰《會稽志》，卷末題云安撫使司校正書籍傅稗，又漢孺家藏謝師厚帖，放翁為跋在嘉泰三年癸亥，蓋即漢孺為浙東安撫司校正書籍時也。《會稽志》不載通判題名，今以放翁序考之，沈作賓知紹興日，施武子已通判府事，及趙不迹、袁說友相繼典郡，而施獨始終修志之事。沈以慶元五年己未十一月知越郡，趙以慶元六年庚申五月任，袁以嘉泰元年辛酉四月任，此皆武子倅越時，其於何時遷代則不可知。

曲阜桂未谷馥曰，按施公之祖諱師典，以刺史居烏程，公慶元間為餘姚令，因家焉。明季有餘姚施四明，以忠節顯，即公裔孫也。陸放翁序在嘉泰二年，此注本當刻於嘉泰初。後二十餘年，始令餘姚，殆將老矣。四明名邦曜，字爾韜，別字四明，萬曆己未進士，官至左副都御史，聞思陵崩，痛哭書其案曰"慙無半策匡時難，惟有孤忠報國恩"，遂飲毒死，贈太子少保，諡忠介，國朝順治九年定諡忠愍。《明詩綜》作恭愍。

《蘇州府志》一條

顧禧字景繁，一作蕃。吳郡人，祖沂，知冀州，父彥成，兩浙運使，禧不求祿仕，居光福山，閉戶誦讀，著述甚富。紹興間有司以遺逸薦，不起，隱居五十年，築室邳村，表曰漫莊，嘗與吳興施元之注蘇子瞻詩行世。

○方綱按：宋陳鵠《耆舊續聞》云，趙右史家有顧禧景蕃補注東坡長短句真迹，據此則景蕃有《蘇詞補注》一書，未知尚有傳本否也，附記於此。

新城王文簡《蠶尾續集》二條

　　宋施宿字武子,湖州長城人,今長興縣。紹興間爲左司諫,又爲淮東倉曹。言路與有嫌,欲劾之,無以爲罪,宿嘗以其父所注坡詩鋟板倉司,因摭此事,坐以贓私。右見《西吳里語》。按坡在湖爲小人所譖,興詩案之獄,至高宗朝正蘇黃詩文大顯之日,而小人猶能爲祟如此,又在湖州,尤奇。

　　　　○方綱按:文簡此條内,誤以紹興間官司諫者爲施宿武子,其實武子自官淮東倉曹,而爲左司諫者,則其父元之德初也。又竹垞《曝書亭集》自注内"倉曹"作"倉漕",應從文簡此條作"曹"。又按,此事詳見周公謹《癸辛雜識別集》,今録於此:施宿字武子,湖州長興人。父元之,乾道間爲左司諫,宿晚爲淮東倉曹,時有故舊在言路,因書遺以番葡萄,歸院相會,出以薦酒,有問知所自,憾其不己致也,劾之無以蔽罪。宿嘗以其父所注坡詩刻之倉司,有所識傅稦字漢孺,湖州人。窮乏相投,善歐書,遂俾書之,鋟板以賙其歸,因摭此事,坐以贓私。其女適章農卿良朋云。

　　施宿武子又嘗參諸家本,訂以石鼓籀文,刻於淮東倉司,辨正詳備,見宋章樵《石鼓文釋》,《吹景集》引之以爲奧衍奇博,可與鄭漁仲争衡,亦一博雅好古君子也。《石鼓音跋》云"比歲里居,音釋頗備",後題云"嘉定六年重五日吳興施宿書"。

　　　　○方綱按:施武子又有《墓田丙舍帖》石刻,見袁桷《清容居士集》,武子又有《淳化閣帖釋文》。

歸安鄭芷畦元慶《湖録》一條

　　施元之注東坡詩四十二卷,年譜、目録各一卷,傳是樓有宋刊本，殘闕不全，予友吳閶張敏求借抄之，細閱其中句解，是元之筆，詩題下注低數字，乃武子補注，《文獻通考》所謂從而推廣之者，此也。

　　○方綱按：宋刻舊本，每卷首標題曰"注東坡先生詩卷第幾"，其下二行並列，曰"吳興施氏、吳郡顧氏"，今注中尚有數處存顧氏姓名，卷二十《橄欖》詩注，卷三十四《立春日戲李端叔》詩注。而學者莫之詳也。予既得按施顧原本，以補邵、查諸刻本之所未及，而恰得顧景蕃氏《志道集》抄藏于篋，信亦有緣耶，因併附刻其集一小卷於是編之後，俾得附坡集以傳焉。

志道集敍

　　從伯父景繁公，少任俠，既壯，折節讀書，於諸子百家、方技卜筮之書，罔不披究，爲文輒千萬言，徹日夜無倦容，聲名藉甚遠近。於是里中同學者，多忌公，口舌攻搏，難端叢起，公獨以直道持乎其間，無所依倚，惟與鄞縣林庇民保、高安譚子欽惟寅交最善，主兩先生家數年。而忌者愈謀所以中之，指作周世宗宮詞，爲蘗禍，幾不解。會以遺逸薦，得白，歸乃具杯酒釋奠，盡焚生平所著述凡百餘卷，無復隻字存者。病革之日，惟枕書長嘯，略屬後事數端而已。嗚呼！公讀書一生而潦倒困苦，以布衣歿，而一時同學蔑不通籍貴顯，子孫豪富甲閭巷，蒼蒼報施，又不知于詩書文字果何如也。嗣弟宏聞不忍先人手澤泯没，從江浙提刑轉運任公處，抄得遺稿若干首，顏曰《志道集》，蓋本《魯論》“隱居行義”之意，我伯父洵當之而無愧矣。予少侍伯父，稔知顛末，因援筆述之，後之君子庶鑒而詳採焉。至元壬辰春月，泉州石井書院山長、福州路教授姪長卿子元氏拜書。

　　○方綱按：此序出於景繁之從子子元，至元壬辰是元世祖二十九年，距嘉泰初蓋九十年矣，而其中言少侍伯父，則景繁之卒當在嘉泰之後，此注蘇詩之鋟板，蓋景繁猶及見之。《吳郡志》謂景繁隱居五十年，當是自紹興之末至嘉泰初耳。

志道集

宋古吴顧禧景繁著。

採桑行

日高高，蠶蠕蠕，蠶能衣被天下，不遑自保其軀。

三俯三起，作苦何辭。

長安富貴家，上錦下襦，作苦不知。

羅敷深閨女，出入有常儀。何爲乎度陌越阡，執筐躊躇。執筐而躊躇，夫婿雖貴，豈能不蠶而衣。

蠶者不得衣，不蠶者得衣。長安富貴家，上錦下襦。

男耕女蠶治有餘，使君何不思。使君策馬城南隅，妾歸深閣繅新絲。

震澤行

襟吴控越莽無幅，銀濤漂礇青山蹙。水底隆隆晴亦雷，鯨鯢憑之鳩其族。大者爲蛟小爲蛤，吐光便欲凌日月。地絳夜拆霜鏡枯，觸山飛沫天地白。芳餌頻施巧不吞，雲輪霧委長兒孫。撼岳吞舟逞大力，日月已墜爝火尊。昨聞漁人謀其曹，整罩施網瀰江皋。藥程傾湖湖不流，涸智殫技將安逃。蛟子蝦孫泣如雨，沈虎洇鹿慘無語。吁嗟河伯靈何存，鳴鼓聚市遂若此。就中大魚最有神，夜入深宫控紫宸。竭澤而來拂帝意，浩蕩乾坤雨露新。千秋萬歲頌乃公，鼉鯨無所施其雄。延津灌莽飲大澤，魚安于下鳥翔空。君不見然犀燒燕水族寒，咫尺之水多危瀾。活女誨女恩無極，枯魚何事泣河干。

海棠秋

春風蕩漾花如織，排擯深巖天地窄。桃李芳菲鬭艷陽，嫣痕盡染胭脂色。含丹欲吐嬌不勝，獺髓遥分點瓊額。楊妃睡足口無語，嫁作游絲怨風雨。花神泣罷還欲訴，不願柔枝薦繁市。願得常親君子傍，秋深静縎紫綃粧。孤桐獨立擎素月，芙蕖零落無輝光。瑶枝重整臨秋水，蓼蒲歷歷羞無香。賞心況有雙梟仙，琴聲夜夜醉嬋娟。碧霞觴泛海棠醉，曲欄麗影何蹁躚。君不見南朝百里花無數，郁郁紛紛吐煙霧。載歲無人禁採樵，丹榦瓊姿盡摧仆。蘭蕙當門動見鋤，草間惟歎璇霓卧。茲花勝植瀛蕊苑，一承顧盼猶未晚。冉冉臨窗如有心，嬛舞清歌樂事遠。蔓露凝霜色倍妍，夔州何獨無詩篇。茲花有詩便不朽，吁嗟托根良不偶。

小春詞

玉霜斜舞桐枝濕，析木熒熒石鯨泣。芙蓉子夜卸穠粧，藥雨紛糅瓊飲急。瓊樓玉宇微寒生，氤氳暖氣出元英。白鹿觀中香粉散，靈女祠前簫鼓鳴。木奴千樹綻濃綠，太液粼粼黑鳥浴。真臘燈光射紫薇，漢宮齊唱鳳來曲。彩虹不逐天駟流，公子初成狐腋裘。尚衣日日頒紅錦，挾纊猶深邊士愁。五鳳習習起蘭澤，龍篆新盤大府曆。黍臛松醪次第陳，野老欣然愛冬日。煖爐高會樂未央，鴻雁南飛百草黄。東君欲逗春消息，獨遣桃花鬭橘楊。

憩小峨嵋

偶上峨嵋嶺，悠然對夕曛。孤峰擎落日，古殿宿寒雲。石暗松濤作，天空鶴唳聞。幽尋愜素抱，世態自紛紜。

不寐

英雄不世出，豎子自成名。誰諛美新筆，曾憐覆楚兵。輕霜零病葉，急雁過寒城。入夜愁無似，悲笳處處聲。

宿徐稚山齋中

已將夙昔志，抵掌爲君陳。笳鼓悲吴地，鬚眉憶漢臣。梅花憑夜發，柳色隔年新。此夕關河客，應輸夜臥人。

泊太湖寄内

草草出門去，孤帆落暮煙。笑談卿宛在，辛苦夢難傳。雨礴蛟龍窟，雲乘橘柚邊。從來輕遠别，此夕倍淒然。

答譚子欽惟寅

束髮鄙章句，清狂天下聞。戔戔《招隱賦》，草草《送窮文》。捫虱輕王猛，驅車揖范雲。皇家疏結網，麟鳳自爲群。

偶作

彈鋏復爾爾，登樓向落曛。煙深橫白鷺，楓老宿彤雲。

松墉寒威入，琳宮遠磬聞。自然能遠俗，無復賦離群。

雜感

不與漁樵狎，寧知世事非。功成枯戰骨，髮端字有誤。誤儒衣。風雨淮陰夢，倉黃斗柄微。東鄰瓜正熟，把酒裹清輝。

偶作

日暮悲笳起，孤衾入夢寒。沙飛桐鵲隱，草蔓石鯨殘。龍戰知何極，烏栖轉未安。幽燕多老將，壯氣滿桑乾。

野眺

遂愜耽幽興，披襟坐水灣。松枯濤不作，鷗澹夢常閑。漏月寬樵徑，吞星避釣環。年來悲踽踽，聊此破愁顏。

一逕多幽色，孤雲護短扉。閒堦竹影瘦，低岸稻花肥。委翠秋林晚，傷弓宿鳥稀。何時攜斗酒，掬水弄清暉。

緩步沿溪曲，幽尋愜賞心。散煙依瘦竹，開網活枯鱏。短袖仍牽樹，秋聲半擣砧。農談喧隔岸，不畏世機深。

亂世功名易，幽人愧素餐。草深迷乳兔，弓燥泣飛鸞。燐火排窗入，溪聲帶雨寒。行吟殊足樂，回首羨彈冠。

林庇民保留宿夜話

蹤迹忘疏密，情懷歷晦明。攜琴時一至，倒屣輒相迎。枕發中郎祕，尊餘北海醒。浣花多勝侶，風雨話深更。

贈蓼庵上人

曲徑通禪室,藜牀獨著書。元心棲物外,高論接皇初。雨過苔痕淡,窗虛梅影疏。年年愁作客,爲爾一停車。

客湖上

對酒拂吳鈎,光隨湖水流。碧尋堤上草,紅落竹邊樓。春老鶯啼倦,山空鶴唳收。買花錢欲盡,何事再句留。

洪善慶興祖偕訪昇上人即景次韻

地僻僧栖隱,茆庵曲逕通。雲浮秋水白,霞奪蓼花紅。野鳥當窗下,疏煙入畫中。采菱人未散,歸棹且從容。

飲譚子欽齋

取次梅花放,樽前白雪樓。人非分洛蜀,才豈遜曹劉。薑桂存餘辣,芝蘭憶舊遊。文章千古事,未許臥南州。

九日吳山

第一峰頭逢九日,振衣直上莫躊躇。丹梯苔冷仙人迹,祇樹雲深帝子居。圖畫天然看不厭,嘯歌自得意何如。茱萸醉插游絲倦,雁影參差夕照餘。

送任文薦歸閩

意氣深投傾蓋時,惜君才大愛君癡。應知摩詰詩中畫,都是將軍畫裏詩。放眼莫嫌吳地窄,探奇偏向禹陵遲。片帆千里懸明月,不盡滔滔九曲思。

贈行省任古

帝廷咨牧擁金甌，南顧應寬萬里憂。自是書屏多異績，何勞仰屋嘆無籌。六橋垂柳縈蒼珮，三竺飛花拂翠裘。遙望雲山千里隔，福星欣照闕二字。樓。

過徐稚山居

曲徑秋高竹影斜，多君此日淡浮華。笛聲遠落幽人淚，月色清宜孺子家。世事盡勞五斗米，我來常醉一園花。不須更讀閒情賦，元亮風流自足誇。

芋邨煙雨

湖南幾曲石橋低，細雨濛濛暗碧溪。欸乃漁歌聲不斷，參差桑樹望中迷。花田香散泥初濕，柳圃煙深鶯亂啼。此地千年多買犢，耕男誰復怨征鼙。

寄懷閻安中

金門射策盡名賢，誰似江南閻子然。白虎談經知獨步，蒼松入夢已多年。凌雲賦筆雄千古，倒峽詞源傾百川。若憶古人愁絕處，西陵花柳日芊眠。

林庇民保以詩見贈次韻奉答

蕭蕭竹影閒桐陰，有客攜琴慰素心。秋老登樓頻作賦，愁深抱膝共高吟。招尋叢桂香初散，快讀殘書酒滿斟。莫恨龍門策未報，十年聲价重南金。

贈譚子欽惟寅

臨風長憶聽濤吟，攜鋏重來感慨深。白首如新交自古，丹砂欲就老偏侵。獵微閣上傳佳句，宿影亭前話夙心。花蕚雖零月正朗，斗中元氣待君斟。

贈洪善慶興祖和壁間沈闕二字。韻

高臥煙蘿飲上池，姓名獨許古人知。我來欲補洪家傳，入坐先尋沈約詩。舒卷閒雲看不厭，參差玉蝶放偏遲。殷勤送客過方井，古道真堪照一時。

同人看梅

梅花引我入溪深，半繞青松半翠林。已耐歲寒成好友，還將春色作幽岑。蒼煙踏破鞋無迹，明月挑來杖有心。贏得清芬盈客袖，莫愁歸路暮雲侵。

遊翠微山看桃

梅花纔落見桃花，欲問桃源路轉賒。直上翠微開眼界，飽餐赤飯養心芽。句留客屐詩中畫，爛漫天真閣外霞。面壁老僧曾悟否，山猿已報夕陽斜。

徐稚山林出詩見示因書其後

論交常憶少年時，耐久如君倍足思。金馬不移孺子節，石麟肯負誌公期。經霜傲菊依幽徑，漾月修篁種曲池。六客銜箋爛似錦，莫嫌野鶴故來遲。

偕譚子欽惟寅遊西樵

江西美景聞天下，君上湖亭意若何。吞吐晴光千浪暖，卷舒雲氣兩峰多。陽春有脚歸花柳，芳草無心戀綺羅。力倦翻嫌花路淺，振衣再擬一同過。

九日登浮屠

浮屠百尺絕花塵，一望霜林暮色勻。嘯傲自然能遠俗，步趨何必不隨人。參軍帽落嘲誰解，闕三字。殘草作茵。却羨東籬陶處士，菊花猶插碧紗巾。

獨酌

江色侵楓冷，松風入暮幽。莫愁樽酒盡，明月在高樓。

登吳山作

紫雁高飛曉霧濃，西風峭削玉芙蓉。誰攜謝朓驚人句，更上吳山第一峰。

蘇詩補注跋

　　右《蘇詩補註》八卷，亦覃谿先生撰，末附顧景繁《志道集》一卷。按註蘇詩者，無慮百數十家，其行於世者惟永嘉王氏、吳興施氏、海寧查氏最著，近桐鄉馮氏復彙三家，兼采新舊各家，而成合註一書，群推博贍。是書序及《志道集序》並附録各條，均載入而辨證焉。昔王楙《野客叢談》辨蘇詩"應記儂家舊姓西"，是"住"字，周櫟園《書影》稱其大有意味，爲正一字，坡公當九泉相賞，故多恨翻刻訛書及矮人妄註。而郭頻伽《靈芬館詩話》復有補註數條，謂以意逆志乃可得之，穿鑿膚淺去之益遠，以此彌覺陸放翁極言註蘇之不易，謂必知作者之意，庶幾無憾，信知言也。先生舊藏蘇集爲宋嘉泰槧本，歷經錢牧齋、毛琴川、宋漫堂等所藏，後歸吳荷屋中丞，諸君子各賦詩繪像於卷端，殆與坡公笠屐小像並傳不朽。在京邸時，中丞欲舉以贈余，俾重刻之，緣匆匆南歸不果。今中丞久歸道山，覆校是書，偶憶前事，亦未始非重結翰墨香火緣也。咸豐辛亥佛生日，南海伍崇曜謹跋。

天際烏雲帖考

解　題

　　乾隆三十三年(1768)十月八日，翁方綱在廣東學政任上購得蘇書《天際烏雲帖》，欣喜無比，不僅在詩集中一再題詠，還編著《天際烏雲帖考》傳世。傳世《天際烏雲帖考》爲鈔本，現藏於哈佛燕京圖書館，本次點校整理即以此爲底本。該本封面有清末吳恒的題識，謹録於下，以備參考：

　　《嵩陽帖》并題跋二册，道光間藏吾杭孫侍御家，侍御休寧人，爲徽之巨商，僑居杭城，在京師與覃溪學士友善。學士歿後，孫贈五千金，故蘇齋金石書畫半歸侍御。咸豐初，余獲見宋拓《公方碑》《雪浪帖》，及學士手録詩、古文集百廿本，最奇者，侍御嗜山舟侍講書，藏其楹帖千百餘聯之多。今《公方》《雪浪》爲沈均初所得，詩、古文集藏丁松生八千卷樓，《嵩陽帖》歸錢伯聲矣，題跋二册已失去，然三君皆吾友也，故猶得寓目焉。越日又識。("仲英"白文印)。光緒改元穀雨書。("吳恒"白文印、"黃犢山民"白文印)。

　　20世紀初，國學家鄧實創辦上海神州國光社，并刊行《美術叢書》，其中初集第十輯收録《天際烏雲帖考》，鉛印排印本，鄧實跋曰"此鈔本予見之肆中，蓋從墨迹録出者，其次第，一依原册，未嘗重行編次，書賈居奇不售，余乃以值賫歸，傳録以實我《美術叢書》，其次第，一依原本，蓋使後人見印本如見墨迹耳"。

　　據此，鄧實所言之"鈔本"，即現藏哈佛之本。然若以哈佛之本校以排印本，則哈佛之本的部分内容次序紊亂，整理時已參考排印本加以乙正，即"熙寧未識老學士，留着西湖受月明。峨眉堂堂氣萬古，偶然會得夢詩情"至"乾隆三十七年八月五日，書於孫公園寓舍青棠書室，大興翁方綱"應置於"周字號"與"天際烏雲帖歌"之間，程晉芳詩九首應緊隨錢大昕詩之後。

　　"天際烏雲含雨重,樓前紅日照山明。嵩陽居士今何在,青眼看人萬里情",此蔡君謨夢中詩也。僕在錢塘,一日謁陳述古,邀余飲堂前小閣中,壁上小書一絕,君謨真迹也,"約綽新嬌生眼底,侵尋舊事上眉尖。問君別後愁多少,得似春潮夜夜添",又有人和云"長垂玉筯殘粧臉,肯爲金釵露指尖。萬斛閑愁何日盡,一分真態更難添",二詩皆可觀,後詩不知誰作也。

　　杭州營籍周韶,多蓄奇茗,常與君謨鬥,勝之,韶又知作詩,子容過杭,述古飲之,韶泣求落籍,子容曰可作一絕,韶援筆立成,曰"隴上巢空歲月驚,忍看回首自梳翎。開籠若放雪衣女,長念觀音般若經"。韶時有服,衣白,一坐嗟歎,遂落籍。同輩皆有詩送之,二人者最善,胡楚云"澹粧輕素鶴翎紅,移入朱欄便不同。應笑西園舊桃李,强勻颜色待東風",龍靚云"桃花流水本無塵,一落人間幾度春。解佩暫酬交甫意,濯纓還作武陵人",固知杭人多惠也。

　　衹今誰是錢塘守，頗解湖中宿畫船。曉起鬭茶龍井上，花開陌上載嬋娟。白樂天、蔡君謨、陳述古、蘇子瞻，皆杭守也。

　　老却眉山長帽翁，茶煙輕颺鬢絲風。錦囊舊賜龍團在，誰爲分泉落月中。

　　三生石上舊精魂，解后相逢莫重論。縱有繡囊留別恨，已無明鏡着啼痕。

　　能言學得妙蓮華，贏得春風對客誇。乞食衲衣渾未老，爲題靈塔向金沙。

　　丹邱柯敬仲多蓄魏晉法書，至宋人書，殆百十函，隨以與人，弗留也。它日獨見此軸在几格間，甚怪之，及取觀，則吾坡翁書蔡君謨夢中詩，及守居閣中舊題也，第三詩以爲不知何人作，其軒轅弥明之流歟？陳太守放營妓三詩，亦辱翁翰墨傳流至今，信亦有緣耶？卷後多佳紙，敬仲求集作詩識其後，賦此四首。是日試郭玘墨，但目疾轉深，不復能作字，又不知年歲，後雖若此者，亦尚能作否？臨楮慨然。至順辛未二月望日，蜀人虞集書。

日將公事湖中了，醉入重城列炬明。自古大藩財賦地，古人偏得賦閒情。

謝女嬌吟雪比鹽，北臺馬耳見雙尖。衲衣政索歌姬笑，不道春寒繡被添。

寫韻軒中塵不驚，與誰同躡鳳凰翎。綵鸞可惜情緣重，只合清齋寫道經。

釵頭新綠荔枝紅，那與汀桃色味同。聞道端明新進譜，一時殿閣起薰風。

香辟春寒玉辟塵，流蘇斗帳醉和春。一雙明月都無價，寂寞人間第一人。

江南在處煙波好，浪迹先生不上船。近就闔閭城外宿，可憐霜月夜娟娟。

青城樵者一衰翁，寫罷烏絲滿袖風。消得玉堂金研匣，至今傳入畫圖中。

聽碾龍團怯醉魂，分茶故事待誰論。纖纖玉椀親曾見，祇有春衫舊酒痕。

白公種竹蘇公柳，譚笑功名後世誇。依舊葑雲三萬丈，斷橋誰與築堤沙。

奉同柯丹邱前後用韻凡九章，言無倫次，且有廣平媚語之罪，信識法者懼也，癸未冬十一月九日，吳郡張雨為子明王君寫。

　　山中覆鹿拾蕉葉，眼底生花二月明。不道人生俱夢裏，新詩猶話夢中情。

　　綠窗度曲初含笑，銀甲彈箏不露尖。人生莫待頭如雪，華屋春宵酒屢添。

　　雲中初下勢如驚，白鳳蹁躚雪色翎。多少舊游歌舞地，不堪回首又重經。

　　桃花扇底露唇紅，不復梳粧與衆同。一曲山香春去也，荼蘼無語謝東風。

　　一顆摩尼不染塵，瑤池玄圃度千春。寥陽殿裏雲深處，誰是當時解珮人。

　　三月旌旗幸玉泉，牙檣錦纜御龍船。千官車騎如雲湧，楊柳梢頭月色娟。

　　長憶眉菴鶴髮翁，舊時阿閣贊皇風。如今流落那堪說，黼黻文章似夢中。

　　鼓瑟湘靈欲斷魂，洞庭風浪不堪論。遙知舊賜宮袍錦，雙袖龍鍾總淚痕。

　　興聖宮中坐落花，詩成應制每相誇。廬山面目秋來好，自杖青藜步白沙。

　　此卷天曆間得之都下，予愛坡翁所書之事，俊拔而清麗，令人持玩不忍釋手，故侍書學士虞公見而題之，予携歸江南，會荊谿王子明同予所好，携之而去，他日再閱於環慶堂，俯仰今昔，爲之慨然，因走筆盡和卷中之詩，以舒其悒鬱之氣，旁觀者子明之兄德齋、淮南潘純、金壇張經、長安莫浩。至正三年夏五月，丹邱柯九思書。

　　盈盈秋水眼波明，脉脉遠山螺翠橫。西北風帆江路永，片雲不度若爲情。

　　雨挾江潮來浦口，霜彫木葉見山尖。寒波曾照飛鴻影，髭雪朝朝與恨添。

　　風雨翻江夢裏驚，忽思風馭絳霄翎。世間安得麻姑爪，癢處爬搔憶蔡經。

　　湖邊窗戶倚青紅，此日應非舊日同。太守與賓行樂地，斷碑荒蘚臥秋風。

　　奎章閣下掌絲綸，清淺蓬萊又幾春。三十六宮秋寂寂，金盤零露泣仙人。

　　戊申十月十七日，瓚。

　　蔡公閩嶠雙龍璧，蘇子儋州萬里船。何似歸田虞閣老，醉吟清浦月娟娟。

　　嗜酒狂吟禿鬢翁，華陽壇館百花風。晚年傳得登真訣，歸臥南山磵谷中。

　　十九日又追和虞奎章韻。

東閣小書詩夢破，後堂殘醉燭花明。春風客散茶香在，寂寞人間萬古情。

紅入兩顴春意滿，翠籠雙袖曉寒尖。雖知別後情難滅，也覺愁中醉易添。

彩筆詩成舉坐驚，素衣新剪鶴毛翎。多生應是蓮花女，留得銀箏金字經。

透海丹砂一粟紅，前身宜與後身同。就中只換神仙骨，塵業何由到素風。

滄海桑田復幾塵，東風惟見落花春。須知剩水殘山外，冰雪肌膚別有人。

蜀人文采相先後，多在西湖載酒船。腸斷至今湖上柳，空殘眉翠簇連娟。

三百年來此兩翁，詩人情性道人風。醉中還似毘耶老，花雨紛紛一笑中。

梅花香冷返冰魂，往事茫茫迹未論。寶劍已隨龍化去，誰憐水上刻舟痕。

賦罷仙人鄂綠華，金聲玉色衆中誇。歸來世上空塵土，雲白江清月滿沙。

洪武十四年，歲在辛酉，秋九月朔，義興馬治。

此蘇長公《嵩陽帖》，余神慕之久矣，觀其運筆，粲若星辰，異古殊今，落落珠玉也。後有虞學士及諸名公題詠，誠爲翰墨中之至寶，請善藏之。華亭陳詢爲文翔張君書於萬竹山房，丁未六月三日。

東坡《嵩陽帖》，詞翰兩絕，余見摹本，輒爲神往，今得展觀移日，頗如米老得《王略》時。董其昌。

宋蘇文忠公書《嵩陽居士帖》，元季名公題詠，嘉靖卅八年購，松陵史氏、墨林項元汴珍藏，此帖史氏已刻石行於世，後陳汝同、吳原博二跋皆不刻石，何也？周字號。

熙寧未識老學士，留着西湖受月明。峨眉堂堂氣萬古，偶然會得夢詩情。

右詩補黃文節公跋。

西邨堂下秋風起，每話閒園種決明。海月照來青眼共，吳江一櫂故人情。

右詩補吳文定公跋。

乾隆三十三年十月八日，此帖歸予齋，柯跋名款、張伯雨詩前五首暨吳原博跋，何時失去，見存者，蘇字三百、虞字二百九十有四、柯三百五十有四、倪二百十有四、馬二百六十有八、張一百六十、陳七十有四、董三十有四、項六十有二，凡字千七百有六十計多。内"項子京家"印前後凡七十餘，而"翁氏深原"押縫印廿有八，其一缺半，又不押縫者二，又"翁"字小圓印卅有七，其歸於予篋，得非有前定邪？

此帖原稱《天際烏雲卷》，柯博士再閱於環慶堂，猶軸也，不知何時改裝成册。項墨林時已是册子，觀其每頁前後小印可知也，則似乎柯、張迹之脱失尚在此前，而摹本在宣德前，此二迹尚未脱耳。

蘇詩外集"長垂玉"一首，題云"過濰州驛，見蔡君謨題詩壁上，綽約新嬌云云，不知爲誰而作也，和一首"。公以熙寧五年壬子通守杭州，是秋陳襄述古來知杭，至七年甲寅六月，陳移知應天府，是年九月公移知密州，其過濰州則熙寧九年丙辰冬，自密移徐，除夕大雪，留濰州，元日早晴，遂行。予今於蘇齋作《坡公濰州雪行圖》，爲此迹紀墨緣也。

蔡忠惠《夢詩帖》後有蘇跋云"此蔡君謨夢中詩也，真迹在濟明家，筆力遒勁，元祐五年二月四日，蘇軾題後”。
是時公以龍圖閣學士知杭。

又《題壁詩帖》跋云“錢唐有美堂前小閣中壁上小書此
詩，蔡君謨真迹也，陳述古摹刻，軾在定香橋野店中觀之”。

熙寧甲寅，坡翁往來常、潤道中有懷錢唐寄述古之作，
其次章云“去年柳絮飛時節，記得金籠放雪衣”，公自注“杭
人以放鴿爲太守壽”，此不欲明言所指，而託之放鴿，文字
之狡獪也，鴿無“雪衣”之號，故王注必援天寶中白鸚鵡事，
以明爲其借用，且鴿非僅白色，亦非“雪衣”字所能該得也。
注家但知其借用雪衣鸚鵡，而不知其指此雪衣女也。陳述
古和韻云“緱笙一曲人何在，遼鶴重來事已非。猶憶去年
題別處，鳥啼花落客沾衣”，語意更明，可知蘇詩“雪衣”之
不指放鶴矣。然則陳太守放營妓事，在熙寧六年癸丑
春也。

蘇子容頌和子瞻杭州詩，在熙寧壬子，正與陳述古知
杭之歲相符。

虞道園題於元文宗至順二年，柯丹邱、張貞居皆題於
順帝至正三年，倪雲林題於明洪武元年，馬孝常題於洪武
十四年，馬治字孝常，宜興人，初爲沙門，洪武初知內丘縣，終建昌
知府，與周履道遊荊溪諸山，作《荊南唱和集》。陳詢跋則朱性父
著《鐵網珊瑚》時尚未有之也。

虞文靖居臨川之崇仁，柯詩“廬山面目”云云，皆謂虞
公也，諸公題詠皆以虞公與蘇迹並言之。

董文敏跋云“余見摹本，輒爲神往”，《快雪堂》第四卷
所刻殆摹本歟？末句“杭人多慧”，是作“惠”字，此原本多
一直，不知何人所增也。東坡書“慧”皆作“惠”。

周公謹《雲煙過眼錄》“王介石虎臣所藏東坡書蔡君謨

二小詩，又杭妓周韶詩，吳楚、龍靚二妓詩，事在《侯鯖錄》”，此條訛“胡”爲“吳”也。

趙德麟《侯鯖錄》一條云“濠守侯德裕侍郎藏東坡一帖”云云，止“杭州營籍周韶”以下，而無前段。

張伯雨前五詩據《句曲外史集》補入，其第二詩“不道春寒繡被添”，《鐵網珊瑚》作“不待”。

倪雲林詩止七首，《鐵網珊瑚》所載同，而雲林集乃作八首，其末一首云“窗裏晚山眉翠重，汀前秋水眼波明。白鷗飛處循歸路，眇眇新愁故國情”，既不和痕、沙二韻，又重和蔡詩第一首，且併上句亦和之，不知何也？然必非墨迹所有矣。

乾隆三十七年八月五日，書於孫公園寓舍青棠書室，大興翁方綱。

天際烏雲帖歌

張道士詩已蕭落，柯博士跋又不完。長洲吳寬亦有題識字，字復散失隨雲煙。因緣起滅一一變幻果誰是，舊社心印何處知來還。西風透金橙，卯酒上牡丹。鶯飛鸑入柳絮起，省記拊檻齋餘前。濰州雪夜漫驛壁，公自解書何苦託軒轅。南岳真人舊居士，一笑仍作青眼看。天藻亭，五雲閣，對倚琅玕詠芍藥。晴虹貫夜風雨來，鎖甲黃金剪刀錯。木枯石爛那計煙霧深，且望岷峨入廬霍。海山巖洞又幾秋，風起水湧花自流。長篇小字勸君不用刻，何況守居閣子破紙風颻颻。松陵史家石久泐，快雪堂又摹雙鈎。

再題九首

定香橋漫觀真迹，鑒賞重來共濟明。公憶錢塘莳萬丈，低佪二十四橋情。

白髮每驚山鳥喚，新黄初上拒霜尖。相逢爲記跳珠雨，玉箏非因絳蠟添。

亂飛鵉鶩夢猶驚，草長江南映雪翎。縱有金籠真放鴿，莫憑傅會撿禽經。王注引鸚鵡，近日查注又引《倦遊録》雀鴿，皆未見此墨迹耳。

烏絲欄底袖圍紅，中酒殘春又不同。拈與五雲閣吏證，三生小杜落花風。

浣花溪頭雨洗塵，玉局墨竹幾經春。春雷翻石蛟龍起，大有峨嵋相對人。

鑒書博士鑒裁密，滿橐晴虹貫夜船。非復徐家得儇筆，似斂反正獨嬋娟。

後題又感邵菴翁，箇箇蘇門學士風。五百年前佳紙在，盡收心事錦池中。

誰從石刻覓精魂，吳下西邨且未論。枉費華亭比《王略》，黍珠難聚墨邊痕。

何年姓篆燦瑶華，一笑吾宗對客誇。固合墨緣歸我篋，閱人曩已似恒沙。

壬辰秋方綱識。

題學使翁同年臨蘇書卷後九首

蘇文忠書蔡君謨夢中詩，守居閣中舊題，及和作周韶落籍三詩，虞奎章見於柯敬仲所爲賦四首，後敬仲乃盡和卷中韻爲九首，於是題者倪瓚、馬治、張雨，皆如其數。此迹學使購之粤東，携歸京師，載既乞臨付一本，遂亦盡和韻以題之。

吾家篋擬君家寶，新迹粗將舊迹明。怕是夢中人洗梦，眼青萬里太多情。

情隨花動憐花好，春逗眉尖記指尖。不作錢塘江上守，那知愁似夜潮添。

鬥茶輸却笑堪驚，鸚武籠開不剪翎。相別若忘同輩羡，再生應念此恩經。

湖上草青花白紅，宋年春宜到今同。杭人多慧慧何似，憶殺六橋楊柳風。

遼家金家幾戰塵，一卷猶見錢塘春。撒與明珠百十二，果然南嶽有真人。

取觀任展長安軸，携去憑迴罨畫船。環慶堂間重俯仰，可憐真比月嬋娟。

多事相關長帽翁，倪張之筆盡春風。人生百歲他無戀，未免幅縑片楮中。

五百年遥嶺海魂，後先於浙漫尋論。轉愁杭郡殘詩稿，去惹儋州亂雨痕。

臨本木雞軒乍入，舊藏天籟閣曾誇。君非賈島獨名佛，我豈恒河長照沙。木雞軒，余寓屋。

壬辰秋仲秀水錢載。

　　拾將瑶草雲猶濕，吟就新詩月又明。暗水東流山比繞，夢中携贈故人情。

　　屈曲畫闌橋上月，鏡開初見兩眉尖。亦知向路扶人醉，青岸春潮昨夜添。

　　清霜向曉葉齊驚，孔雀東南惜短翎。誰爲檀香熏小像，原來身是度人經。

　　一曲當筵唱洗紅，滿園濃艷悵難同。闌干翠袖啼成雨，揮洒蒼髯手似風。

　　露桃芳甃寄杞塵，尚識錢塘郭外春。滿眼雲山留不住，看他吹笛渡江人。

　　當日風流多太守，瓜皮樣小䑡湖船。凄凉畫閣尋題句，斷絶煙花問麗娟。

　　仍是黃州一禿翁，梦回湖上雨兼風。醉遺莽蒼尋住句，墮落歌筵酒盞中。

　　捫葛難招遠客魂，題詩賞月更誰論。石鐺敲破金釵折，空記明粧驗水痕。

　　隨時説法總蓮華，寶墨收存畫篋誇。老眼摩挲歸更讀，莫教虛腹尚蒸沙。

　　壬辰秋仲紀復亨。

夢覺因何重紀夢，蘇端明寫蔡端明。詞人公案重重結，又爲奎章起遠情。

濰州驛上多情句，春色分明到筆尖。少年綺語何須諱，怕向烏臺案裏添。

鄭容落籍詞成日，一樣金衣放雪翎。不遇錢塘賢太守，花叢蜂蝶向來經。

黃妃斷墻夕陽紅，依舊西湖西子同。只少移厨餉官酒，舞衫吳榜試春風。東坡倅杭日，有以官法酒餉者，因作詩求述古移厨飲湖上，有云"遊舫已粧吳榜穩，舞衫初試越羅新"。

雲煙過眼記前塵，樓日天雲幾度春。舊事眉尖真似夢，翻憐多慧是杭人。

五雲閣外風流吏，環慶堂中書畫船。題詠漸多裝潢改，山房萬竹又婥娟。

我愛歸田學古翁，蜀西忠孝有門風。峨眉秀氣何曾斷，玉局仙人尚友中。

桃榔園古弔吟魂，鐵網珊瑚重細論。此是眉山真面目，匆匆春夢偶留痕。

青棠書室工鑑別，元季諸公未足誇。齋中自此虹貫月，門外一任風揚沙。

壬辰歲重陽前二日，嘉定錢大昕。

君謨紀夢坡公録，元代流傳迨有明。相距近猶争愛重，矧今人軫古人情。

香草美人工寄託，無題句子鬥新尖。瓊雷一笑看雲海，不似居杭怨易添。

逝水年華暗自驚，翛然辭籠振修翎。夕陽不盡傷心賦，細寫茶經替酒經。

峨眉朝日半天紅，繼踵奎章倘許同。想坐芝亭揮草稿，漢庭老吏挾霜風。

丹邱題句清絶塵，倪迂冷筆冬不春。未携清閟閣中去，癡戀猶應絶倒人。

《夢華録》後《夢粱録》，此本未裝子固船。跋語董書三十許，每於瘦硬見華娟。

墨寶今歸學士翁，楚弓楚得擅宗風。蠻煙五載不教浼，得句花林細雨中。

憑將畫筆返詩魂，卷册更移與重論。摩拂古香披蠹紙，秃襟濡染斷雲痕。

雜書一卷擬風華，《句曲外史集》有《戲題海粟諸公雜書一卷》。周字編藏匪示誇。後輩未應慚曩哲，狂瀾老筆溯長沙。

右次韻九首，程晉芳。

再叠前韻九首丁酉正月九日，漏下二鼓，展翫此册，程兄詩後有餘紙，因題此。

曾以粉箋垂著録，粉箋黭黯不分明。女兒膚滑輕雲膜，如此千秋萬古情。

桃華洞口殘膏染，真色無多到筆尖。大滌煙嵐是誰主，志餘空作麗詞添。

小閣翩鴻夢易驚，簽間真有隴頭翎。眉庵老子憑誰證，爲寫金沙塔院經。

吾家印似項家紅，橫卷籤題久不同。侯侍郎兼王介石，趙周過眼幾春風。趙德麟《侯鯖録》言見於濠守侯德裕家，周公謹《雲煙過眼録》言見於王介石虎臣家。

一舸鷗夷念念塵，六橋華柳又殘春。紅巾青鳥殷勤問，湖水東西舊主人。

守居閣子何真幻，遼鶴緱笙共畫船。華外客來罵寂寂，湖心煙重月娟娟。

日薰三象捧坡翁，海島吹來萬里風。蘇室蘇齋非二義，百千燈在一光中。予得此迹，名其室曰寶蘇室，又以韶州蘇題聖壽寺字摹刻石，與所摹米題藥洲石相配，曰蘇米齋。

萬古詩盟接夢魂，宋馮李邵總難論。只餘傳稗能歐法，似向先生乞墨痕蘇詩施顧注本，宋漫堂屬邵子湘、李百藥、馮山公删補，盡亂其舊，予得宋槧本藏之。

金庭玉户閟精華，紅日烏雲句漫誇。多少畫家傳不得，雨晴江樹寫平沙。擬倩好手繪此句。

　　東坡自謂字無法，天巧繩墨何從施。青霄碧海縱遊戲，自中律度精豪釐。嘗託西湖佳麗地，復記閑情書小詩。前人不見蔡君謨，後人不識柯九思。人生翰墨細事耳，古今相接良賴之。學士新作蘇米齋，欲飽看字忘輖飢。此冊神妙尤所祕，雲煙閱世憐公癡。今朝我更作公病，歛冊向篋重手持。亭午來看到昏黑，兀兀不樂歸車馳。學士平生妙臨本，試作嘗亂真鑒知。請煩冰雪襟懷手，再寫佳人絕妙辭。

　　乾隆三十七年臘月除夕前二日，姚鼐。

　　杭州守憶嵩陽句，寫向麻牋眼倍明。不識三春湖上路，何如萬里夢中情。

　　過眼煙雲仍在眼，一時齊入彩毫尖。夢中壁上皆陳迹，祇有潮痕比舊添。

　　鸚鵡能言舉座驚，隴頭歸去任修翎。竟成素鴿同時放，那不添書孔雀經。

　　鬥茶佐酒畫船紅，楚靚當筵唱和同。賦就難隨雪衣去，湖濱應怨妒花風。

　　夢説嵩陽雨洗塵，此詩何與六橋春。絲連藕斷非無意，擬向千秋索解人。

　　西湖煙月匆匆過，旋上儋州破浪船。誰使詩人歎潦倒，輸他落籍放嬋娟。

　　何怪深源印記翁，寶蘇齋本是家風。前虞後董諸先輩，都入珊瑚一網中。

　　筆外精神句裏魂，墨緣書屋數評論。夢詩知是圖難寫，紅日烏雲漫着痕。

　　嵩陽峰翠簇蓮華，話到前遊每自誇。蘇畫蘇詩留少室，雙碑俱未浣塵沙。

　　戊戌七月題於三花樹齋，莫瞻菉。

此迹後無年月，然其曰"僕在錢塘"，則是初倅杭時事，而此迹爲追憶書之，是即熙寧甲寅以後數年間所書，若以濰州度歲論之，則此迹或即是熙寧十年丁巳春所書歟？壬寅正月十三日書。

汪砢玉《珊瑚網》、郁逢慶《書畫記》皆言此帖白粉箋，今細看實是粉箋，但屢經裝治，被人磨拭，渝敝不可復識耳。一小"輩"字磨去不見，可證也。

米老稱晉迹惟有墨處不破，即此神理。

坡公迹是一紙，虞至陳詢是一紙，董、項是一紙。

其快雪所刻摹本，聞得前後均一色紙，則非粉箋明矣。

諸家著録書畫者，皆至馬孝常跋止，而無陳汝同跋，然以朱性甫生於明英宗正統九年甲子，則性甫之生已在汝同書跋之後十七年，果其得自目見，豈有不知有陳跋之理，是則性甫《鐵網珊瑚》已是據書載入者，而卞令之《書畫考》又不待言矣，則諸家著録本之，與此迹有異者，曷足怪乎？是夜漏下二鼓，客去，重燈書。

此迹在項氏時已改裝爲册矣，觀其每幅邊際有項氏鈐印，而又已不全，可知也。

項氏以嘉靖三十八年購於史氏，其時尚無董跋，董跋云"余見摹本，輒爲神往"，今在《快雪》者，即其所見之摹本也。《快雪帖》有文敏天啓五年之跋，則文敏此跋當更在天啓五年之後，總是七十歲以外筆也。文敏天啓五年拜南京禮部尚書，時年七十一。

初十日又寫此二跋，并賦疊韻九詩，詩録前册。

項子京、翁深原皆已改卷爲册矣，深原未著時世，今觀柯詩第九首，“興聖宮中”一行，後接縫處有項印，則是翁深原裝冊在前，而項又因之裝冊，特屢換其邊綾耳。今則又不知幾換裝也。

項題第一行右下“翁”字小圓印，其右邊已爲前紙壓半黍許，可見此印在前耳。

今按董、項二跋，逐節有“翁”字印，深原在墨林先，此爲定説。

壁詩夢詩非一時，濰州杭州誰憶之。熙寧老守筵上語，縱笙遼鶴人莫知。遠雲近日相開闔，樓景山光那分合。濟明家賞元祐春，簾雨濛濛又深閣。後詩誰作應問公，我今一笑對春風。欲移有美堂前間壁，畫作西湖水映空。臨蘇書蔡詩於小屏上，題此，戊戌五月三日，寶蘇室書。

明華亭何元朗《書畫銘心録》一條云“蘇長公卷，書蔡忠惠絕句，并營妓一段事，字大如錢，顛縱中有法度，神品也。後有虞邵菴、柯丹邱、張貞居、倪幻霞等篇，皆精絶可愛”。又趙文敏《時苗留犢圖》一條云“余歸時往見衡山，因故鄉遭變慘酷，急欲省視，即辭去，抵家，凡四十日，還京，次吳門，後造衡山，欵坐設飯，久之，良俊請曰武庫所藏皆是精品，然良俊所記憶不忘者，獨蘇長公《嵩陽帖》及趙文敏《與中峰手簡》二卷耳，請再觀之，因出示，回環展翫，神思飛越，真宇内奇寶也”。此録後有自識云“余以三月十八日癸卯行，至廿二日丁未得還京邸，往返纔兩月餘，而所見者如此，蓋亦幸矣。越十四日，爲嘉靖丁未春正月人日，清溪漫叟何良俊書”，而前有“丙辰冬，余以老病南歸”云云。

按，元朗以歲貢入國學，例授南京翰林院孔目，每喟然嘆曰“吾有清森閣在東海上，藏書四萬卷，名畫百籤，古法帖、鼎彝數十種，棄此不居，而僕僕牛馬走，不亦愚乎”，居三年，遂移疾免歸，海上中倭，留清溪者數年，此録，云云。正在此時也，丙辰是嘉靖三十五年，是年十二月丙戌朔，其十八日恰是癸卯，廿二日是丁未，是月小盡，至次年爲嘉靖三十六年丁巳之人日，恰十四日，因知“三月”當作“十二月”，“嘉靖丁未”當作“丁巳”，皆刻傳寫之訛。是年冬，衡山先生年八十七，而是時東坡此迹在衡山齋中，則於他書未見也。項子京識此迹後云“嘉靖三十八年購松陵史氏”，此迹前後有“史鑑秘玩”“史氏明古”諸印，明古歿於弘治九年丙辰，此迹售於項氏，則明古歿後六十三年矣。明古之子德徵，爲沈石田壻，石田歿於正德四年己巳，後十二年辛巳七夕，德徵裝石田遺迹爲卷。據石田《七星檜卷》言，弘治壬子之前，曾與德徵觀檜，既圖而詩之。弘治初年，德徵已能陪石田遊事，則當辛巳裝石田遺迹時，德徵已將垂老，至此迹售於項氏，又在辛巳後將四十年，則德徵當亦下世，必是此迹史氏不克守，將出售於人，而暫存文氏齋中，或衡山先生借以鑒賞，而徐俟其售耶。衡山先生卒於嘉靖三十八年二月，此迹之售於項氏，必在衡翁歿後，其家以衡山借留故人家物，不欲没其根原，而仍以爲史氏售之，故項子京識云“購松陵史氏”，不云“購於”而但云“購”者，其物久已不存史氏齋也，必言史氏者，不没文氏之善也，衡山父子無印章者，不忍有其物也，衡山歿後二承不留此者，亦必衡翁之志也。項氏得之，而後改卷爲册也，不特此迹付受有緒，而前賢相與之微意，亦得以考見焉，豈止觀翫墨寶而已乎？乾隆四十三年夏五月十三日，方綱識。

《佩文齋書畫譜》載何良俊《銘心録》，末句"嘉靖丁巳"，的是"巳"字，則知"三月"之應作"十二月"，愈無可疑者矣。廿五日識。

卞永譽《式古堂書畫考》第四卷收藏條内云"項復初家藏蘇長公《天際烏雲卷》"，據此則在項氏時是卷乎？抑其時已改裝册，而著録家誤仍其舊，稱曰卷乎？項復初是子京第三子，見《眉公筆記》，然今帖内却無項復初印，則又何也？七月三十日，燈下識。

汪砢玉《珊瑚網》云"蘇文忠公《天際烏雲卷》，在白粉箋上，中行草書，此卷在項又新處，予嘗獲觀，今爲王越石售去"。項德新字又新，號復初，子京之第三子也，子京長子德純，次德成，次德新，德新有讀易堂，別號讀易居士，卒於天啓三年癸亥。汪砢玉《珊瑚網》則編於崇禎十六年癸未春，又新之歿二十年矣。

珂玉又一條云"天啓癸亥初夏，獲觀東坡書方干詩卷，爲王越石物，後又見子昂跋云，記迹與此題語大同小異，殊可怪也，姑兩存之，以俟鑒別焉"，玉記又一條云"崇禎甲戌秋杪，王越石持坡書來觀"。

姜二西《韻石齋筆談》載王越石以贋鼎賺人，又臨換雲林畫事。越石名廷琦，慣居奇貨以博刀錐，爲多方壟斷者，此人天、崇間人，明末遊於杭州，然《天際烏雲帖》之橅本則尚在此前耳。

快雪堂《天際烏雲帖》是從摹本鈎勒者，以真迹對之益信，賦此三詩

　　松陵片石知何在，未得頭陀一掃花。如許晚香拈不得，翻身鳳種出誰家。

　　季海僧虔皆偃筆，後人嗤點到前賢。香光心眼劉郎手，尚苦偏鋒力未圓。

　　去歲詩盟續蜀岡，空將居士夢嵩陽。山川故有精靈許，已見茅齋搨郭香。去年將以真迹刻於揚州，不果，而予所摹《華山碑》今伯恭始謀刻之。

　　戊戌冬十二月三日，書於雨香齋。

快雪摹鎸戲鴻鍥，生香終遜樹頭花。崇寧焚燬宣和購，孔壁偷藏過幾家。

得庾征西豈暮年，家雞野鶩定誰賢。深原物墮覃溪手，也算長安鏡再圓。

史篋珍如玉在岡，項厨收比雁随陽。先生若遇邢和璞，應悟前身墨甕香。

定甫蔣士銓謹和。

老友夢中詩惝怳，官齋壁上字分明。美人居士風流盡，青眼紅粧一種情。

銀泥印簇冰蠶尾，寒具油存玉筍尖。轉遍風輪經七佛，八層公案者回添。册後有虞、柯、張、倪、馬、陳、董七家題識。

遞主蓉城亦可驚，前身俱躡鳳皇翎。殘縑且如留文字，碑墨澷他刼火經。

縞衣偷换舞衫紅，淪謫心情恨略同。難得護花賢太守，一幡斜壓滿湖風。

六橋多少落花塵，誰肯偷閒惜好春。消受杭人十分慧，後先唐宋四詩人。謂樂天、君謨、述古、东坡也。

風光已换鬥茶天，燈火猶存載酒船。明月易低人易散，看他遺墨當嬋娟。

笙歌誰見紫髯翁，罷遣愁眉唱國風。莫買雕籠閉鸚鵡，断腸多在有情中。

定香橋畔已銷魂，瑞慶堂前莫再論。到兩翁家真恠事，青氈藏過蝨魚痕。

那須石上掃苔花，真本蘭亭未足誇。持比平山醉翁帖，竹西應唱浪淘沙。時以此册寄揚州鈎摹上石。

題東坡《嵩陽帖》墨迹，即和元韻應覃溪先生教，戊戌十二月十二日，蔣士銓書於離垢方丈。

　　有美堂前小閣子，梦中詩寫蔡端明。生天成佛今何在，結此千秋萬古情。

　　錢唐江上風波急，低看湖心高塔尖。那道定香橋畔路，相思又爲故人添。

　　舒亶李定狠可驚，燖毛不已要拔翎。不獨美人求落籍，此生合誦藥王經。

　　美人顔色似花紅，恨在眉梢態不同。消受笙歌添別淚，滿船鐙火一湖風。

　　放鴿風花碾細塵，鬪茶櫻笋過殘春。太平士女丰昌會，俱是熙寧絕代人。

　　跋中便失黃山谷，無恙江頭虹月船。多謝奎章虞閣老，白頭隔世憶嬋娟。

　　老張道士老迂翁，殘墨能留花信風。人生何物供惆悵，蒼莽嵩陽一帖中。

　　三朝遺迹有詩魂，後起何人與細論。一炷鑪香兩小像，天青月白了無痕。

　　優曇華與妙蓮華，神物都將出世誇。卅二明珠真失去，教人何處揀金沙。東坡元祐四年一帖，予以四十金買之，未果，後爲周大理所得，刻於聽雨樓者是也。

　　覃溪先生屬題《嵩陽帖》九首，張塤。

《天際烏雲卷》後覃溪學士補和倪雲林、柯丹丘韻五首，內雲林"重"字一首，余闕不和，和蔣心餘"天"字，仍如五首之數，以復學士、心餘，亦榮矣哉

半山雲黑半山明，墨妙千秋一抹橫。湖上風光原不定，眼中人是夢中情。

詩本君謨舊軸橫，陰晴雲雨未分明。會中恰有巫山女，道是無情又有情。

西陵橋外白沙泉，載酒題詩便上船。一隊舞衣花楚楚，半湖歌板月娟娟。

只有東坡嗣樂天，後先幾个李膺船。雷瓊風浪掀天地，杭越煙花寫麗娟。

便拌滄海未垂綸，流水桃花漾好春。輸與分司兼壽考，東坡原是可憐人。

乾隆庚子三月廿一日，集詩境軒再題，抱犢山人張塤。

神光離合兩端明，峰嶺誰分側與橫。此卷直須淩《快雪》，華亭神往太多情。

嶺海煙雲竹石橫，西湖風月亦空明。何處招邀真笠屐，夢中重寫夢中情。

新詩急溜吐山泉，又落米家書畫船。雲日半窗風色暮，丁香簾外影娟娟。是日邀三名手，畫"天際烏雲""樓前紅日"二句詩意。

眼青一髮是南天，欲坐春風上水船。也到蘇公堤上去，尋詩載酒品嬋娟。

先生釣古引長綸，夜夜潮添春復春。庚子再刊銷夏記，蘇齋兼畫和詩人。

載軒周厚轅。

瘦同補和前人諸詩韻，并及心餘“天”字韻亦和之，來詫予曰心餘亦榮矣哉，予笑而和之，兼呈心餘三首，是日邀諸君來蘇齋畫“天際烏雲”二句詩意

吮毫未負養花天，看帖催飛泛酒船。賴得熙寧無畫者，諸君拈出特嬋娟。

幻景陰陰雨接天，如何收入貫虹船。蔣生十易燈窗稿，神到華陽態更娟。醉墨生爲華陽山人蔣湘帆之孫也。

名姓他時勒洞天，笛聲何處起江船。空歌吸盡峰峰綠，只記兜羅妙鬟娟。

乾隆庚子春三月廿一日，江寧湯松阿、歙縣羅冶亭、廣濟閔正齋、金壇蔣仲和，小集詩境軒，各爲予畫此詩意，即席賦此呈諸君。是日同觀予新得宋拓《化度寺碑》《爭坐位帖》，未谷、瘦同、載軒、仲和各爲題跋，今日之樂，何減米家書畫船耶。方綱記。

妙墨清辭成合璧，千秋鉅手兩端明。鼠鬚繭紙真無價，紅袖烏絲卻有情。

奎章偶試金壺汁，外史重濡寶帚尖。總愛衍波牋滑笏，幾篇珠玉又新添。虞奎章跋云"卷後多佳紙"。

過眼雲煙古所驚，也如身躡鳳凰翎。松陵環慶遥相望，幾度人間劫火經。

鬢絲何害對裙紅，放鴿開籠事豈同。不爲杭人多慧性，能教病手試楊風。坡公寄述古詩，有"記取金籠放雪衣"之句，蓋即指周妓落籍事，其自注云"杭人以放鴿爲太守壽"，特借言之耳。

定香橋水半揚塵，風月誰尋有美春。零落卻添惆悵事，黃吳俱有是名人。黃山谷、吳匏菴皆曾題跋，今俱已無存。

寶蘇室靜堆緗素，詩境軒幽遞酒船。漢碣唐碑看未了，丁香收影暮娟娟。

小印纍纍署記翁，古懽真賞是家風。彝齋肯摭彝齋字，大有奇緣翰墨中。册中每頁鈐"翁氏深原"方印，及"翁"字小圓印。又罨溪一字彝齋，而元時藏帖之王子明家中故有彝齋，今帖果歸罨溪，豈非此事一段大因緣耶？

烏雲天際句銷魂，此景荊關待細論。消得罨溪買東絹，殷勤教寫鐭舟痕。

戲鴻快雪漫鐫華，真迹單傳始可誇。譬似六經收監本，紛紛諸刻是麻沙。

庚子暮春下澣，次前人韻九首題《天際烏雲帖》，毅庵葉觀國。

　　宋白粉箋今始辨，多年渝敝不分明。昏陰苦霧斜風
雨，一種閒窗悵望情。小"葦"字磨去，"惠"字添畫，餘亦多描汙。

　　海上初迴鵝頸夢，花陰悟到鼠鬚尖。藥洲幾夕秋雲
合，青眼憑誰樺炬添。戊子十月得此於羊城使院。

　　江南草長鶯花亂，柳絮飛飛放雪翎。七百年前殘墨
點，三花樹下貝多經。

　　幻境烏雲襯日紅，畫禪三昧幾人同。只應十笏蘇齋
壁，捲起濰州臘雪風。陳述古放營妓事在熙寧六年癸丑，而和蔡
詩題過濰州驛，熙寧十年丁巳也。

　　丸螺念念續塵塵，郭玘研來又幾春。米老果然《王略》
得，洞天小劫屬何人。董跋蓋曾見摹本者。

　　幾行敬仲貞居字，已壓長虹貫月船。那問重橅褚臨
卷，華亭忍不贖嬋娟。此内闕柯詩一行、跋二行，又張雨詩十行，
不知何往，則海寧陳氏之重橅褚臨《禊帖》，董抽去三行者，不足致
惜矣。

　　傳付虞柯直到翁，印章漫説項家風。爾時寸寸丹砂
篆，已在儋州笠影中。"翁氏深原"印，又"翁"字小圓印，册内凡
數十處。

　　松陵石墨著精魂，文沈同時想對論。偏是董題摹本
在，雪堂錯認爪泥痕。董題所云見摹本者，即涿鹿馮氏快雪堂所
刻也，而吳江史明古所刻石，則從來所未聞，惟見於此帖項跋，予嘗
託吳江友人再三訪覓，訖無知者。

　　臘雪窗燈轉法華，嵩緣不借趙盧誇。十三跋又蘭亭
續，銘塔天然小聚沙。吾齋因藏此帖，每臘月十九作坡公生日，
而舊藏《化度寺邕師塔銘》，則趙松雪、盧疏齋諸跋皆來歸，與此元
人諸跋相映發也。

　　予數叠此韻矣，然偶因客謂紙非粉箋，又謂"惠"字多
一畫，又柯詩闕處無剪痕，又聞有藏此帖懸價千金者，是以

每被人疑。今知畢中丞以千金購彼帖，是前後一色紙，其贋明矣，乃深研"惠"字被描，及柯詩所闕一行裝䃾無痕之故，皆豁然明白，而粉箋之渝敝益顯。今成九首，以作此帖真品，猶如吾齋《化度寺碑》，每聞尚有近千字之唐拓，輒疑其尚非極至，而今乃快然信爲世所罕有也。嘉慶癸亥九月六日書，得此帖三十六秋矣，覃溪。

坡翁初到杭州日，爲見西湖眼倍明。更有竹溪賢太守，時時招飲亦多情。

小詩有味似精鹽，紅日烏雲語太尖。可是夢中傳綵筆，吟情偏向夢時添。

壁間鴻戲又虵驚，宛爾飛仙有墮翎。贏得後來題和好，後詩重和問誰經。

別後閒愁臉斷紅，越甌犀液遣誰同。江頭夜夜春潮滿，索莫茶煙澹颶風。

何來掩抑傍風塵，首面膏油不共春。聽取一雙梁燕語，無衫歌扇漫留人。

有客謁來太守宴，西湖風月暫迴船。停杯一賞新吟好，解語隴禽憐妙娟。

磊落千年玉局翁，到今遺墨見雄風。爲看翡翠蘭苕上，却掣鯨魚碧海中。

採菱歌月客銷魂，散盡空花更莫論。三復好詞還妙翰，始知春夢也留痕。

衡山茅山兩道士，釧響隔墻著語誇。惡劇弥明還一笑，誤渠塵刧墮恒沙。

東坡詩帖，依元人疊韻九首，癸卯九月廿一日，臨榆道中稿，劉墉。

石庵前輩屢欲索觀予所藏坡書《天際烏雲帖》，予篋中適携臨本，石庵見之，以爲非真也，今晨枉次韻九詩來贈，則其傾倒於予臨本，而真迹可知矣，疊韻奉酬

昔者思翁見摹本，躊躇《王略》未分明。何如攬轡榆關道，會得杭湖悵望情。

大觀真帖馮家本，枉著虛舟誤辨尖。獨有坡書經響榻，者重公案是誰添。王虛舟云，《大觀帖》弟六卷，馮氏摹入《快雪堂》，誤一“尖”字，予按，《快雪》“尖”字不誤。

小語空山響易驚，與誰同躡鳳皇翎。少霞宮榜親題字，鹵麓良常路幾經。

西湖煙樹點青紅，歲歲熙寧癸甲同。誰仿端明詩帖子，守居幾度換屏風。

洞天大滌隔凡塵，明鏡桃花笑古春。不解倪迂張道士，巢居絕聽爲何人。張伯雨號巢居，倪雲林號絕聽。

三間一榻寶蘇室，氣壓晴虹貫夜船。竹户陰來風淅淅，墨池影對月娟娟。

彝齋圖畫趙張翁，環慶堂前舊侶風。尚左生書牛鼎記，玉文心事往來中。

涪翁匏翁設夢魂，後先書派底須論。會稽徐傅怒猊法，旌德劉郎鐵筆痕。

磨墨齋頭轉法華，漢孺楷迹對君誇。蘇齋肯惠高軒過，細證中鋒力畫沙。

癸卯秋九月廿一日，臨榆旅舍書此。昨石庵來詩，以文尾小紙寫之，蓋自忘其前夕駁予臨本之戲語也，既而悔之，來索其草，而予已粘入册矣。是月卅日，於湯家屯大營門外與梁瑤峰前輩語此，瑤峰不特贊蘇迹之真，併贊予臨本之妙，而石庵猶執戲語也，漫記册尾。

　　"輦"字因有改畫，旁又注一"輦"字，此在《玉煙》《快雪》諸刻本皆有之，乃東坡原迹也，今屢經裝襯，磨去不見耳。張米菴《真迹日錄》云"蘇子瞻書《天際烏雲》，合詩後有黃魯直題識，韓太史存良故物也，今皆散佚，令人夢想"。

　　據此，則前失山谷一跋，後失匏菴一跋，求之二集，無有。

　　予既屢和前韻九首，而倪雲林第一詩"橫"字韻未和也，瘦同秘檢過小齋觀真迹，拈此同賦，又雲林此詩，集中以第二句爲首句，故亦再和之，又集中有補和上句"重"字一詩，故又和之，又柯丹邱第六詩"泉"字韻，又雲林第五詩"縜"字韻，亦應補和者，凡五首，邀秘檢皆同賦

　　得向荊溪識子明，牛羊古鼎氣縱橫。爾時亦有彝齋號，不獨王孫蕉雨情。

　　冉冉烏雲畫卷橫，諸公衣襫聚空明。後來好事無如我，歲歲花開悵望情。

　　夢語悠長心鄭重，那同師服託弥明。九霞空洞靈音答，一種依依息壤情。

　　嵩陽不必嘯臺泉，蜀道非關峽水船。三塔湖紋金灩灩，兩峰雲黛玉娟娟。

　　據梧支策又文縜，悟到蘇齋寫暮春。何似君謨還述古，得詩外味兩三人。

　　乾隆庚子春三月二十日，方綱書於寶蘇室。

　　徐潭十五姪自莆田倩史爲予作《天際烏雲詩意圖》，并摹坡公笠屐小影，合裝爲軸，供齋中，敬題二詩

　　此夢當時定在莆，林泉秀絕山有無。禪榻茶煙動裊

宛，楚江巫峽猶模糊。一几蘧然隱枯木，萬象落我牟尼珠。烏雲紅日亦假借，攝之静境歸寶蘇。

謝家蘇潭我徐潭，寓我于蘇名豈堪。前年門人謝藴山自號蘇潭，而十五姪自號徐潭，蓋皆借“潭”字寫意，愚號覃溪也，愚甚媿之。悟來邢房正合一，樓與雲日非兩三。折蘭髣髴佇遠者，要眇玉佩寄一函。日莫欄干淼何許，濛濛遠思來江南。

庚子春三月廿七日，方綱書於寶蘇室。

徐潭此卷以贈楊鈍夫進士，因五疊前韻

藥洲西舍西廊下，賸紙摩挲夜到明。海緑摇窗誰畫得，低回一十八年情。

我夢三秋庾嶺翠，君思萬點蜀山尖。催詩埜寺重陽過，聽雨蘇齋蠟燭添。

風雨同岑歲月驚，霜皋老鶴刷毛翎。飲泉鑒面非文字，此即坡公内景經。

欄邊旭景澹餘紅，纔接春陰又不同。難得徐潭爲摸寫，飄然筆落有仙風。

日日毫端萬斛塵，洞天花藥爲誰春。分明一掬蘇潭水，照見平生竺道人。藴山適以蘇潭字石刻見寄。

徐潭蘇潭若箇邊，南閩海浦西江船。水如人意珮環遠，山作筆峰眉黛娟。

楊生入蜀憶坡翁，更想芝亭嘯咏風。悵恨故家巴縣在，誰搜遺稿暮山中。鈍夫説其在蜀時，有巴縣虞某者來謁，自言文靖後裔，且言家有文靖手稿，比其歸取之，而鈍夫已去蜀矣，每至今談及，爲耿耿於懷也。

停云玉磬寫精魂，一笛空江客共論。恰是鶴飛來有信，爲傳鴻爪印留痕。適有携文待詔《赤壁圖》屬題者。

　　扁舟此去亂春華，衡岳雲開句定誇。袖有眉山真面目，洞庭新月滿長沙。時鈍夫將之湖南也。

　　乾隆五十年，歲在己巳，冬十月望後一日，方綱書於蘇齋南窗下。

　　庚子夏，覃溪學士大人出示《天際烏雲帖》墨迹，即集
東坡句奉題

　　記取羲之洗硯處，遊道場何山。西山煙雨卷踈廉。遠
樓。君家自有元和脚，柳氏二外甥求筆迹。氣壓鄴侯三萬籤。
書劉景文所藏王子敬帖。

　　吟哦相對忘三伏，次韻孫祕丞見贈。肝膽清新冷不邪。
次韻楊公濟梅花。收得玉堂揮翰手，次韻林子中新堤書事見寄。
半紆春蚓縮秋蛇。和人求筆迹。

　　一壑能專萬事灰，儋耳。絳宮明滅是蓬萊。虔州八境
圖。何人更似蘇夫子，冬至日遊吉祥寺。雲水光中洗眼來。
九日尋臻闍黎。

　　疾雷破屋雨翻河，暴雨初晴樓下晚景，時正暑雨經旬。我
擊藤牀君唱歌。和趙郎中見戲。消遣百年須底物，贈葛葦。
聊同笑語説東坡留題蘭皋亭。

　　蔣龍昌。

偶見柯敬仲、張伯雨手帖，以對予所藏蘇書《天際烏雲帖》後跋，筆勢悉符，因摹其書以補二跋所闕字，喜而題此九詩，四疊前韻

想像摩挲十五載，兩賢如夢不分明。數行尺牘春燈下，會得彝齋悵望情。

錫訓軒依深檻曲，三茅山點數峰尖。義興尊酒風流地，二老重重客話添。

俊鶻摩霄鷟鳥驚，筆飛那易慕修翎。率更已想劉珉迹，松雪何如內景經。

梳粧時世抹青紅，未許妍姿一例同。書到至元元晚季，過江衣帶尚遺風。

奎章書畫澹無塵，句曲煙霞別有春。若使商量墨緣在，故應青眼箇中人。

蘇公東海量懷袖，託我歸裝粵浦船。偏使玉輪遲月戶，晶盤影記對嬋娟。

柯題每句憶虞翁，張帖從來有趙風。今日迷離同一悟，妙香梅雪篆煙中。

臨摹敢説覷精魂，但弗斤斤響揭論。多少客來圖蔡句，山樓何境可留痕。

摩圍偈已契蓮華，原博文難仿帖誇。快雪晚香重審正，始知閣本壓長沙。

帖後山谷、匏庵跋久失去，予初擬作二詩，不敢安也，既而於黃集得一條補入，而吳題則無由得也，甲辰正月廿七日，方綱書於蘇齋。

瓣香來下蘇齋拜，元祐於今眼倍明。世事盡如翻覆掌，烏雲含雨重含情。

過眼雲煙都是夢，青青萬點蜀山尖。玻璃江水峨眉月，照見先生白髮添。

秋窗睡起驚紅旭，曉檻人來喚白翎。也逐詞林三學士，時帆、冶亭、朗峰也。一時同看換鵝經。

捧硯猶賡雙袖紅，覃溪詘老句難同。未應石墨樓中興，吹入桃花扇底風。

風流文采易前塵，青眼能回萬古春。試問六橋花柳道，杭州太守又何人。

袖中玉局烏雲帖，載自珠江廉石船。神物定留神契在，茗香相對靜娟娟。

不信坡翁又此翁，三生同夢一樓風。能將後夢通前夢，只在濛濛墨氣中。

於何招得古人魂，漫撫遺編與細論。樂石緻甀猶寶惜，淋漓十指況親痕。

一函持捧勝瑤華，宋槧完然更可誇。且向彝齋稱合璧，漫從人代問恒沙。第三詩"驚"字嫌其出韻，故未從押。又"烏雲帖"字擬易"嵩陽"。

乾隆丙午閏七月之廿日，同過蘇齋觀帖，並宋槧蘇詩，覃溪老先生出此屬題，依前同次九詩之韻，幸得挂名，帙末有元柯、虞，尚不敢希，況以上耶。襄平甘運原并識，廿一日燈下，時年六十有八。

長公墨妙垂金石，忽睹晨星眼乍明。一卷新詩數行字，今人筆法古文情。

偶然軼事傳身後，不覺柔情露筆尖。如此風流稱學士，客愁合向鬢毛添。

飄零紅粉事堪驚，腸斷筵前唱白翎。博得蘇公留妙迹，芳名傳並品茶經。

西園桃李競殘紅，榮落無須怨不同。劉阮重尋舊遊處，武陵洞口起秋風。

珠箔瓊樓散作塵，鳥啼花落憶前春。緱笙一別無消息，柳絮飛時不見人。

兩行紅粉春迴座，一曲琵琶夜泊船。爭似錢唐陳太守，不將金屋老嬋娟。

回首歌場已作翁，當年佳麗易追風。髯公自是鍾情客，証取禪牀一夢中。

水調歌殘斷客魂，歸來舊事不堪論。怒猊奇鬼爭心得，大海風濤捲墨痕。

奎章學士妙詞華，真賞丹邱豈浪誇。我羨蘇齋老詹事，千金何處得披沙。

覃溪老前輩命和卷中韻九首，鐵保。

誰託美人韶楚靚，却留真迹宋元明。秋窗畫橙尋殘夢，想見掀髯潑墨情。

雪繭略分朱印尾，雲煙尚擁紫毫尖。春愁不向官齋没，一度東風一度添。

詩名已遺世人驚，別夢蓉城躡鳳翎。如此雄才閒筆墨，胸中合有洗心經。

湖上桃花幾樹紅，詩禪閨怨可相同。定香橋畔春如海，緑字招搖澹宕風。

六橋煙月總無塵，一榻閒雲作好春。太守何之諸客盡，座中誰是鬥茶人。

小閣秋空看放筆，滄江夜静憶停船。紅粧緑鬢憑彈指，試展銀牋對妙娟。

涪翁迹失更匏翁，逸興熙寧悵遠風。今日蘇齋齊放眼，江聲雨氣落杯中。

朱欄徙倚客消魂，詩句誰題且莫論。妙墨遺香緣不淺，筆端宛着舊啼痕。

南海西湖記歲華，殘縑賸字總堪誇。人間尚有真青眼，日日摩挲閲界沙。

題東坡《天際烏雲》墨迹，依元人疊韻，法式善。

　　海內風流蘇玉局，夢中佳句蔡端明。一時妙墨傳千載，繫盡人間好古情。

　　壁間墨瀋橫釵股，檻外江光落筆尖。唯有舊時堂上月，照人離席酒頻添。

　　幾年淪落別魂驚，脫去雕籠振雪翎。回首羅浮人不見，月明隴樹梦金經。

　　歌舞誰家列燭紅，西園桃李曲難同。夢回一枕鈞天樂，聲斷西湖夜月風。

　　共向天垣謫世塵，相逢重話武陵春。傳來彩筆同莊蝶，留證千秋慧業人。

　　奎章學士老歸田，幾卷新詩一釣船。江畔誰遺交甫珮，荷衣漾露淨娟娟。

　　金蓮盛事擬坡翁，鼓棹巴江送晚風。博得丹邱重惘悵，侍書人老薛蘿中。

　　一抹蕭疎爽醉魂，雲林遺意與誰論。當年不畫嵩陽帖，祕盡煙霞筆墨痕。

　　笙歌如駛散繁華，名帖裝成見客誇。滿紙秋雲浮墨彩，蘇堤人去雁團沙。

　　乾隆丙午八月五日，題東坡《天際烏雲》墨迹，玉保。

坡翁墨妙流傳徧，論定何人鑒最明。一自柯虞賡唱後，蘇齋尚友獨鍾情。

諸家題跋體各異，一一臨摹歸筆尖。好事有人重上石，更將佳話卷中添。

烏臺案裏夢魂驚，白鶴峰頭老戢翎。回首錢唐舊風月，雙鳧五馬幾番經。

銜飛青鳥傍中紅，贈別殷勤鳳嶺同。一樣筵前爲落籍，湖亭柳蔓繫春風。坡翁倅杭時，有贈別詩用戎昱事。

笙歌樂事總成塵，七百年來不再春。便是杭人固多慧，鶯花管領久無人。

蘇公再到西湖日，已歎情同下瀨船。欲識當時豪興在，看將婀娜鬥嬋娟。坡公論書詩云“剛健含婀娜”。

向往平生是此翁，豈徒翰墨仰宗風。雪衣箋釋從茲採，更補殘編入帙中。先生藏有宋刊施注東坡詩本，余採補於合注本中，凡殘缺者，皆不遺也。

年年生日拜忠魂，書畫詩文仔細論。可惜煙雲成過眼，黃州詩稿未留痕。余今夏見坡翁《定惠院月夜偶出》詩二首草稿，惜未學先生留得雙鈎本也。

詩境軒中聚墨華，搜羅日下富誰誇。夢蘇有意作齋額，更乞先生錐畫沙。余於昨臘夢見坡翁，今先生許爲書“梦蘇草堂”額，故末章及之。

乾隆庚戌嘉平十八日，在覃溪先生蘇齋拜坡翁生日，出示《天際烏雲帖》墨迹，次卷中諸公詩韻共九首，燈下錄，桐鄉馮應榴拜題。

蘇蔡風流千百載，卷中遺墨尚分明。惺忪不比浮生夢，倦客披來更有情。

夜雨脚如芳草亂，曉風頭似剪刀尖。泥人無那堤邊柳，牽出愁絲寸寸添。

孔雀蓬山屢自驚，悔將文采刷毛翎。色空泡影人間幻，日誦金剛一卷經。

樂府聞歌休洗紅，可憐顏色有誰同。湖堤若聽花神泣，枉煞祠前一夜風。

青山雨過無點塵，雙槳畫舫錢唐春。我亦近來成渴病，應携龍井鬥茶人。

樂天居士東坡老，曾向湖中泊妓船。寄語惠州賢太守，好詩真箇放嬋娟。伊墨卿將之惠州，故及之。

至順年間一老翁，詩成揮灑向東風。人間多少悲懽事，却在樓前紅日中。

海樹無心尚返魂，華年草草那堪論。淄塵萬斛青衫徧，染了啼痕又酒痕。

自調錦瑟詠年華，心事猶能少壯誇。多慧西湖湖上女，也應重唱浪淘沙。

嘉慶己未上巳後二日，吳門金學蓮奉題。

快雪玉虹皆贋本，蘇齋到後眼纔明。嵩陽夢遠誰寄夢，青眼峨眉萬古情。

無端別恨生江上，如此閒愁到筆尖。雪片馬頭催臘盡，濰州駬又墨華添。

塵網難除夢易驚，能言嬌鳥自梳翎。吹笙鶴氅前因在，卻比山陰寫道經。

海門日射晚潮紅，俯仰千秋感慨同。憶煞錢唐賢太守，湖船消受綠楊風。

北塔山前劫換塵，奎章故宅野田春。虞公宅在崇仁縣城南十里，今成野田田矣。橫江萬竹低風雨，想像花溪醉酒人。

新銘自寫山卿館，舊迹還來米老船。文字憐他多結習，妙蓮花韻鬥嬋娟。

細數瑤華到項翁，鳳皇衣下九天風。湖山千載英靈氣，攝入蓬萊小閣中。

下界難招跨鶴魂，楚江粵嶠試尋論。紫裘吹笛人多少，媿我焚香對手痕。

出世優曇偶放花，宋元題贊向誰誇。詩禪畫偈雲屏照，等是恒河小聚沙。

蘇齋弟子洪占銓。

　　蘇齋先生今坡公，詩心禪悅將毋同，盡搜蘇迹蘇齋中，何況此帖存家風，不見六十七印深原翁。我家錢唐公所愛，高樓日日湖山對。一去船回浮玉青，相思燕蹴楊華碎。夢中長此憶江南，草長鷺飛路熟諳。湖上跳珠忍不見，清風急雨行瓊儋。一場春夢何須喚，萬里看人悵雲漢。誰從鳳咮記淩波，五百年來雨晴換。柯敬仲，虞奎章，媚語忽到句曲張。恒沙人閱歲月忙，春風一室開青棠。試看天際飛鴻影，泥爪空橅快雪堂。

　　庚午上巳後三日，題《天際烏雲帖》，屠倬呈本。

夢裏詩篇非惚悅，眼中雲日欠分明。杭州閣子濰州驛，道是無題更有情。

解語嬌花爭絕代，輕寒二月怯風尖。可憐湖水年年綠，無那春愁暗暗添。

七字詩成舉座驚，雕籠豈果損修翎。多情不遇風流守，柳絮塵埃恐慣經。

六橋春色亂青紅，先後來遊同不同。蘇蔡千秋心眼照，一甌間試鬥茶風。

膚滑長箋絕點塵，筆花到處總生春。古香一滴松肪露，多少元明過眼人。

眉菴秋展匡廬雨，博士春迴罨畫船。更有倪迂張馬輩，笑從隔世對嬋娟。

卅七團圞印記翁，幾時吹過嶺頭風。公家翰墨緣誰結，迦葉拈花一笑中。

迷離真幻泥詩魂，跋語從頭細細論。鑒賞多人籤軸換，雲煙著手不留痕。

重重妙偈證蓮華，先生曾五叠韻。蒲褐誰憑偈語誇。雪洉當年春夢影，鈎簾宿鷺起圓沙。

嘉慶庚申嘉平十九日，蘇齋觀東坡《天際烏雲帖》真迹，次元人韻九首，宣城方楷題。

　　萬里嵩陽共青眼，一時酬唱兩端明。竹笒舞罷龍蛇出，一證千秋繾綣情。

　　老筆健如松偃蓋，新詩穎似筍抽尖。瓣香獨下蘇齋拜，爇盡沉檀手自添。

　　巧偷鸚鵡慧堪驚，謝却紅翎愛雪翎。點絮何曾塵影在，更無煩誦洗心經。

　　閒看萬紫并千紅，墮地飄茵分豈同。不是錢唐賢太守，後先誰護妒花風。

　　未須玉鼻策輕塵，且放金籠當餞春。柳絮飛時煙黯黮，至今懷煞六橋人。

　　濰州驛壁守居閣，真幻都如不繫船。何似烏雲紅日夢，夢回新月照嬋娟。

　　證否三生樊上翁，奎章學士亦仙風。繡囊明鏡低個久，戲掣鯨魚碧海中。

　　信有招邀龍劍魂，蘇齋息壤要重論。閱人已過元明代，依舊當年醉墨痕。

　　紛紛石墨説鐫華，初寫黃庭莫浪誇。照我峨嵋天半雪，一空千古浪淘沙。

　　嘉慶五年十二月廿六日，蘇齋弟子周邵蓮展觀，因題。

景中人與詩中畫，客館疏窗眼暫明。此後雲煙都入夢，瓣香燃處不勝情。

六橋歸路經過熟，午夢春愁赴筆尖。爲問錢唐官閣裏，它時故事倚誰添。

飛出樊籠夢不驚，松巢明月照霜翎。調鸚放鴿真耶幻，誰讀浮邱相鶴經。

莫再東華踏軟紅，西湖煙月古時同。茶香一縷依稀記，蘇小樓前柳絮風。

萬事濛濛過眼塵，不須惆悵曲江春。只餘翰墨因緣重，長憶元亭識字人。

餘杭美酒味如儠，願借坡公藥玉船。醉臥古梅呼不醒，夢隨花影弔嬋娟。

歸過平山拜醉翁，藕花深處候涼風。蘇公正有門生感，不在淮流泲記中。

冉冉詩魂更艷魂，梨雲幻影且休論。幾家三字元和腳，認取當年手爪痕。

淋漓大筆掃鉛華，不遣人間俗口誇。凡骨自知猶可換，要從勾漏覓丹沙。

覃溪先生命題《天際烏雲帖》，次韻九首，兼以志別，樂鈞。

《天際烏雲帖》收藏世系表

濠守侯德裕侍郎　宋

王介石虎臣　南宋

柯博士敬仲九思　元

義興王子明光大

張文翔　明

吳江史明古鑑

檇李項墨林子京元汴　墨林第三子項復初又新

芝水祝世美此以下二人未考先後。

韓太史存良　此尚未可定

今以中間邊印考之，深原當在項子京之前，已記於第二册矣。

翁深原歲時未考。　　宜章典史之弟約在乾隆初年，姓氏未考。

山左吳君

北平蘇齋主人覃溪翁方綱乾隆三十三年戊子十月八日。

　　我題書畫詩夢石，五者定知孰後先。書中詩畫石中夢，有若象數相滋然。請從吾齋詩夢說，畫家經營三十年。雨亭鄭叟潤藥洲上，吸月來壓珍珠船。同携大癡綽墩卷，墨雲挾雨龍蜿蜒。鄭叟三日爲我仿，後春北上誇老錢。謂撲石。蘇書蔡夢杭守句，烏雲紅日嵩陽緣。江南罳花倒眉暈，西湖雪羽飛柳縣。一以君謨唱來和，神光離合難爲傳。錢子羅生聘迭商確，吮豪未敢賭錦邊。三湘老史閔獸子貞，一夕大叫狂非顛。空中噀墨灑虛壁，濕紙紺起飢蛟涎。至今裝潢此帖背，雪帥惚怳神情牽。帖中有人凭樓立，蘇耶蔡耶言莫宣。我齋十百笠展影，卜爾訊寄靈筳篿。今宵雪後乃忽悟，五峰居士書畫禪。書非詞筆畫非墨，九霞洞接空濛天。似雨疑晴嶂疑霧，真宰元氣相迴旋。山開一面受紫翠，遠極無際吞雲煙。斜峰陡起削天半，半與雲氣低空懸。空外江光墨搖動，銀河赤岸來飛泉。恐是荆關董巨輩，精魄幻現於丹鉛。不然熙寧元豐日，詩酒痕涴留山川。依然樓頭目真見，錢塘午枕官閣前。鍥舟曩寫蘇與蔡，執著窗几紛堂筵。如此蘇齋研屏石，豈假星月歐梅篇。我有偃松枕屏字，亦出鶴嶺羅浮仙。松屏今與石屏合，四百二峰收一卷。眼青萬里是何處，風落電轉規輪圓。粉箋殘幅乃真境，衆山應響元無絃。有鄰齋銘篆香淡，寶晉研石徒牽纏。西陂那必麓臺卷，晚香縮本旃檀鐫。予縮臨坡公書蔡君謨夢中詩句，鐫於此屏之側。

　　書畫詩夢石研屏歌，齋中藏《嵩陽帖》，欲繪夢中詩二句，三十餘年無能畫者，癸亥秋五峰居士以此石見贈，詩境宛然，甲子春乃裝香柟爲架，并乞友人寫於此册，證斯帖墨緣也。乙丑十二月望後，方綱識。

　　乙丑十二月十九日，始裝研屏寫樣於卷，即題蘇齋圖後二首

　　夢生詩畫畫生詩，片石因緣孰憶之。驛壁濰州深雪夜，茶甌湖舫晚潮時。笏齋味只殘縑紙，筍脯筵澆薄酒巵。慙愧嵩陽青眼在，斧叕真宰氣淋漓。

　　去年真像耿窗櫺，今臘重盟研石青。墨噀空中如欲語，笛飛下界儻來聽。半低斜照非煙雨，一氣長虹仰月星。笑我區區舟劍鐭，畫圖泥著偃松屏。方綱。

　　蘇齋夢詩石研屏，端明夢境坡翁筆，藏在蘇齋卅年矣。齋中竟合結崒岑，天下何曾有山水。濛濛蒸空一片石，翰墨之緣乃如此。霞光殘紫暈生痕，雨氣空青潤流髓。天然不借渲染法，巧構初疑鬼神使。人間畫師意不到，世外煙嵐問誰儗。如我學詩公説法，即此蒼茫此肌理。大海瀾翻廣長舌，舌本泉源浩流駛。虛廊瀹茗長日間，殘月聽鐘近晨起。世間好句世所共，東坡句。此石先余證微旨。畫禪詩髓一氣中，我詩形似爾神似。萬古相依真性情，石不能言但隱几。我寄邗江石現北，代我泠然發妙指。孤絃自調埶和聲，戞應宮商激清徵。嵩陽青眼石盟乎，傳我詩情公獨喜。十年殘債洗不盡，豈以詩窮坐愁死。浮生幻想亦明滅，往事如雲真夢耳。朝來竟携筆研去，伴爾丹厓青嶂裏。

　　嘉慶乙丑十有一月，金學蓮。

　　何人遺公紫石屏，層巒叠嶂浮空青。烏雲紅日閃陰映，巧琢山骨開真形。公家舊寶嵩陽帖，坡翁遺墨光晶熒。君謨夢中句奇妙，懷人萬里心屏營。西湖放棹值休暇，葑雲席捲波洄淳。陳遵好事泥翁飲，小閣盡拓明窗欞。壁間小語亦佳絕，少霞自草新宮銘。當年鬥茗傳韻事，縞衣仙子何娉婷。忽然悟讀般若經，開籠欲矯雙修翎。同時楚靚亦絕世，政自難判尹與邢。仿佛蓉城主高會，左右環侍皆媌娙。酒酣拈筆意根觸，醉墨無數毫端零。墨池變幻出光怪，珠字磊落成華星。星精墮地化爲石，經以刻畫煩山靈。由來神物理必合，相遭豈比風中萍。偃松讚字極雄秀，勁幹勢欲凌蒼冥。我觀蘇齋秘密藏，捧手讚嘆心無寧。拜石真應具袍笏，公當更築墨妙亭。

　　蘇齋夢詩石研屏歌，覃谿先生命賦，楊芳燦。

蘇齋蘇帖三十年，山際樓前幻雲巘。多少畫家傳不出，寫梦寫詩嗟已淺。世以豪放目坡詩，妙法蓮華何處演。先生論蘇獨不然，自有精微含淡遠。江湖夜夜月蚌吐，煙雨濛濛柳條翦。鶯啼翠管雪羽飛，草色裹腰綠茵軟。守居閣子海水搖，借問如何語一轉。淋漓元氣功到此，莽蒼蒸空青不斷。墨雲一片墮蘇齋，還試松風鬥午莽。此即端明意舉似，居士嵩陽舊青眼。南江陰耶北海陽，晦映靈芝紫華卷。我亦夢中旁睨者，拍手飛匡笑丹篆。

蘇齋石畫研屏歌爲覃溪先生作，樂鈞。

石畫軒硯屏歌爲覃溪師作

君謨夢語畫不得，誰知妙迹藏名山。山靈意託真宰出，陽帥陰雪非人間。低空雲作澹開合，一峰忽照碧紫殷。松風瀑雨落何處，似聞谿澗流潺潺。吾師日坐寶蘇室，濰水定香相對閒。西湖萬頃幻空翠，疑與東坡同櫂還。東坡墨妙世希有，獨向蘇齋招石友。偃松屏贊軸飛來，壁立行間怒蛟走。殘碑昨又寄潁州，醉筆光芒射星斗。嵩陽居士亦何人，青眼青今爲誰某。畫師歛手三十年，天匠慘澹難爲妍。此石此屏此齋几，一字不著三昧禪。浩乎淋漓一元氣，神斤鬼斧窮雕鎸。如是我聞公説法，千變萬化歸自然。細觀畫意悟詩理，筆外之筆仙乎仙。夢中蘇蔡同一笑，午窗石鼎霏茶煙。

嘉慶十一年十二月十九日，書於京寓之石谿詩舫，吳嵩梁。

　　蘇齋蘇帖真賞孤，墨雲浮空潤不枯。寫詩寫梦偶然耳，恨不當時兼寫圖。公藏此帖卅載餘，晴窗相對日夕娛。俗工百手畫不到，頃刻變炫清景徂。飛來片石僊人都，樓前山際境又殊。虹光如貫月千頃，海淥自搖天一壺。公時臥遊江與湖，返照在壁黃雲鋪。得毋山靈覷天巧，直躡夢影追詩逋。我公蘇學兼蘇書，我言公詩神似蘇。峨眉千尺倒空綠，清入肺腑涼肌膚。一生胸次天爲徒，真意那許人追摹。驚雷激電有時有，淡日輕煙無處無。請持吾言問君謨，夢中之詩有是夫。斯人回首不可作，此石點頭猶可呼。屏間虛白清雙矑，勿更潑墨翻模糊。樂生儻亦具石癖，破費畫石閑工夫。樂子蓮裳以圖寄示。燕台昨夜西風初，門前葉葉飄秋梧。作詩贈石下石拜，苔岑一氣青菖蒲。

　　蘇齋石畫研屏歌爲覃谿夫子作，劉嗣綰。

蘇齋嵩陽帖詩境研屏歌和作

夜夢山精與我言，蘇齋老子心含元。讀書嗜古有奇癖，往往真宰通天尊。一日天尊苦其擾，詔謂羅浮呼崑崙。山頭太白一片石，是中有精藏角根。帥陰霅易妙變化，曰曉而曉昏而昏。爲我輩致蘇齋好，五峰使者當走奔。東坡今雖返香案，狡獪手迹留乾坤。仙語既假蔡少霞，聯句復飾風軒轅。此物恰落蘇齋手，退之雙鳥誰能髡。六詩晝夜三十載，挑抉嘲詠怪又煩。烏雲紅日本常事，春潮多少況可論。老蠶作繭脱不得，宜僚弄瓦能解冤。人間神物倒有對，汝石其往爲世婚。天既有情石亦喜，不能言説能蹲蹲。顧盻況有松屏影，端溪生更通靈魂。石光墨光忽鬥勢，雲容日彩精交吞。瑤盆錦册掣眼轉，樓前天際增紛緼。蘇齋吃吃笑不止，豈知蒼蒼之所敦。此事紛紛自不識，爾廣長舌瀾宜翻。梦中説梦吾豈敢，玄之又玄真妙門。

嘉慶丁卯十二月十九日，東坡生辰，拜於蘇齋，覃溪先生出此册命和，並同題《李委吹篴圖》，越翼日呈上，宋湘。

考定摹本

涿鹿馮氏快雪堂刻，即董文敏所謂嘗見摹本者，近日曲阜孔氏玉虹堂刻，及徽州程也園刻，皆同此摹本，在柯、張二迹未失之前，蓋摹本出明初人。張貞居詩當依摹本在柯後倪前，蓋柯、張迹皆至正三年相接，予此原迹裝，誤柯、張迹失在項冊前，予藏此原迹裝，在翁深原、項子京裝冊後。

一行，"天"字，摹本肥，遜真本清勁。程也園刻竟似《多寶塔》矣。"含"，内點是"今"字圓轉也，摹本作一橫，非。"雨"，右肩摹失弱。"樓"，右上起鋒。《快雪》竟無之。"前"，左下"目"内筆絲誤向裏旋遶。

二行，"紅"，"糸"旁起筆另頓作二層，摹本竟通作一筆。大約真本處處停筆提頓，而摹本多直瀉，此其所失也。

三行，"在"，原是"丁"不出頂，紙雖濕而頂痕宛然。摹本"在"訛。

四行，"此"字奇古之趣。摹本全失。"也"，末筆迴捲勢極圓正，摹失於扁。

五行，"在"，末筆頓折。"錢"，每畫起筆皆寓頓折。"塘"，中右肩方頓，摹皆失之。"一"字，摹者運筆至半腰，竟有腕弱不勝之弊，前行"夢"字中大橫，後行"一"字，皆如此，此類尚多。

六行，“邀”内中“方”之頂，右“乂”之起處，摹者皆失其另頓之勢，所以“自”訛“白”，而“方”少上點，此字大誤。此字當以《上清詞》石本爲據。“余”，右上一筆逆頓之勢，摹本失之。“堂”字寫“口”即先中直，乃再作二小橫，原迹甚明白，而摹本重濁混爲一堆。“中”字摹本弱甚。

七行，“小”，中直太短，全失其上下頓挫之勢。此謂“小書”“小”字。“真”，中左直及大橫左邊起處，摹本皆太着迹。“迹”字，“亦”内二小直，摹本相離太遠。此字實右軍筆髓，非臨摹所能也。“一”字起處、“絶”字收處，摹本皆有鑿作之痕。

八行，“約”，“糸”旁筆筆頓挫，摹本失。“綽”，“卓”上小橫住筆處，有連絲與上直筆相生，不与左“糸”末挑起處相連，摹本誤以左旁“糸”末之挑起處与右“卓”上小橫相連，非也。“底”，末筆挑起，原迹大放筆槎勢。摹本太光。“侵”，内“丈”用率更法，所以結束更健，摹本失之。

九行，“尋”内“工”旁内小直筆，承上小橫畫帶下帶轉，神采勁逸，摹本絲牽而下，竟似無此小直畫者，大誤。“尋”上半晉人妙用，即《蘭亭》“遷”字之理，詳跋於本帖内，坡公正可仰質於右軍也，此豈摹手所知。

十行，“別”，“口”下連“力”頓折分明，摹本借勢帶下，眉目未清。“後”字左傍帶起之勢，摹本竟失之，殊傷駿直。“得”字右上“日”字末橫起筆，微拖斜向外者，是妙於收裹，非多出一豪也，摹本竟成多長一黍矣，此豈知書者所爲乎？

十一行，"有"字，中間帶折下連"月"之左直處，極圓正。摹本失。

十二行，"垂"，極緊鍊，摹本散失。

十三行，"釵"，左"金"旁七筆，筆筆中鋒頓折，摹軟易，与前"錢"字同。右"叉"，先"丶"後"丿"後"㇏"，乃於末用挑起陡健。摹本先"又"後"丶"，失之。

十四行、十五行，"愁"字、"難"字，真本稍高一分許，所以通幅神理一片也，摹本"愁"字既低，所以逐漸低下，而行底低下三分許矣，此臨書者勢所必至，而觀者不悟其爲贗本，何也？

十四行，"分"字，下彎方折，其力萬鈞。摹本圓弱。"真"字，"目"起處摹本失於牽搭扭捏，而末二點原本真力瀰滿，摹弱甚。"態"字，右長末彎真力迴折，摹本乃於此彎筆露折筆痕迹，大誤。此"態"字右上起筆是迴向左，摹誤作橫畫。

十五行，"添"，原本"夭"，摹本改作"天"，此何必泥六書乎？"子容過杭"，"杭"有點，亦此類。

十六行，"作"，"乍"中直連下，摹另起，誤，右二小橫皆是帶筆，摹本將上橫另作一畫，實不合法。

十八行，"謨"，内"曰"左直，原本爲人磨擦，轉以爲橫畫所掩者，實不然也，摹本竟以橫畫覆搭之。此實摹本之驗。
“勝”字，右末一彎另頓出力。摹者圓失。此摹本非影搨、非
鈎填，實是一好手對臨者，其神致有頗能追肖處，而失誤隨
處有之，原本之妙，處處停筆，處處沉頓，鈎心鬥角而出之，
摹本多直瀉矣。

十九行，“又”字，原本放捺，摹本迴束。“作”字中直誤
同十六行，此更顯然，并“人”旁皆不成章法矣。原本此“作”字
精彩之極，山陰法乳也。“子”字迴折而上，中橫圓勢一氣，
摹本誤作另橫，失之。廿一行“子”同此。

二十行，“泣”，末筆摹本神理未足。

自廿一行“籍子容曰”以下，原本另起一紙，此全帖之
弟二紙也。此迹前後凡二紙，而後紙首三行磨擦尤甚。

廿一行“作”字“人”旁、廿二行“上”字末橫，皆神力勁
厚，非摹本所能到。此摹手竟不能作“人”旁。“一”字中腰、
“絶”字末筆，鑿作之痕同前，而此“一”字弱劣更甚。此摹手
竟不能作長橫。

廿二行，“菫”字“艹”頭，此摹手先作左小橫，所以次直
故用濃勢蓋之，此痕最顯。

廿三行，“月”字摹弱，“看”內“目”之摹失，與第一行
“前”字同，“自”字即緣上“首”字末筆，神力渾淪，摹本則隔
斷鬆弱矣。此字摹本左邊勢不足。

廿四行，"翎"，摹本作筆筆圓帶，全失原本停蓄頓折之
意。"開"字上承"翎"字一氣飛動之勢，故末筆用直收勒
住，摹本又作帶下勢，則太滑矣。此行內"籠""放雪""女
長"皆原本極沉頓，而摹本滑利過甚。"放"字全是率更結
法，勁拔之至，"方"旁撇作趯鋒，故妙，摹滑弱。"女"末圓
勁，篆法也，摹鬆弱。"長"中橫起處摹太纖弱。

廿五行，"般"，"舟"旁中間長撇，原本極沉蓄，與左右
二直畫正相配合，摹本乃過於扯曳飄瞥至半分許長，斷無
此筆法，其偽尤顯然。"經"，右內二小點，自左而右作勁頓
勢，所以中直起處亦是勁頓之勢，此收束大章法也，摹本乃
以中直從上橫生來，失之。

廿七行，"籍"，"昔"起處，摹太著痕。"輩"字原本改勢
與摹本不甚同，此亦摹者故爲多岐也。原本此旁紙有擦
扰，实是一小"輩"字，擦痕宛然，原下半"車"之三畫皆著
力，而摹本"車"尤率意，竟若因是改誤而苟且了之，所以上
半改勢亦故爲多出岐誤。此染作偽尤顯。

廿八行，"人"，起筆原本陰濕，所以濃重耳，非著迹也。
摹太著迹。"者"字起處，原本却是先"丨"後橫，此非有理
也，不過隨手之變，摹本則改先橫後直矣，此與前"添"字改
"丶"爲"一"，及"杭"字去點，皆近理而反不足據，亦可見原
本率意之爲真也。"宬"字，"目"原本雖陰濕，而筆意甚活，
摹者板滯不成局勢。"善"字，上半先筆筆頓挫，所以不散，
摹本散矣。"澹粧"二字，"詹"左邊之圓下，摹本竟未作一
直，且收勢太有痕迹，此二字原本正以疏落不拘、纖濃不協

爲妙，摹本出於一律，則成近人行書矣，總由不得原本筆筆停頓之勢耳。

　　廿九行，“素”字末逆折處，原本極自然，摹本扭捏極醜弱。“移”字左“禾”之起筆、右“多”之起筆，原本雖極雄肆，然並無用力之迹，摹本則左右二起處皆倍加努力，而“多”之下半則一筆圓帶而下，無復原本處處停頓之妙矣。“入”字原本潤液精彩，兼右軍、率更之妙腕，摹本尖纖盡失之。

　　三十行，“同”字右末帶過回內處，摹本太滑。“西”字原本下橫分明，摹本竟成西。

　　卅一行，“強”字右中“口”，原本逆折，摹本圓帶，自以圓帶爲正，然原本却不如此，此与前“者”字一例。“待”，左雙人三筆，筆筆停頓變化，三筆之頓法蓄洩不同，而各有得勢處，摹本則止二筆一律，乃覺第三筆出於有意，此摹手不善爲“人”旁，而雙人更劣。

　　卅二行，“云”字末點向內收束，摹本向下則失之。“桃”字“兆”之右另起，而摹本一筆連過。

　　卅三行，“幾”字之長趯用虞戈法，萬鈞之力，此通帖之第一見神力處，而前一筆內向迴鈎之勁折，与末一點飛空之停頓，恰与相稱，此最是晉唐以來相傳筆勢正法眼藏也，摹本則前一筆之迴折既鬆潤，末點又誤作迴折，弱矣。中間長戈之弱更何待言乎！即此一字，益足定真本、摹本之懸殊者矣。“度”，左長撇垂下處仍微寓回鋒意，而內畫遙接另起耳。摹本一筆圓帶，末二筆更鬆弱。

卅四行，"春"，右捺放而未盡，却仍寓放盡之勢，此亦晉唐以來筆勢也，摹太短弱。"解"，右下"二"乃另起，所以神力從容中道也，此如何可帶下乎？摹下滑弱之甚，且併"佩"字右下內末直雖是連帶，而神理亦是另起也，摹本全不知此理。"暫"，左"車"下橫雖連帶通畫，實是頓住，所以見神力也，摹本此處連帶既是帶上直畫，而何以右"斤"起處又似自左連帶者，實是頭緒混亂。

卅五行，"意"字起處与"濯纓"二字末收處，皆以垂露針穎見勢，亦此三字之呼噏處也，摹本"濯"字末脚呆住，蓋未悟此理。"纓"右邊中腰，摹本以濃墨塗作一塊，竟無緒之可理。"濯纓"二字收束處，既各以穎勢呼噏，此下"還"字起處，"罒"之五筆，皆筆筆自起自收，而下半之起處，勢雖承上，仍自另起，此所以通帖妙法，到此筆筆沉蓄，然後收場，此右軍、北海以來口不能傳之秘也，摹本竟作一氣圓折迴帶而下，蓋未悟此理。

卅六行，"人"字，"杭人多惠"句。末筆向下，摹本向右，神理未足。坡公書"慧"作"惠"，本無左邊一直，此直畫是後人妄加，其墨色不同，亦可驗也，或乃執此直畫多出以疑之，非也，不特妄添左直也，並於中間二彎之左腰帶上處，亦皆多出圓折而上之勢，是以竟似原本如此矣，蓋原本下一迴彎不如此之寬出，且不如此之肥圓也。此妄添之一筆，在摹本時尚無之，故摹本却不誤。此摹本"在"字失誤，"陵""阝"旁太散，是在原卷紙角下既蝕破之後所摹也。

其下諸跋，摹本之拙俗有目共見，無煩細舉也，今亦略開一二。諸跋惟程刻有之。

虞詩第二首，"風"字右下藏鋒尚微寓鋒意，非紙破也，摹本乃誤認爲紙破，而作紙破痕，此亦一失也。跋"信亦有緣邪"，"亦"字起處，原本不可辨，是目疾後所書也，摹本則起處分明矣，亦摹本之驗。虞名一行，摹本太過低下，故將"天藻亭印"移後一行，此亦摹本之驗。

柯題第一詩次行末過高三分。第二詩次行末過高五分。第三詩"驚""敬"末不缺筆，摹本乃缺筆，"敬"是宋諱，不知元人何以缺筆，恐是此摹手習見宋人舊迹，而誤缺之。第八詩原本失第三行"袖龍鐘總淚痕"六字，是紙斷爛，而褾匠裝治湊接無痕也。此六字摹本有之，是摹手在未經爛脱之前。坡迹開首四行，"謨"字右"苜"之外靠邊處，微用薄紙補之，是因此處"深原"二字半印紙破而湊整也，此与柯詩湊接殘破一行，同時工匠裝治所爲耳。

柯跋五行末錯上二分，七行末錯上四分，八行末錯上三分，九行末錯上二分，此跋末"經長安"以下十八字，原本失，摹本有此，与張伯雨詩前五首同接紙，其摹時尚皆未失。

柯第六詩，"御"字先寫，"幸"字點去，"梢"字先寫，"枝"字點去，第七詩"堪"字先寫，"可"字點去，此皆摹本偶自如此，無關義要。

　　倪第八詩，"何似"先寫，"未若"點去，此亦摹本偶然如此，不關大要。

　　張伯雨詩前五首，原迹失，摹本有。說已見前。

　　馬治第四詩，"何"字原本擦失，摹本亦尚有。

　　蘇迹紙尾"鑒正法書"之印，"正"字上橫是九疊文篆法，向上折迴，摹本訛作"定"。

　　"巖隱圖書"，"隱"内"ㅋ"刀法誤穿，本不足恠，雖篆筆疏謬，然是元朝印也，摹本收拾完好，反失古拙意。真迹前後"項叔子印"不同，摹本亦依仿爲之。

　　摹本無宣德丁未陳詢及董文敏、項墨林三跋，前後亦無"周"字編號，可見是明朝初年所摹，董文敏尚及見此本，董跋云"余見摹本，輒爲神往"者是也。此摹本曾藏快雪馮氏、蕉林梁氏，而馮涿鹿、梁真定皆未得見此真本。

　　諸跋俗弱不能更僕數，今偶舉一字，倪第二詩"飛"字，摹本鋒勢整齊，竟似近日初學楷格者，豈有倪書如此者？姑舉此以例其餘。

　　真迹原本凡前後三種紙，古近分明，是斷不能揜飾者，蘇迹五葉一色紙，虞、柯、倪、馬、張、陳跋九葉一色紙，董、項跋一葉又一色紙。

　　此是眉山繭紙帖，誰論摹褚又摹歐。且尋白石偏傍考，一水痕間劍與舟。

　　董鑒馮藏事在前，後來得不笑逌然。如何掠影官奴帖，翻借清河日録傳。吳氏餘清齋《樂毅論》是僞本，見張尹《真迹日録》。

　　屏山雲日照濛濛，定影湖堤渌漲中。落毳吹花欹反正，粉箋猶是舊春風。考訂摹本，成一小卷，賦此三詩，然白石《蘭亭偏旁考》尚可依仿爲之，吾此卷則九方相馬，有天機焉，誰能仿乎。

瘞鶴銘考補

目　次

解　題

　　中國國家圖書館藏翁方綱著作多種，其中有《瘞鶴銘考補》一卷，後附張開福撰《山樵書外紀》一卷，卷首有《瘞鶴銘見存字之圖》，卷末有端方跋、陳慶年跋，並附陳慶年校勘記，跋末分別署"光緒三十四年戊申""光緒戊申"，可知其刊刻時間。其書刊刻者是當時著名刻工陶子麟，因陶子麟精於摹刻仿宋字體，故全書以仿宋字體刻成，筆劃精美，行間疏朗，大有宋槧之風。

　　按端方跋，知翁方綱《瘞鶴銘考補》乃是爲補汪士鋐《瘞鶴銘考》而作，翁方綱是書不著撰述年月，據陳慶年跋考證，或作於乾隆四十一年丙申（1776），否則也必距是年不遠，而成書後翁方綱又屢有補苴。

　　所附張開福撰《山樵書外紀》一卷，亦録《瘞鶴銘》存字以及諸家題名、題詩，卷末有繆荃孫跋，稱"此書表章鶴銘，爲焦山紀勝而作""抽出別刊於《鶴銘考補》之後，使後之讀《考補》者，得左宜右有之樂"。

　　此次校理即以國圖本爲底本。

　　民國十三年（1924），上海博古齋影印的《蘇齋叢書》，收録有關《瘞鶴銘》的一些内容，僅《著録》《摹傳》《瘞鶴銘見存字》等部分，而其詳略、次序又與《瘞鶴銘考補》中的相應部分略有不同，下稱蘇齋本，校理時以之爲校本。

瘞鶴銘見存字

上皇

予所藏水搨本"皇"字尚全。

陳滄洲移置焦山亭中石本，"皇"字已泐其下半矣，然其上半猶存。汪退谷圖不著此字，蓋失之也。又汪《考》於此上謂"逸"字存半，今不可見。

歲得於華

予所藏水搨本"華"字下半在隱約間。

"歲得""華"三字之下半，"於"字之左半，皆已不甚分明，即水搨本"歲"字、"得"字，亦間有描失者，故汪《考》於"得"字亦算半字也。

汪《考》"歲得"二字之右，尚存"奚"字之半，今諦視"得"字之右，實尚微露"奚"字下之左畫，又其上亦尚隱隱可見"耶"字之右半，又"於"字之右尚微露"奪"字上之左畫。此可云存三半字矣。

已上是所謂側立一石者，見存二行，全字六，半字三。

"撰"字，玉煙堂刻本從"扌"，汪、陳二《考》則從"言"，何也？今既見拓，所關無由以臆定之。

牛氏《金石圖》云，此段存二字，誤也。又曲阜陳述庵穎手鈔近人無名氏《瘞鶴銘考》云，此段第一行存"鶴"字，而不言存"逸"字、"撰"字。

歲化於朱方

　　水搨本"歲"字、"於"字甚明白。

　　滄洲移亭石本，"歲"字、"於"字亦尚可見，而汪《考》第一圖不著"歲"字，何也？

　　今諦審見存石本，"歲"字上猶隱隱存"午"字之形，"歲"字下尚隱隱存"化"字之形，"朱"字下亦略辨"方"字是篆勢也，"午"字姑只作半字算。

　　汪《考》第二圖云，"亭甲午歲化於朱方天其"，此行凡存此十字，而其第一圖則止"於朱"二字而已，陳《考》與無名氏《考》皆與汪《考》第二圖同。

天其

　　此二字，今精拓本尚可辨在"朱方"下，"藏乎"二字之左，石斜地處。"天"字下橫與"藏"內"臣"下橫對，"其"字上橫與"乎"內橫對。

也迺裹以玄黃之幣藏乎

　　水搨本見存此十字，"乎"字下半微泐矣，神理尚可見。汪《考》第一圖乃已不著"乎"字，何也？

　　"以"字行書之字，作飛白勢，曳若行雲。

　　汪《考》第二圖，"也"上尚有"之遽"二字，"乎"下有"茲"字。陳《考》同無名氏《考》，無上一"之"字。

石旌事篆銘不朽詞曰

水搨本存此九字，"石"字之上尚隱隱見"立"字下半一畫，此亦可云存半字也。

汪《考》第二圖，"石"上有"故立"二字，陳《考》同無名氏《考》，止多出一"立"字。

已上是所謂仆石之背者，見存三行，全字二十六，半字二。陳《考》云此段三十四字，汪《考》云存二十字，無名氏《考》云存三十三字，牛氏《金石圖》與汪《考》同，愚有附説見後。

未遂吾羽

此一行存四字，諸本所同，"翔"字止是半字，然吾藏水搨一本，"羊"旁尚隱隱可見也。

山之下仙家

此一行存五字，諸本所同，"之"字行書。

相此胎禽浮

此一行存此五字，汪《考》第二圖及陳圖、無名氏圖并存，"浮"下一字，今所見水搨本亦隱見上半字，此亦算半字也。按，"胎"字"月"旁右"丨"末，似微有外出反向之意，"浮"字十畫皆用分隸法，此銘凡水旁皆如此。

唯髣髴事亦微

此行存此六字，諸本所同，"微"字僅存上半。

洪流前固重

此行存此五字，諸本所同。

真侶瘞尔

此行存此四字，諸本所同，"尔"字闕右半。

已上是所謂仰面石，六行，存全字二十六，半字四。

汪《考》第二圖同牛氏《金石圖》，與第一圖同。

華表留

此行存此三字，汪《考》第一圖、牛氏《圖》皆止以爲三字，汪《考》第二圖及陳《考》、無名氏《考》皆云下有"形義"二字。

"表"字中間微帶行書，今翻刻本或作"衺"，誤。

厥土惟寧後蕩

此行今存此六字，無名氏《考》與牛氏《圖》並同，汪《考》第二圖及陳《考》"厥"上有半字，今無以知之矣。按，汪退谷云"厥"字兩點下一反筆顯然。愚諦玩"土"字下橫畫，反偃向上，與鍾鼎文"惟王""王"字下畫相似，此銘凡橫直畫皆寓向背之勢，所謂似欹反正者也，其搨痕之見於紙凹處者，尚時時可尋耳。

爽塏勢掩華亭爰集

此行今存此八字，諸本同。

已上所謂仆石之下三行，存全字十七。

夆　山徵君

此行存此四字，其首一字是半字，“徵”上一字，張力臣原圖作“𡷫”，王若林直作“山”字。今以石本諦審之，“夆”下去“山”字甚遠，其“山”上半字殘畫隱隱可見，或“夆”之下、“山”之上別有一字，今不可臆度矣，尚存其末二筆亦應作半字。此行當是五字，今存三字，又二半字。

丹楊外仙尉

此行存此五字。

江陰真宰

此行存此四字，諸本並同。

已上所謂仆石之上三行，存全字十二，半字一。總計見存全字八十八，半字十一。

昔歐陽文忠謂得斯銘六百餘字，人多疑之，此固數目傳寫之訛，不足執也。《學林》云，今世所傳碑本不過二百字，而邵資政本止一百二十餘字，此則其時代流傳久近之殊，又無足異也。惟近日滄洲陳使君出斯石於江，而龕之於亭，自茲已後，無復增減，當爲定數矣。然滄洲之爲是《考》也，載其同時人序述讚詠之辭甚詳，滄洲詩自云“割取雲根八十字”，汪退谷詩云“秖今遺文七十字”，陶窳詩云“洗刷猶全七十字”，金璧詩序云“完好者七十餘字”，吳之騄詩序亦云“七十餘字”，徐時允詩云“七十餘字尚不磨”，戴文英詩云“七十今留字數贏”，陸奎勳詩云“松寥峨峨碣四立，點畫粗完字六十”，楊宏性詩云“手摹雖得字六十，行墨斷裂誰根求”。此諸人之云，或多或寡，當以滄洲自言八

十字者爲得其實。愚今前後所得水搨者三本，初移亭上者
一本，而近今描失之本不足道也，於是研精諦審，定其見存
字數如右，觀者可勿疑矣。

及見舊拓本所存字

瘞鶴

"瘞"字僅見下半。張力臣說題首止存一"鶴"字,此康熙初年也,然則"鶴壽"二字之存者更在前矣。

華陽真逸

此四字是錢塘何夢華從所見舊拓本鈎摹見寄者。

鶴壽不知其紀也

"其"字僅見下半,"紀也"二字,夢華鈎本。

總計所見舊本,存者又得全字十一字,及二半字。

辛亥八月,方綱手摹一本藏於篋,并殘畫亦算入,總得一百有八字矣。

銘書出陶貞白辨二首

　　是銘撰書立石，皆託於仙侶，自昔著録之家，初無定説，其以爲王右軍書者，自唐人所著《潤州圖經》始，而宋黄山谷、蘇子美，及郡守趙潛，元郝經伯常，皆因之。以爲顧況者，則沈括存中及《焦氏筆乘》也。以爲陶隱居者，《西清詩話》《研北襍志》、周暉《金陵瑣事》據唐李石《續博物志》、劉昌詩《蘆蒲筆記》據《苕溪漁隱叢話》、王觀國《學林》、董逌《廣川書跋》、黄長睿《東觀餘論》，以及馬子嚴、柳貫、陶九成、顧元慶、都元敬、孫克宏、顧炎武、林侗之類，凡數十家。其闕疑而不敢定者，則自歐陽《集古録》、朱勝非《秀水閒居録》、李之儀《姑溪題跋》，以及近日張力臣、汪退谷、王若林諸家也。以理論之，則華陽真逸、上皇山樵、江陰真宰、丹楊外仙尉之類，皆無姓氏可考，自以闕疑爲是。況華陽真逸乃撰人，非書人，似尤不必鑿指爲陶貞白矣。

　　然世所傳華陽隱居真迹一帖，其書實與《鶴銘》相類，董文敏《容臺集》云，昔人以《瘞鶴銘》爲陶隱居書，謂與《華陽帖》相類，然《華陽》是率更筆，文氏《停雲帖》誤標之耳。又云，《停雲館刻》載《華陽帖》，以爲陶隱居書，實歐陽信本行書也。又跋《九歌》云，此種行楷自陶隱居《鶴銘》出，華陽隱居帖稍屬寒峭，或歐陽信本學陶，然皆在二王之外也。又按，顧亭林《金石文字記》云，此銘字體與《舊館壇碑》正同，其爲隱居書無疑。又云，梁《上清真人許長史舊館壇碑》，天監十七年陶弘景正書，今在句容縣茅山，碑首云弟子華陽隱居、丹陽陶弘景造，隱居手自書。而徐壇長《圭美堂集》云，《舊館壇碑》，潘稼堂所藏，碑旁原有刻字一行，云“一行乃隱居所自書”也，不知何人以濃墨塗之，隱隱可辨，顧遂以爲皆隱居書，非也。問一行後何人書，曰昔人云乃其弟子孫文韜書也，形乃扁歐字，前一行略不同。方綱以此數説參互考之，雖皆未有以斷其必爲陶書，而義有相近，其去王右軍、顧逋翁、顏魯公、皮松陵近有目爲皮襲美者，予有辨見後。之諸説則勝矣，亦不特顧亭林引《西清詩話》，謂陶隱居晚號華陽真逸之爲足憑也。且予考宋人所著《寶刻類編》云，《許長史舊館壇碑》，陶弘景撰并書，則豈其宋時人亦爲濃墨所欺耶？《舊館壇碑》既爲陶書，而華陽隱居帖又與是銘相類，則即以爲陶隱居書，奚不可者耶？

《容臺集》云，山谷老人得筆於《瘞鶴銘》，其欹側之勢，正欲破俗書姿媚。昔人云，右軍如鳳翥鸞翔，迹似欹而反正，黃書宗旨近之。又云，《瘞鶴銘》，陶隱居書，山谷學之，余欲縮爲小楷，偶失此帖，遂以《黃庭》筆法書之。文敏此條，拈出《黃庭》，可謂得書勢之正矣。因記竇靈長《述書賦》曰“通明高爽，緊密自然，擺闔宋文，峻削阮研，載窺逸軌，不讓真仙，猶龍髯鶴頸，奮舉雲天”，此賦數語，雖論其平日它書，然何其與是銘相似也！以愚淺見，遠稽隸體，則《夏承》《范式》皆類託於中郎，載考正楷，則《昭仁》《沖遠》亦旁附於永興。縱使傅會非真，而深測體原，波瀾莫二，則今日之品《瘞鶴銘》者，目以貞白書，不爲河漢也。與其渾概存諸無名氏書，正不若例以陶書，得爲書家測量體原也。

今之學者，於考訂經義，往往憑演説以實之，不肯闕疑，而遇此評藝可借問津之處，則又故爲矜慎，不知欲俟何時，始得證佐乎？愚竊謂《瘗鶴銘》直著其爲陶隱居書可矣。

瘞鶴銘非出晚唐辨

上元程嗣章南耕《書張力臣瘞鶴銘辨後》云，考訂《瘞鶴銘》者，以《東觀餘論》《廣川書跋》爲確，而陶九成《輟耕錄》，以字句之異不得手自摸印以稽其得失爲憾，力臣親涉其地，摩挲審定，而作此辨，已無遺義，然書者何人，究莫能明也。雲林以爲陶貞白書，或疑不類。所云本山重刻之文，“上皇山樵”下增“入逸少”三字，乃依陳氏《玉煙堂帖》而訛，考黃、董、陶所録原文，俱無此三字。陳氏刻于明代，不知何所據，而以訛傳訛也。予按，皮日休先字逸少，後字襲美，見《北夢瑣言》。詩集内有《悼鶴》詩云“却向人間葬令威”，此瘞鶴之證也。又一詩序云“華亭鶴聞之舊矣，及來吳中，以錢半千得一隻養之，殆經歲，不幸爲飲啄所誤，經夕而卒，悼之不已，遂繼以詩，陸魯望和云‘更向芝石爲刻銘’。又顧道士亡，弟子以束帛乞銘于予，魯望戲贈奉和内云‘仙鶴亡時始作銘’”，此撰銘之證也。襲美爲唐懿宗咸通八年進士，崔璞守蘇，辟爲軍事判官，自序以九年從北固至姑蘇，咸通十三年壬辰、僖宗乾符元年甲午，襲美正在吳中，其年相合。集内與茅山廣文、南陽博士詩，皆不書其姓字，又憶華陽潤卿博士詩，亦不書其姓。魯望亦有寄華陽山人詩，與石刻華陽真逸、上皇山樵、丹楊仙尉、江陰真宰諸稱謂同，所云得于華陽，經歲卒，與銘詞合，文筆亦復相類。集内他處稱丙戌歲、庚寅歲，不書年號，又非獨貞白爲然也。由此觀之，則是銘宜爲襲美所作，而華陽、北固之間，無上皇山之名，惟會稽有之，南宋卜陵奏云，直以上皇青山之雄，翼以紫金白鹿之秀。豈襲美以右軍遺迹在會稽，而己亦字逸少，遂假其名以傳世歟？向傳爲右軍書，亦非無故也。銘出於唐之末，故唐代論書者皆不之及，後人考訂，但就文言文，無他左證，不暇旁搜，予因襲美亦字逸少，而考其詩多與銘符合，惜不與黃、董、陶、張諸君子質之爾。儀徵江昱賓谷云，何屺瞻亦嘗援皮襲美詩爲證，惜未能取《悼鶴》詩以爲證也。

　　方綱按，南耕此文，據皮襲美《悼鶴》詩，因以襲美一字逸少，疑是銘出於襲美。愚考襲美《悼鶴》詩云"却向人間葬令威"，與所作弔顧道士詩"仙鶴亡時始作銘"，此二語乃正用《瘞鶴銘》事耳。觀其序云"悼之不已，遂繼以詩"，並不言有刻銘事，則其詩内特用古人瘞鶴作銘之舊事可知矣，非襲美有瘞鶴之銘也。其題又云華亭鶴養之殆經歲，不幸而卒，"殆經歲"者，將近一年之詞，與所謂壬辰得於華亭，甲午化於朱方者，不合矣。陸魯望和詩云"君才幸自清如水，更向芝田爲刻銘"，亦是用古《瘞鶴銘》事。蓋皮、陸作詩時，同在吳中，必深熟是銘之梗概，故二人屢用於篇中，並非襲美實有勒銘之事。其云"君才幸自清如水"者，尤是虛擬之詞，而上句云"但掩叢毛穿古堞"，則當日襲美所葬之鶴，乃依城隅葬之耳，非在焦山厓下、江流亂石之間，亦可知矣。況襲美在吳，壬辰、甲午之年，去歐、黃時財二百年，不應以二公博古者致多考據之異。且歐陽公引《潤州圖經》云爲王羲之書，據王象之《輿地碑目》云，《潤州圖經》唐孫處元所作也。夫《潤州圖經》已相傳爲王右軍書，此書已是唐人所作，則豈有是皮襲美之理乎？王觀國

《學林》云碑銘甚古，顧況生唐之中葉，距今未遠，決非況銘也。又董廣川云，余於崖上又得唐人詩，詩在貞觀中，已列銘後，非顧況可知矣。觀此二條，則顧況尚在皮襲美之前，其非襲美，更無可辨者矣。至於"逸少"字，乃後人所增，南耕既已知"逸少"二字之本無，而奈何又從而傅會之乎？總由南耕未見王象之《輿地碑目》，不知《潤州圖經》作於唐人，故多此紛紛耳。

銘序下三行非重刻辨二首

　　陳滄洲、汪退谷所爲圖，皆曰側石、仰石、仆石，其言宋人補刻三行三十四字，即在仆石之背上，又言一石如枕斜連，則上爲"江陰"等十二字，下爲"爽塏"等十九字是也，依此而言，似斯銘存三石耳。然汪《考》第二圖，即張亟齋原圖也，以"江陰"一段、"爽塏"一段斜連爲一石，而以"朱方""玄黄"一段自爲一石，依此而言，又似四石矣。然滄洲之《考》，具載其時題贈之作，若殷譽慶詩曰"峨峨五石羅山腰"，張師孔詩序曰"命工鑿險得五石"，金璧詩序曰"絚其石得五枚"，吳之騄詩序曰"絚挽五石，置亭其上"，江珮詩曰"須臾五片芙蓉出"，徐時允詩曰"猶存五片石"，戴文英詩曰"五石纍纍矗五星"，周儀詩曰"五石峨峨危復安"，卞恒久詩曰"欹側向背各有字，得石凡五聚一亭"，謝遵王詩曰"五石取次出洪濤"，張潛詩曰"安置山頭凡五石"，是以牛氏《金石圖》、無名氏《鶴銘考》與汪《考》第一圖，皆以爲五石無疑者也。同時人詩曰"命工綴輯若鎔成，聯珠合璧從兹一"，又曰"鬵合全無斧鑿痕"，又曰"鍊石都無霹靂痕"，又曰"縋出重淵反舊觀，鬵綴無痕驚鬼斧"，合此數句觀之，則其實集五石爲一，又可知也。蓋宋人補刻三行之説，從不見於昔人著録，乃自滄洲作《考》始言之，而汪退谷、王若林又皆沿其誤，其誤之所自，則由于誤讀馬子嚴題一條耳。

　　宋古洲馬子嚴題云，余淳熙己酉歲爲丹陽郡文學，暇
日遊焦山，訪此石刻。初，於佛榻前見斷石，乃其篇首二十
餘字，有僧云往年於崖間震而墜者，余不信然，遂挈舟再歷
觀崖間，尚餘“兹山之下”二十餘字，波間片石傾側，舟人云
此斷碑水落時亦可摹搨，因請於州將，龍圖閣直學士張子
顏發卒挽出之，則“甲午歲”以下二十餘字，偶一卒曰，此石
下枕一小石，亦覺隱指，如是刻畫，亟併出之，其文與佛榻
所見者同，持以較之，第闕二字，而筆力頓異，乃知前所見
者爲寺僧所紿耳，因摹數本以遺故舊。

　　據馬子嚴此題，則所稱“甲午歲”以下二十餘字，即今
“朱方”三行，張力臣、汪退谷稱爲宋人補刻者也。蓋馬子
嚴所謂見佛榻前斷石爲寺僧所紿者，彼時果有重刻此三行
二十餘字一石，而其石今不知何往矣。馬子嚴云相較筆力
頓異，即是以此真刻三行相較，知其筆力頓異也。今所傳
“朱方”云云三行二十餘字，筆力蒼古，正與銘內他字的是
出於一手無疑，而安得誤會馬題之佛榻別刻一石，爲此三
行之石耶？此張、汪《考》之語，大約出於焦山寺僧無據之
訛傳，遂信以爲實耳，今宜明辨其誣者也。

　　客曰，汪氏原稿云，力臣所見之石，一側一仰一仆，“立
石旌事”三行，即刻於仆石之背，滄洲太守欲彙爲一處，因
鑿其餘石，而出其背文，於是仆石一化而爲三矣。據此，則
此三行原在仆石之背，豈非後人另刻之驗與？

　　予曰，今既嵌砌數石於亭，其所謂背刻者，不可得而辨
識矣，然就拓本驗之，“朱方”之下、“天其”之上，尚空五寸
許空地，且其空隙處是斜迤而下之勢，必是原石如此，知前
後不能就平也。當日瘞鶴作銘，原非一律坦平大石，如刻

碑之式也，則焉知非原刻至此，轉而就其背石接刻之乎？
若果出後人重刻，應擇其平正之石而重刻之，何爲刻於迤
斜不平之背石乎？況馬子嚴題語，原以佛榻側之石爲重
刻，故謂爲寺僧所給也。既以佛榻一石爲重刻，則此刻於
石背者，其非佛榻前之一石可知矣。是惟其刻在背，正是
原石之確驗也。而今則面背並排，砌於一處，其字畫之奇
古、氣格之蒼渾，毫髮無可歧說者，豈宋人所能爲乎？自今
當一掃宋人重刻之謬說矣。

銘石移置寺壁辨

　　是銘在焦山下江水中，宋古洲馬子嚴所記，淳熙中請於州將，龍圖閣直學士張子顔發卒挽出二十餘字，又趙彦衛所記，有使者命工鑿取十許字者，皆未詳其始末，今不能知矣。國朝郡倅程康莊仿而刻之，勒石山後，蘇州糧儲副使王焞，令善没者縋險而下，探取得之，繪《焦麓剔銘圖》，然其時石猶未出水也。至康熙五十二年癸巳，知府陳鵬年乃剔出其石，置焦山寺中，湘潭陳鵬年，字北溟，號滄洲，有《道榮堂文集》。《重立瘞鶴銘碑》略云，銘在焦山西麓，崩墮江中，遂名雷轟石，不記歲月，江濤險阻，摹搨爲艱。余自庚寅十月再罷郡，羈繫京江，越壬辰冬，間以扁舟一至山下，尋探崖壁，適雨雪稀少，水落石露，異乎常時，乃命工人是相是伐，巉巖尋丈，力難全昇，是割是剔，不遺餘力，以求遺文出之重淵，躋之崇閣，乃得七十餘字，質體完固，如還舊觀。自冬徂春，凡三閱月，厥功乃成，是爲癸巳二月既望，士民觀瞻，莫不抃舞。蓋兹銘在焦山，著録殆千有餘年，没於江者，又七百餘年，一旦復得重睹天日，乃遵原刻行次，存者表之，亡者闕之，甃以山石，儼若摩崖，覆以層軒，環以周垣，以速厥成，毋俾散佚。癸巳孟夏既望，前江寧、蘇州二府知府長沙陳鵬年書於文殊閣，鎮江府知府秀水陳士鑛等立石。又張雲章《重建瘞鶴銘碑》略云，京口焦山之陰有《瘞鶴銘》，其初刻之崖石，不知何時摧裂江中，江水漲落，與石吞吐，求而搨之，難得其全，好古之士過而歎息。吾蘇州守陳使君滄洲先生，旅居京口，今歲之初，棹小舟至山下，見碑之斷缺者，或矗然立，或偃然臥，或纍纍然覆壓泥沙間。僧言江水淺落，未有如今年者，使君竊意甚可徙置也。越數日，又往邂逅同遊者，告以其意，相與散錢鳩壯士數十至其下，爬搜剔抉，群石皆出，小者腰絙牽挽，大者架木懸繩，轆轤取之，不日，咸登諸崖，取之既盡，合之無不合，即唐人題詩之石亦在焉。使君遂謀建亭龕置之，以其文計之，為行者七，其字之存者，歐公得六十餘字，邵興宗考其文，缺者四十二字，張壆力索遺逸，缺三十五字，又別得十二字。以今考之，視歐公多二十餘字，而與興宗、壆相上下，其文亦不甚磨滅云。癸巳後五月望日，嘉定張雲章記。至乾隆二十二年丁丑，復移置於寺中壁間。牛氏《金石圖》云，《瘞鶴銘》在丹徒縣焦山亭中兩壁夾縫南向，此康熙癸巳以後置於焦山亭者也。周幔亭槃《遊焦山記》云，《瘞鶴銘》已移於佛殿丹墀之東，覆以亭，嵌于壁，此乾隆丁丑以後置于焦山寺壁者也。徐壇長《圭美堂集‧跋瘞鶴銘真本》云，吾友嘉興曹仲經遊於鎮江，乘江水冬涸，自至崖下，仰而搨之，墨汁灑面，然完字尚有神采。近為滄洲先生移置岸上，構亭覆之，搨而鬻之，貪估俗僧復苦字畫刻淺，加以刊鑿，迺知向之破裂傾側，苔封波蕩於蛇龍之窟者，未為不幸也。又曰，《瘞鶴銘》裂墮江中，好古如張力臣、曹仲經，冬春水涸時，蛇游蟹步，藉落葉仰讀而搨之，獲其一二字，雖間有崩闕，不害其可愛玩。滄洲先生發興豪舉，解橐金，賃匠鉅夫，縆索鈎之魚龍之窟，升之福利之場，築臺覆亭，可以坐立，布楮墨而施氈搥，逸勞奚啻百倍。及滄洲以新本見貽，令人心灰氣喪，誰為加彫剜者，回思海潮江浪之為護符多矣。

　　乾隆壬辰春，門人謝蘊山編修出守鎮江，以拓本寄來，頗憾其失真。及丙申秋，周幔亭書來，寄示所作《遊焦山記》，曰《瘞鶴銘》凹凸離湊處，一味以油石灰補之，字畫淺漫處，匠石時時開洗之。此銘本磨崖刻，甚不平，今又因碎後集綴，更不平。聞官署每搨畢，即付搨者填描，三五日始赴官交納。其填描者乃醉僧，僧醒時興味索然，醉後興發，乃把帚描字，殆百描而千態出焉，絕無雷同，龘細任意，增減隨時，直謂之鬼畫符可耳。幔亭之言如此。其明年丁酉，晤錢塘黃小松易，小松蓋精于金石者，亦云此銘爲後人剜刻非一，直謂之碑毀可矣。其後山東張鶴柴敷，以所舊蓄水搨本五紙見餉，予乃裝而藏之。然今見滄洲移亭後所搨之本，與鶴柴所贈五紙絲毫不異，未見有剜鑿描補之失。而予舊所收一大紙者，其後亦隱隱有字，大約亦近似張碑所云唐人題詩石者。然則滄洲之移石置亭，固亦未可厚非也。至近時工匠開洗之弊，則滄洲固未能逆料之。而其所謂唐人題詩之石，亦在焉者，則未知今猶存否耳，他日得親到茲山，當諦索而詳記之。

滄洲移石後搨本辨

　　汪退谷云,滄洲太守既出《瘞鶴銘》於江中,以搨本見貽,因諦觀累日,沉思默想,知其用筆瀟灑之妙。而徐壇長云滄洲以近本見貽,令人心灰氣喪,誰爲加彫剜者。此二說不合,何哉? 汪、徐二先生生同時,豈滄洲所貽搨本有善惡耶? 不至於軒輊乃爾也! 張力臣之剔銘始于丁未,迄于甲戌,王文簡《池北偶談》云門人淮陰張弨力臣,耳聾而博雅好古,康熙丁未十月,挐小舟渡江至焦山觀《瘞鶴銘》云云。按,力臣之辨此銘,實在康熙六年丁未十月,而汪《考》迺曰順治丁未,誤矣。又按朱竹垞《静志居詩話》,張致中字性符,淮安山陽人,儲藏鼎彝碑版之文頗富,子弨字力臣,棄諸生不就試,工六書,躬歷焦山水溼,手拓《瘞鶴銘》而考證之。滄洲之移石,則在其廿年之後,力臣不及見也,然力臣之言曰以摹搨爲原始,引證次之,考據又次之,辨誤又次之,而以重立爲要歸,期于返本,尋源重立,而神采頓復也。若然,則雖謂滄洲之志即力臣之志可也。退谷又云閲滄洲搨本,真若新發於硎,"厥"字兩點下用一反筆尤顯然。又云力臣欲重摹四幅,其志甚勤,余今欲手摹其文,以成力臣之志,而礱石未就。觀於此言,則知滄洲移石後之拓本,退谷尚欲依以重摹,則其可據無疑矣。若壇長所見,則或其後時所搨,經劣手爲之者歟? 昨蘊山搨來麤惡失真之本,予以際同年錢籜石,籜石亦歎賞以爲真也。大抵近日此刻之壞,在於工匠之剜刻,而不在於滄洲陳守之移置。當就今日所拓最麤惡之本諦審之，其中"未以固真徵仙"六字，尚近似有一豪之字形耳，其餘諸字則皆被工匠開鑿，每一畫開廣，視原本麤闊倍甚，而且每畫頭尾皆開廣一律，是以全無筆意絲毫之迹矣。不如此，不足以見滄洲移石時，所拓之尚未失真也，其謬固在今日之描失，而先在乎累年之開鑿，開鑿與描失相因而生，而滄洲之蒙怨於是深矣。

山谷説大字無過《瘞鶴銘》辨

　　甚矣，王若林之不知書也！昔東坡之言曰大字難於結密而無間，小字難於寬綽而有餘。山谷申之曰結密而無間，《瘞鶴銘》近之，寬綽而有餘，《蘭亭》近之。而山谷跋翟公巽所藏石刻云《瘞鶴銘》大字之祖也，故其詩曰“大字無過《瘞鶴銘》，小字莫作癡凍蠅”，蓋以《蘭亭》並論，則此銘之勢逾出矣。而近日王若林之論乃曰山谷比《鶴銘》於《蘭亭》，或遂推許太甚，謂筆法之妙可爲書家冠冕，過矣！因舉汪文升詩所謂“字體寬綽具古隸”者，以爲知言。噫！何其陋也！昔之著是銘者，《潤州圖經》以爲王右軍書矣，右軍之説固不足爲據，然其所以系之右軍者，非無因也。書法至晉人而居逸品，至唐人而兼有神品、能品，故或者遂以是銘爲顏魯公書，何者？爲其中莊筆有近於《宋廣平碑》也，顏書至《廣平碑》而極矣，至於斯銘之逸勢，則雖《廣平碑》亦不能到也。今以銘書審之，若“上皇”“仙山”“相石”“真侶”，則《黃庭》《化度》之蹲注也；“未”“唯”“洪”“固”，平原之圓健也；“江陰真宰”“朱”“化”“胎禽”，永興之超舉也；“惟寧後蕩”，由褚薛溯羊薄之筋脈也；“華亭爰集”，太傅之扁闊也；“旌”“厥”“之”“浮”，漢隸之瘦掣也；“方”“篆”“土”“勢”，籀鼓之奇古也。寥寥乎數十字之僅存，而兼該上下數千年之字學，非右軍而能若是乎？是以山谷又曰，石鼓文筆法如圭璋特達，熟觀之可得正書行草法，非老夫臆説，蓋王右軍亦云爾。此理蓋亦可以通於此銘矣，夷考其文其事，則決非右軍也，若以書法論之，雖謂右軍亦奚不可也？《蘭亭》似結密者，而其寬綽人所不知，此銘似寬綽者，而其結密人所不知也。汪文升作《考》，固有功於是銘，至所爲詩者，本不足與是銘稱，而其“寬綽具古隸”一語，又實不能道是銘之所以然，且不知是銘得於篆者爲多也，而豈僅寬綽之隸之足云乎？愚故詳審是銘有關於書道之大者，而六朝諸家之神氣，悉舉而淹貫之，又無論米、黄以下矣。自今宜懸山谷一語，以爲是銘之定評，觀者幸勿疑焉可也。

附録米題

仲宣、法芝、米芾，元祐辛未孟夏觀山樵書。

　　嘗考米老之名，先書作"黻"，於元祐辛未歲始書作
"芾"，觀此益信。

　　法芝名曇秀，元祐七年壬申，東坡在揚州，與晁无咎、
曇秀同舟送客山光寺，和其詩韻，又送其遊廬山云"老芝如
雲月，炯炯時一出"，又云"江南千萬峰，何處訪子室"，又坡
公南遷歸，有次法芝韻詩。

　　此米題十六字，極意仿山樵書，而骨節努張不逮銘書
遠甚矣。觀此益信序下三行斷非出於宋人補刻者也。以
米老之能摹古書，而其書勢尚相懸隔如此，更有何許宋人
能補刻山樵書乎？宋人補刻三行之説，誣妄不可信也，
審矣。

附録陸題

　　陸務觀、何德器、張玉仲、韓無咎，隆興甲申閏月廿九日，踏雪觀《瘞鶴銘》，置酒上方，烽火未息，望風檣戰艦在煙靄間，慨然盡醉，薄晚汎舟，自甘露寺以歸。

　　明年二月壬午，圍師刻之石，務觀書。

　　按，宋孝宗隆興二年甲申閏十一月，放翁此題，汪《考》訛作“嘉熙二年十二月”，蓋沿都元敬跋之誤也。此石旁別有“嘉熙二年”題名一行，故致誤耳，今改正。

　　又按，汪退谷《瘞鶴銘考》，内應據退谷手稿補入者，“王弇州《瘞鶴銘跋》丹陽尉王瓚”條下云，按蔡佑《雜記》，王瓚題名結銜兵司參軍，此云丹陽尉，得非因本石題名而牽合耶？方綱按，張邦基《墨莊漫録》載《瘞鶴銘》，後冬日與諸公泛舟此山詩云云，謫丹陽功曹掾王瓚，汪氏《考》亦引《墨莊漫録》載王瓚詩，而删此結銜，何也？

　　汪氏此《考》，退谷手書者，江都陸鍾煇鋟板，今歸方綱齋矣。圖内“朱方”下、“天其”上，當空而不空，應改正也。張子厚《瘞鶴銘跋》，内“范禕子厚”，應據手稿改云“張禕子偉”。此條注内“七”改“十”。“上皇山樵爲”下脱“侶”字。又廣川《書黃學士瘞鶴銘後》，“逮四十八年”，“八”改“九”。趙明誠《瘞鶴銘跋》，題内“誠明”改“明誠”。陶九成一條内，“宋黃睿”，“睿”上脱“長”字，“鄭杓衍極”，“杓”改“构”。构，子苟切，此鄭子經名，十八頁、十九頁凡二處。

著　録

華陽真人瘞鶴銘考見明司馬泰家藏書目。　　未見

瘞鶴銘辨一卷國朝山陽張弨力臣撰。　　存

瘞鶴銘考二卷國朝長沙陳鵬年滄洲輯。　　存

瘞鶴銘考一卷國朝長洲汪士鋐退谷撰。　　存

瘞鶴銘考一卷無名氏　國朝曲阜陳頴手録。　　存①

瘞鶴銘辨證一卷見元郝經《陵川集》。　　佚②

瘞鶴銘考一卷國朝金壇王澍若林撰。　　存③

---

① 　此條後，蘇齋本多一條按語云：按此蓋阮亭門人抄撮《池北偶談》而爲之者耳。

② 　此條蘇齋本置於第一，按元明清朝代排列，較爲合理。

③ 　此條内，“王澍若林”，蘇齋本作“王澍虚舟”。王澍，字若林，號虚舟。

摹　傳

太平州重刻本　佚

周密《雲煙過眼録》，鮮于伯機云太平州有重刻本《瘞鶴銘》，然不知以何物爲別，當叩識矣。

南宋鄧州重刻本見元郝經《陵川集》。　佚

明廣東黎瑶石翻刻本見明關中來濬梅岑《金石備考》。未見

明海寧陳氏玉煙堂刻本萬曆四十年壬子陳元瑞摹勒上石。存

張弨辨玉煙堂本錯訛云云，在汪《考》卷内[①]。

明華亭董氏刻本見張力臣《辨》。　未見

焦山重刻横直二本見張力臣《辨》。　未見

本朝武鄉程氏翻刻玉煙堂本　未見

汪退谷《瘞鶴銘考》載計僑《玉煙堂翻刻本跋》[②]。

---

① 張弨辨玉煙堂本錯訛一篇文字，此云"在汪《考》卷内"，蘇齋本則詳附於後。

② 此下，蘇齋本多出以下文字：下注云，計僑自稱潤州逋客云，郡别駕武鄉程君翻刻玉煙堂本，僑爲跋之。順治十八年十一月。

端方跋

　　右翁覃溪先生《瘞鶴銘考補》一卷，爲補汪退谷《瘞鶴銘考》而作也。乾隆丙申四十一年，先生得退谷《銘考》書板，越十六年，乃就所藏水拓三本及初移山亭者一本，研精審諦，定其見存字數，復以所作辨證八篇，最録於後，遂成此撰。

　　光緒壬寅，家弟中岡得水拓本於大興劉子重家，寄余武昌。丁未十月，余復從上海得何夢華所藏華陽真逸拓本，均有先生題誌。近又得先生此稿於吳平齋家，用是自喜，爰爲精刊行世，而先生前後致力於《鶴銘》者，始末可見。先生於乾隆丙午五十一年《題瘞鶴銘》詩自注云“歲”字上辨得“午”字，此舊未曾見者，恰值今午歲也。《復初齋詩集》三十二。此於“午”文之全否不及一言，而此書謂“歲”上隱隱存“午”字形，姑作半字算，此雖從拓本諦審而定，然求之今石，“午”字固未爲不完也。先生考定銘字在乾隆辛亥年五十六年，自云並殘畫收入。其時“華陽真逸”八字，先生猶僅據鈎本著録。今考拓文，“也”字之下，固有“壬”字之殘畫，先生題云“‘壬’字上半尚隱隱可辨，此亦從來拓本所未有者”，則先生此書未收之一殘畫也。考先生《復初齋詩集》卷四十，有庚戌一詩題云《夢華得瘞鶴銘殘拓本華陽真逸不知其紀也略辨九字爲題二詩》，庚戌爲乾隆五十五年，先生是年已見夢華拓本，拓本有先生題云前年得見雙鈎本，知先生得鈎本當爲乾隆五十三年戊申也。次年審定銘文，何以不據拓本收此一畫，亦其疏也。余既得水拓本，諦視"上皇"下似尚有"山"字之形，"夅"下實是"嶽"字，繆藝風老人亦謂然，而先生謂"夅"下"山"上別有一字，不可臆度，固猶爲未審矣。

乾隆庚子四十五年，先生典江南試，一游棲霞，即由江浦渡江，未能至焦山，其後數年屢思之，時見諸詠歌，《復初齋詩集》卷三十二有《題瘞鶴銘》三詩，一乾隆五十年乙巳，題云"我與張弨同快意，所少冒雪穿枯萍"，一再題云"記得棲霞峰頂望，微藍一點海門濤"，又"幾時攜得元暉卷，一碧松寥閣上望"，一五十一年丙午，題云"真本人間乞不全，水痕墨暈總天然。茆庵坡老留何處，一榻空江掬篆煙"。又詩集卷三十三，是年，《題謝蘊山三山攬勝圖》云"尚記棲霞宿，巖鳥警關關。江山冷笑人，去日不可扳"。及乾隆庚戌五十一年，得見夢華所藏拓本，爲之題云"覩此真迹，何減焦麓江崖天風襲袂耶"，先生意歆於中，目見是拓，神游玆山矣。然先生至嘉慶丙寅十一年、丁卯十二年，猶以未能至焦山爲憾，詩集卷六十，丙寅，《野雲今春在焦山憑眺謂不得與覃溪梧門偕也賦此索梧門和》云"憶昔攝山頂，遠目馳金焦。兩點空翠微，層青光動搖"，又卷六十一，丁卯，《寄題焦山寺壁》云"平生江海心，但未具扁舟。棲霞焦頂望，三島碧一漚"。則先生此書所云"他日得親到玆山，當諦索詳記"者，終無由一償斯願。

余甲辰、丙午數過焦山，今年仲秋復過之，自欣所遇過於先生。每至山，必低徊碑側，屢眷不能去，審視"朱方"三行，確爲原石，先生審其字畫氣格，毅然掃宋刻之謬説，謂滄洲誤讀馬子嚴題一條，乃致是誤，釋滯去害，義證昭然。此三行與"上皇"二字，皆以氈搨既久，淺漫如一，惟此外三石字畫深明，與之迥異，石理亦顯然不同，先生若到玆山，必有説以處此。余友義州李文石葆恂，疑此三石爲宋刻，余無以難之。丹徒陳善餘慶年，證明上皇山爲今丹徒鎮南之橫山，疏通銘義，尤令人意愉，詳見所著《西石城鄉土志》。而此書直著其爲陶隱居書，固猶憑臆之言耳。光緒三十四年戊申孟冬之月，豐潤端方跋。

陳慶年跋

　　先生此書不著撰述年月，驗之水拓本，先生乾隆己酉五十四年題字，辨序下三行非宋人補刻，謂愚有説一篇，在《瘞鶴銘考補》内，則此書作於己酉以前甚明。今考此書，末一條云"汪氏此《考》，退谷手書者，江都陸鍾煇鋟版，今歸方綱齋矣"，玩其詞意，則退谷書板初歸先生時也，其下記此板誤文凡七八數，亦是初得汪板時，展覽甫周，便爲疏舉，否則此板應改正之字，衡以義例，固不應入諸《考補》中也，故先生重刻汪書，於汪板原刻之誤字，作一跋記之，體例爲合矣。汪本之末頁，先生記之云"内第二頁補入正誤一條，詳具方綱《補考》卷内"，不云"此書應改正之誤字，詳具《補考》卷内"也。今此書内竟有記誤字之一條，則爲初得汪板時所撰無可疑矣。考先生重刻汪書，在嘉慶十年乙丑，其跋有云，"南康謝藴山守鎮江時，訪得此板，寄余貯蘇齋，今三十年矣"，今從乙丑逆數三十年，爲乾隆四十一年丙申，汪書原板是年先生得之，審其事義未備，爲之辨證，疏通滯義，或即在是年，否則亦必距是年不遠也。後至乾隆五十六年辛亥，得何夢華華陽真逸石鈎本，乃審定銘字，爲見存字考，即以弁於辨證之首，合爲此書。咸豐壬子，漢陽葉志詵復據翁刻影雕於粤東督署，而以翁著《瘞鶴銘見存字考》坿著於後，今取校此稿，頗有增益。近人儀徵汪鋆《補瘞鶴銘考》亦載翁此篇文，與葉本多同，蓋先生於此稿

屢有補苴，葉、汪二氏所見當爲後定之本，吳平齋所藏殆猶
爲初稿歟。先生重刻汪本，於其末頁附記有云"詳具方綱《補考》
卷内"，則此書至嘉慶乙丑年已定名曰《瘞鶴銘補考》，而此稿猶題
曰"考補"，亦其驗也。陶齋尚書既梓此稿，命慶年校字，因爲
校勘記坿於後云。光緒戊申孟冬之月，丹徒陳慶年跋。

校勘記

一頁前面十一行，"又其上亦尚隱隱可見'耶'字之右半又"，葉本無此十五字，汪本同。

一頁後面二行，"已上是所謂側立一石者，見存二行，全字六，半字三"，葉本同汪本，無此行，惟此行之下，葉、汪本皆有文數行，今載於下：

陳《考》、汪《考》皆云存八字，汪《考》第二圖所列"鶴"字、"譔"字，與陳《考》同，然汪《考》第一圖則無"鶴"字，又無"譔"字，而有"逸"字。汪、陳、張三君所據同時一本，則所謂見存之字，不應岐出若此，無怪乎諸説之紛淆矣。

一頁後面末一行，"'朱'字下亦略辨'方'字是篆勢也"，葉本作"'朱'字當脱"下"字亦隱隱可見'方'字，'方'字是篆勢也"，汪本同。

同上，"是篆勢也"，葉本是句下有"至於近日描失之本，則'朱'或訛爲'未'矣"，汪本同。

二頁前面三行，"天其"一條，葉本無此條，汪本有之。

二頁後面五行，"全字二十六"，葉本作"二十四"，汪本作“二十六”。

三頁前面四行，“此亦算半字也”，葉、汪本均作“此亦可見半字也”。

三頁後半二行，“汪《考》第二圖同牛氏《金石圖》，與第一圖同”，葉本、汪本均作“汪《考》第一圖云二十九字，第二圖云三十字，陳《考》、無名氏《考》與第二圖同，牛氏《金石圖》與第一圖同，當以此爲據”。

三頁後面四行，“汪《考》第二圖”，“汪《考》”之上，葉本、汪本皆有“而”字。

三頁後面五行，“下有‘形義’二字”，葉本、汪本此句之下多四句云“今以精搨本摩挲諦視，‘義’字下半顯然，即‘形’字亦隱隱影露，此‘義’字亦可云半字也”。

三頁後面末行，“所謂似欹反正者也”，此句之下，葉、汪二本均有“搨本即未可盡尋”七字。

四頁前半四行，“存全字十七”，此句下葉本多“半字二”三字，汪本同。

四頁前半七、八行，“其‘山’上半字殘畫隱隱可見，或‘夆’之下、‘山’之上別有一字”，葉、汪二本均作“其‘山’上半字殘畫隱隱可見者，蓋‘夆’之下、‘山’之上別有一字耳”。

四頁後面三行，“全字十二，半字一”，葉、汪本作“全字十一，半字二”，其下又多二句云“牛氏謂存字十二者，誤以‘山’爲全字也”。

同上，“全字八十八”，汪本同葉本，作“八十五”。

四頁後面四行，“半字十一”，“一”字，葉本同汪本，作“二”。

四頁後面末行，“吳之騄詩序亦云七十餘字”，葉本同汪本，無此十一字。

五頁後面三行，“及二半字”，汪本無此四字。

十七頁前半八行，“瘞鶴銘辨證一卷”，葉本此爲著録之首目是也。

十八頁前面一行，“張弨辨玉煙堂本錯訛云云，在汪《考》卷内”，葉本於此全録張文，今不録。下有云“今按玉煙堂摹本，雖未必盡合，然中間如‘真侶’‘藏乎’‘方也’‘黄’‘幣’等字，皆可以資印證”。